GEORG MARKUS

Alles aus Neugier

GEORG MARKUS

Alles aus Neugier

40 Geschichten aus 40 Jahren

Mit 79 Abbildungen

Amalthea Verlag

Besuchen Sie uns im Internet unter: amalthea.at

Umschlaggestaltung: Elisabeth Pirker/OFFBEAT
Umschlagabbildung: Zuschauer mit Ferngläsern © ullstein bild/Ullstein Bild/
picturedesk.com
Herstellung und Satz: VerlagsService Dietmar Schmitz GmbH, Heimstetten
Gesetzt aus der 12,5/17,17 pt Goudy Old Style
Designed in Austria, printed in the EU
ISBN 978-3-99050-160-3

INHALT

Leidenschaftlich neugierig

Vorwort

Eine gesunde Portion Neugierde steckt in jedem Menschen, wer aber Bücher schreibt, sollte besonders neugierig sein. Ohne diese Neugierde hätte ich wohl nicht herausgefunden, dass Mary Vetsera aus ihrem Grab gestohlen wurde, dass Kaiser Franz Joseph und die Schratt heimlich geheiratet haben, dass John F. Kennedy einen unehelichen Sohn mit einer Österreicherin hatte und aus welchen Ingredienzien sich das Geheimrezept der Sachertorte zusammensetzt. Ich hätte nicht das bis dahin unauffindbare Testament der Witwe des Kronprinzen Rudolf entdeckt und auch das Kapitel »Wie ich den Donauwalzer rettete« wäre nicht entstanden.

Vor 40 Jahren, im Herbst 1979, habe ich mein erstes Buch veröffentlicht. Nachdem seither jedes Jahr ein weiteres hinzukam, kann man sich leicht ausrechnen, wie viele es mittlerweile geworden sind. 40 Bücher, das sind Hunderte »Geschichten mit Geschichte« und zahlreiche Porträts historischer Persönlichkeiten. Immer wieder werde ich darauf angesprochen, ob man die Bücher, in denen diese und jene Geschichte zu finden ist, noch käuflich erwerben könne, ob das Schratt- oder das Oberst-Redl-Buch, der *Kriminalfall Mayerling, Meine Reisen in die Vergangenheit, Neues von Gestern, Adressen mit Geschichte, Die ganz Großen* oder *Die Enkel der Tante Jolesch* noch lieferbar wären. Leider, muss ich antworten, diese und andere meiner Bücher sind in unserer schnelllebigen Zeit vergriffen, liegen in den Buchhandlungen nicht mehr auf.

Also haben der Amalthea Verlag und ich beschlossen, aus Anlass des 40-jährigen Jubiläums den Sammelband herauszubringen, den Sie, verehrte Leserin, verehrter Leser, nun in Händen halten. Mit Auszügen, ganzen beziehungsweise neu bearbeiteten Kapiteln aus bisher erschienenen Büchern.

Mein erstes Buch waren – damals von mir noch als Ghostwriter verfasst – die Memoiren von Paul Hörbiger, Jahre später folgte mit *Die Hörbigers* die Biografie der gesamten Film- und Theaterdynastie. Die (wie ich hoffe) spannendsten Geschichten daraus sind hier zusammengefasst. In anderen Kapiteln erfährt man, wie viel Mozart verdiente, wie der Alltag der Maria Theresia und ihrer Großfamilie ablief, ob der liebe Augustin wirklich gelebt hat und von historischen Kriminalfällen, darunter auch jenem, als Kaiser Franz Joseph 1872 mit Nacktfotos seiner Frau Elisabeth erpresst wurde.

Eine nicht alltägliche Lovestory ist die der weltberühmten Opernsängerin Ljuba Welitsch, die einen einfachen Rayonsinspektor der Wiener Polizei heiratete, eine andere handelt von Michael Curtiz, dem Regisseur des Kultfilms *Casablanca*, der mit einem Gutteil der Schauspielerinnen und Statistinnen, die in seinen Filmen mitwirkten, zarte Bande knüpfte. Apropos Hollywood: Als eher skurril sollte sich das Kapitel *Der Regie-Sir* erweisen, das einen Nachmittag schildert, den ich mit Billy Wilder zubrachte.

Katharina Schratt ist die Einzige, der in diesem Buch zwei Kapitel gewidmet sind: Neben einem über ihre Geheimehe mit Franz Joseph findet sich eines über die Affären, die sie parallel zu der mit dem Kaiser hatte. Weitere Kapitel betreffen die von mehreren Gerichten als Habsburger-Nachfahren anerkannte Familie Pachmann, die Geschichte der Ritter von Lauda, das Vorbild für Helmut Qualtingers *Herrn Karl*, die tragischen Todesfälle des Sängers Joseph Schmidt, des Komponisten Arnold Schönberg und des Dichters Hugo von Hofmannsthal.

Dennoch: Wie in allen meinen Büchern bemühe ich mich auch in den vorliegenden *40 Geschichten aus 40 Jahren* die heiteren Seiten des Lebens nicht zu kurz kommen zu lassen. So habe ich in einem Kapitel einige der originellsten Anekdoten aus meinem Buch *Die Enkel der Tante Jolesch* zusammengefasst, in »Ganz die Väter« schildere ich Geschichten und Geschichte des österreichischen Humors, in »Mir blieb doch was erspart« führe ich ein fiktives Interview mit Kaiser Franz Joseph, der sich verwundert zeigt, wie sehr sich die Welt in den 100 Jahren seit seinem Tod verändert hat. Als unfreiwillig komisch erweisen sich »Beethovens Verhaftung«, »Brahms lag im Papierkorb« und das Richard-Strauss-Kuriosum »Gott sei Dank ein schlechter Schüler«.

Tragikomische Ansätze zeigt hingegen die außergewöhnliche Lebensgeschichte des überragenden Wiener Mathematikers Kurt Gödel, als dessen Freund Albert Einstein aufscheint. Und Einstein ist es auch, der die beste Erklärung für die Neugierde liefert, die den folgenden 304 Seiten zugrunde liegt: »Ich habe gar keine besondere Begabung«, sagte das Genie, »ich bin nur leidenschaftlich neugierig.«

Wer von uns ist das nicht, wir alle möchten viel erfahren und das möglichst komprimiert.

Und genau das ist auch die Idee hinter diesem Buch.

GEORG MARKUS
Wien, im August 2019

Beethovens Verhaftung

Die Festnahme des Musikgenies

Nein, er hat natürlich nichts angestellt, seine Verhaftung war ein Justizirrtum. Aber es stimmt: Ludwig van Beethoven wurde irgendwann in den Jahren 1821 oder 1822 – das genaue Datum lässt sich nicht mehr eruieren – in Wiener Neustadt festgenommen.

Beethoven, der die Natur über alles liebte und die Sommermonate gerne in Baden bei Wien verbrachte, unternahm oft ausgedehnte Spaziergänge, auf denen er gedankenverloren vor sich hinkomponierte. So auch an jenem Sommertag, an dem er die rund 24 Kilometer lange Strecke, den Wiener Neustädter Kanal entlang, von Baden nach Wiener Neustadt wanderte. In aller Früh losgezogen, kam der damals bereits vollkommen taube Komponist übermüdet gegen Abend am Wiener Neustädter Ungartor an, wo er das Misstrauen mehrerer Bauern und Winzer weckte, die den 52-jährigen »Vagabunden« zur Polizeiwache brachten.

Dem diensthabenden Polizisten fiel auf, dass der Fremde einen schäbigen alten Rock trug und keinen Hut aufhatte (was damals suspekt war). Während der Polizeikommissar den »Verdächtigen« in den Kerker brachte, erklärte der heruntergekommen wirkende Mann verzweifelt, dass er Beethoven sei. Doch das beeindruckte das Auge des Gesetzes keineswegs, der Polizist wollte nicht glauben, dass hinter der seltsamen Erscheinung das größte Musikgenie seiner Zeit steckte.

Die Polizeibeamten hielten Ludwig van Beethoven für einen Vagabunden.

Erst als der vermeintliche Landstreicher nach einem Bekannten – dem Wiener Neustädter Musikdirektor Anton Herzog – verlangte, konnte die Angelegenheit geklärt werden. Herzog wurde herbeigerufen, erkannte Beethoven und bat um dessen augenblickliche Freilassung, die dann – es war bereits Mitternacht geworden – auch erfolgte.

Ludwig van Beethoven war dankbar, die folgende Nacht im Gästezimmer des Hauses von Musikdirektor Herzog verbringen zu können. Am nächsten Morgen kam der Bürgermeister von Wiener Neustadt, um sich persönlich bei Beethoven zu entschuldigen. Danach ließ er das Musikgenie mit einer Kutsche nach Baden führen.

Fast zwei Jahrhunderte hat man sich in Wiener Neustadt über diese eher peinliche Episode in Schweigen gehüllt, mittlerweile ist man stolz darauf, dass Beethoven überhaupt da war. Längst gibt es eine Beethovengasse, die an den skurrilen Besuch des Musikgenies erinnern soll, und im Mai 2019 wurde die Komposition *Verhaftung Beethovens* von Robert M. Weiß in Wiener Neustadt uraufgeführt.

Aus der *Kurier*-Kolumne »*Geschichten mit Geschichte*« (28. März 2019)

Die Diva und der Mörder

Therese Krones und Severin von Jaroszynski

Sie war die beliebteste Schauspielerin ihrer Zeit. Therese Krones stand mit Ferdinand Raimund auf der Bühne und konnte ihr Publikum wie keine andere verzaubern. Bis sie eines Tages mit einem ganz gewöhnlichen Raubmörder in Verbindung kam.

Ihr Vater war Kürschnermeister und hatte sein Handwerk hingeworfen, um mit Frau und Töchtern eine Schauspieltruppe zu gründen. Therese trat als Zehnjährige in Kinderrollen auf Vaters Wanderbühne auf, gastierte mit elf im Leopoldstädter Theater und mit 15 an der Josefstadt.

Ferdinand Raimund war von ihrer Anmut so hingerissen, dass er der Krones die Rolle der Jugend in *Der Bauer als Millionär* auf den Leib schrieb. Doch just in dieser Phase des größten Erfolgs ihres Lebens geriet die Volksschauspielerin in das Umfeld eines Kriminalfalls, der ihr Leben auf den Kopf stellen sollte.

Der 1. Akt. Die Eroberung. Die 25 Jahre junge, bildhübsche Schauspielerin spaziert an einem Herbstsonntag des Jahres 1826, von der Mittagsmesse in der Michaelerkirche kommend, über den Graben, als ihr ein auffallend elegant gekleideter Herr entgegenkommt, den sie des Öfteren schon von der Bühne aus in seiner Loge beobachtet hat. Therese wirft ihm einen koketten Blick zu, der diesen ermutigt, den gefeierten Liebling der Wiener anzusprechen. Der Fremde gibt sich als Verehrer ihrer Schauspielkunst aus und bittet, sie demnächst besuchen zu dürfen.

Zwei Tage später klopft der Mann an der Wohnungstür und überreicht dem Dienstmädchen seine Visitenkarte, auf der in gestochenen Lettern »Le Comte Severin Jaroszynski« steht. Die Krones lässt bitten, und der Graf tritt ein. Er nimmt neben ihr auf der breiten Chaiselongue im Wohnzimmer Platz und erzählt mit polnischem Akzent seine Lebensgeschichte: Aus altem Adel stammend, sei er in Galizien durch Erbschaft in den Besitz riesiger Ländereien gelangt, die große Einkünfte abwarfen und ihm ein sorgenfreies Leben erlaubten. Überdies hätte er als Feldmarschall auf Seiten Napoleons gekämpft und den Malteserorden bekommen.

Nach vollbrachten Heldentaten des eintönigen Lebens auf dem Lande leid geworden, übergab er seine Güter einem Verwalter, um in Wien Quartier zu nehmen. Dies hätte er noch keinen Tag bereut, vor allem seit er die große Krones auf der Bühne gesehen und in sein Herz geschlossen hätte.

Wen wundert's, dass die Schauspielerin auf ihrer Chaiselongue dahinschmolz. Da saß ein eleganter und offensichtlich steinreicher Aristokrat neben ihr, die aus kleinen Verhältnissen stammend zum Liebling der Wiener geworden war. Ein 37-jähriger Graf, der ernsthaftes Interesse für eine Soubrette zeigte, das war schon etwas Besonderes im biedermeierlichen Wien.

2. Akt. Die Liebe. Und Severin scheint ernst zu meinen, was er verspricht. Holt er sie doch von nun an regelmäßig nach der Vorstellung ab, um die von ihm Verehrte in mondäne Lokale zu führen. Es dauert auch nicht lange, bis Therese dem sicheren Auftreten und dem Charme des polnischen Edelmannes erliegt.

Sie war Wiens populärste Schauspielerin ihrer Zeit: Therese Krones

Jaroszynski zögert nicht, seinen scheinbar grenzenlosen Reichtum unter Beweis zu stellen. Er beschenkt die Diva mit Schmuck, Pelzen und teuren Kleidern und lässt all das wahr werden, was eine Schauspielerin vom Leben zu erträumen vermag. Sie ist einem Magnaten begegnet, der sie verehrt, ja zu lieben scheint, und der in der Lage ist, ihr die Welt zu Füßen zu legen.

Die Affäre der Schauspielerin mit Severin von Jaroszynski wurde im sensationslüsternen Wien zum Stadtgespräch. Das auffallende Paar tat auch nichts, um seine Liaison zu verbergen. Jaroszynski gab für die Krones und ihre Kollegen ausschweifende Trinkgelage, bei denen der Champagner in Strömen floss.

Die Schauspielerin wollte sich durch nichts in der Welt von ihrer Liebe zu dem Grafen abbringen lassen, auch nicht, als erste

Gerüchte auftauchten, denen zufolge es mit dem Reichtum ihres Galans nicht so weit her sein sollte. So erzählte man am Theater, dass beim Schneider Wisgrill zwei Fracks, 15 Westen, zehn Pantalons und eine Dienerlivree offen wären, und dass ein stadtbekannter Wucherer auf Begleichung seiner Forderungen drängte. Die vor Liebe glückselige Künstlerin lachte nur, wenn Derartiges an sie herangetragen wurde, wusste sie doch aus Severins Erzählungen, dass vom Verwalter des gräflichen Anwesens namhafte Beträge nicht rechtzeitig überwiesen wurden, wodurch er in eine vorübergehende Verlegenheit geraten sei.

3. Akt. Der Raubmord. Doch dann geschieht Unglaubliches. Am 13. Februar 1827 wird der 70-jährige Priester und Mathematikprofessor Johann Konrad Blank in seiner Wohnung Ecke Seilerstätte/Annagasse von Schülern tot aufgefunden. Ein Unbekannter hat sein wehrloses Opfer mit mehreren Messerstichen getötet und Obligationen im Wert von 60 000 Gulden geraubt. Jaroszynski sprach mit der Krones über den Kriminalfall und zeigte, wie jedermann in Wien, seine große Erschütterung.

4. Akt. Die Verhaftung. Drei Tage später gibt der Graf in seiner eleganten Wohnung im Trattnerhof eines seiner feudalen Soupers, zu dem mehrere Freunde geladen sind. Gerade als die Krones zur Freude der illustren Gäste ihr berühmtes Lied *Brüderlein fein* anstimmt, wird die Wohnung durch Polizeibeamte gestürmt, von denen einer sofort losschreit: »Severin von Jaroszynski, Sie werden als Mörder von Professor Blank erkannt und verhaftet!«

Die Gäste glauben ihren Augen und Ohren nicht zu trauen, Therese Krones muss fassungslos mit ansehen, wie der geliebte Mann in Ketten gelegt und abgeführt wird. Zyniker bemerken, dass

Raimunds Liedzeile »Einmal muss geschieden sein« noch nie so gepasst hätte wie in diesem dramatischen Augenblick.

Wie der Presse bekannt gegeben wird, hat der Täter nach dem Mord versucht, Wertpapiere aus dem Besitz seines Opfers beim Geldmakler Wedel am Graben zu verkaufen, der sofort Anzeige erstattete. Jaroszynski, sickerte jetzt durch, stammte zwar aus adligem, nicht jedoch aus gräflichem Hause. Er war mit einer Polin verheiratet, die ihm drei Kinder und ein großes Vermögen geschenkt hatte, das durch seine Verschwendungssucht und Spielleidenschaft verloren gegangen war. Als man ihm in seiner Heimat die Veruntreuung von Staatsgeldern nachwies, flüchtete er nach Wien, wo er Affären mit vielen Frauen pflegte. Eine von ihnen war die Krones.

Als störrischer Knabe war Severin schon in seiner Jugend von den Eltern zur Ausbildung nach Wien geschickt worden, wo Abbé Blank sein Lehrer war. Als er diesem jetzt, viele Jahre später, einen Besuch abstattete, kam er auf die Idee, ihn zu töten und mehrere in der Wohnung frei umherliegende Aktien an sich zu nehmen. Mit dem Raubmord glaubte er seinen aufwendigen Lebensstil finanzieren zu können.

Wien hatte seine Sensation. Die Geschichte von der schönen Schauspielerin und dem mordenden Grafen füllte die Zeitungsseiten. Das Publikum war jedenfalls empört, als die Krones wenige Tage später im Leopoldstädter Theater wie geplant ihren nächsten Auftritt im *Bauer als Millionär* absolvierte. Sonst immer mit Applaus empfangen, brach jetzt lautstarker Tumult aus. Therese Krones stand im Kostüm der Jugend ein paar Minuten lang unter Buhrufen und lautem Getrampel wie gelähmt da, ehe sie sich Hilfe suchend dem als Fortunatus Wurzel neben ihr stehenden Ferdinand Raimund zuwandte.

»Fürcht dich nicht«, flüsterte der ihr zu, »die Leut werden dir nix tun. Fang einfach an.«

Doch kaum hatte sie die ersten Worte des populären Liedes *Brüderlein fein* angestimmt, stieg der Lärmpegel weiter an, einzelne Zuschauer brüllten »Will sie uns verhöhnen?« und »Weg mit dem Mördergspusi«. Raimund und Therese Krones versuchten, die Situation gemeinsam zu retten, doch die Schauspielerin verlor vor Aufregung das Bewusstsein und die Vorstellung musste abgebrochen werden.

In den folgenden Tagen wurde der seelisch und körperlich vollkommen niedergeschlagenen Künstlerin zugetragen, dass viele Wiener ihr die Schuld an dem grausamen Verbrechen gaben. Die grenzenlose Eitelkeit der Krones hätte den verliebten Mann zur Erfüllung ihrer unverschämten Wünsche nach Schmuck und teuren Kleidern verführt, weshalb er sich in Schulden gestürzt und schließlich keinen anderen Ausweg gesehen hätte, als den Raubmord zu begehen. Mehr noch, viele Menschen sahen die Krones als Mitwisserin oder gar Anstifterin der Tat.

Zwar sollten sich derlei Anschuldigungen als völlig haltlos erweisen, doch das änderte nichts daran, dass das Renommee und die Popularität der Künstlerin schweren Schaden genommen hatten.

5. Akt. Das Finale. Severin von Jaroszynski gestand die Tat trotz erdrückender Beweise erst nach fünfmonatiger Einvernahme. Er wurde zum Tode verurteilt und mit dem Strang hingerichtet.

Die hinsichtlich seiner Untaten ahnungslose Diva wurde auch bei den folgenden Vorstellungen vom Publikum ausgepfiffen, worauf sie sich vom Theater zurückzog.

Als sich die Gemüter beruhigt hatten, nahm die Krones einen neuen Anlauf, ihre Karriere fortzusetzen, was ihr mit einem glänzenden Auftritt in der Komödie *Julerl, die Putzmacherin* im Theater in der Josefstadt zu gelingen schien. Ein unmittelbar nach diesem Erfolg geplantes Gastspiel im Theater an der Wien musste sie krankheitsbedingt absagen. Sie starb am 26. Dezember 1830 im Gasthaus *Zur Weintraube* auf der Praterstraße im Alter von 29 Jahren an den Folgen einer Blinddarmeiterung – nicht einmal vier Jahre nach der Tat, die ihr Leben verändert hatte.

Die Stadtväter verweigerten Wiens populärster Schauspielerin die Beisetzung in einem Ehrengrab. Therese Krones wurde auf dem St. Marxer Friedhof bestattet. Ferdinand Raimund folgte dem schlichten Sarg und sagte, er habe mit dem Tod der Schauspielerin seine Jugend verloren. Erst 1930, an ihrem 100. Todestag exhumiert, konnte Therese Krones in einem Ehrengrab auf dem Zentralfriedhof die letzte Ruhe finden.

Aus »*Neues von Gestern, Geschichten mit Geschichte*« (2004)

Der Mann, den Einstein verehrte

Kurt Gödel, ein Leben zwischen Genie und Wahnsinn

Von Mimen, Dichtern, Musikern und großen Ärzten lässt sich's trefflich erzählen, weil man da selbst einigermaßen verstehen kann, worin ihre Leistungen bestehen. Aber ein Mathematiker, durch dessen Leben sich Logarithmen, Wurzeln und Differenzialgleichungen ziehen? Nein, nein, derlei haben wir glücklicherweise längst hinter uns gebracht. Doch dann begann ich mich für Kurt Gödel zu interessieren, bei dem sich Genie und Wahnsinn geradezu sprichwörtlich vereinten. Als ich seiner Biografie nachspürte, wunderte ich mich, dass sie noch von keinem Hollywood-Produzenten aufgegriffen worden war.

Das *Time*-Magazine hat diesen Mann unter die 100 wichtigsten Personen des 20. Jahrhunderts gereiht. Und Kurt Gödel besaß in der Tat ganz außergewöhnliche Fähigkeiten, nur eine einzige fehlte ihm: mit seinem Leben fertigzuwerden. Das Genie war nicht einmal in der Lage, für seine eigene Ernährung zu sorgen.

Geboren am 28. April 1906 als Sohn eines wohlhabenden Textilkaufmanns in Brünn, übersiedelte er nach der Matura nach Wien, um hier Mathematik, Physik und Philosophie zu studieren. Zunächst unbezahlter Privatdozent an der Universität Wien, veröffentlichte er seine ersten bahnbrechenden Erkenntnisse und wurde mit anderen Wissenschaftern vom *Wiener Kreis*, einer Gruppe bedeutender Intellektueller, aufgenommen.

Manchem seiner Zeitgenossen erschien er damals schon etwas sonderbar. Zuallererst seinen Eltern, da er sich als Intellektueller aus großbürgerlichem Milieu in eine um sieben Jahre ältere Frau ohne höhere Bildung verliebte, die aus ärmlichen Verhältnissen stammte, geschieden war und ihr Geld als Tänzerin im Wiener Vergnügungsetablissement *Nachtfalter* verdiente. Gödel verheimlichte seine Beziehung zu Adele Porkert mehrere Jahre lang und wagte es erst, sie im September 1938 – als sein Vater gestorben war – zu heiraten. Gerade sie sollte sich als wichtigste Stütze seines Lebens erweisen.

Amerikanische Talentsucher, die von Kurt Gödels mathematischem Genie erfahren hatten, holten ihn zu Gastvorlesungen an die renommierte Universität in Princeton, von wo er vorerst immer wieder nach Wien zurückkehrte.

So hervorragend er in seiner wissenschaftlichen Arbeit war, so verrückt erwies sich seine persönliche Situation. Er litt unter Depressionsschüben, gepaart mit extremer Hypochondrie und einem starken Verfolgungswahn. Vor allem führte seine Paranoia zu existenzbedrohenden Ernährungsproblemen, da er in der ständigen Zwangsvorstellung lebte, dass man ihn vergiften wollte. So musste seine Frau jede Speise vorkosten, ehe er einen Bissen zu sich nahm – und er war auch dazu nur in der Lage, wenn sie von demselben Teller und mit demselben Löffel gegessen hatte. Mehrere, oft monatelange Aufenthalte in geschlossenen Anstalten waren die Folge, einmal als Patient des berühmten Psychiaters Julius Wagner-Jauregg. Auslöser für all das Leid soll – laut Diagnose seines Bruders Rudolf, der selbst Arzt war – eine rheumatische Fiebererkrankung in der Kindheit gewesen sein, von der er sich zwar physisch, aber nie psychisch erholte.

Kurt Gödel bezeichnete sich als »unpolitisch« und reagierte vorerst nicht auf den Terror, den die Nationalsozialisten auch an der Universität Wien veranstalteten. Erst als ihn ein Passant – fälschlich übrigens – auf der Straße als »Jude« bezeichnete, beschloss er, Wien zu verlassen. Der nunmehr 33-jährige Dozent reiste im Jänner 1940 – was damals überaus kompliziert war – mit seiner Frau in die USA, wo man ihn an der Princeton University mit offenen Armen aufnahm.

Sein Gesundheitszustand verschlechterte sich indes zusehends. Da Gödel mittlerweile auch ein krankhaftes Misstrauen Medizinern gegenüber entwickelt hatte und nicht bereit war, sich einer Behandlung zu unterziehen, kam es zu mehreren lebensgefährlichen Situationen – so ist er einmal beinahe einem unbehandelten Zwölffingerdarmgeschwür erlegen. Ein amerikanischer Arzt stufte ihn als »genial, aber psychopathisch« ein.

Sein Abgott war Leibniz*, mit dessen Geist er in Kontakt zu stehen glaubte. Nicht genug damit, projizierte Kurt Gödel seine Verschwörungstheorien auch auf sein Idol, indem er behauptete, bestimmte Teile der Leibniz'schen Schriften seien von dunklen Mächten, die Interesse an der Verdummung der Menschheit hätten, vernichtet worden. Als Oskar Morgenstern, einer seiner wenigen Freunde, Gödel einmal in seinem Haus in Princeton aufsuchen wollte, fand er ihn nach langem Suchen im Keller, hinter der Heizung verkrochen, in warme Mäntel gehüllt. Gödel schlotterte vor Angst, sein von Zahlen, Figuren, Formeln und Geistern übervolles Universum würde ihn erdrücken.

---

* Gottfried Wilhelm Leibniz, 1646–1716, Mathematiker, Physiker, Philosoph

Derselbe Kurt Gödel galt – und gilt auch heute noch – als größter Logiker seit Aristoteles! Er wird in der Mathematik und in der Philosophie für ebenso bedeutend gehalten wie Newton für die Physik. Auch wenn unsereins die im *Gödel'schen Unvollständigkeitssatz* zusammengefasste Erkenntnis nicht wirklich begreifen wird, lässt uns der Mathematiker Karl Sigmund seine Bedeutung wenigstens erahnen – wenn er nämlich erklärt, dass Gödels Erkenntnisse »die Entwicklung des Computers entscheidend geprägt haben«.

In Princeton lernte er Albert Einstein kennen, der Kurt Gödel ungemein schätzte und in seinen engeren Freundeskreis aufnahm. Einstein und Gödel, der – abseits von seinen »Verrücktheiten« –

Zwei enge Freunde, zwei Jahrhundertgenies: Kurt Gödel und Albert Einstein

im Übrigen als charmanter und amüsanter Gesprächspartner beschrieben wird, unternahmen täglich ausgedehnte Spaziergänge, bei denen sie physikalische, mathematische und philosophische Fragen diskutierten. Die Freundschaft hielt bis zu Einsteins Tod im Jahre 1955. Ganz nebenbei lieferte Gödel auch wesentliche Beiträge zur Relativitätstheorie.

Trotz seiner enormen Leistungen wurde er in Princeton erst 1953 zum Professor ernannt. Später verlieh ihm die Harvard Universität das Ehrendoktorat für die »Entdeckung der bedeutendsten mathematischen Wahrheit des Jahrhunderts«.

Doch sein Leben konnte Gödel nicht meistern. Er weigerte sich zunehmend, das Haus zu verlassen, und verkehrte mit Kollegen nur noch per Telefon. Als seine Frau nach einem Schlaganfall ins Spital musste und für ihn als »Vorkosterin« ausfiel, erschien ihm jede weitere Nahrungsaufnahme unmöglich. Kurt Gödel ist regelrecht verhungert, er starb am 14. Jänner 1978 in Princeton mit einem Körpergewicht von 36 Kilogramm.

Aus »*Unter uns gesagt, Begegnungen mit Zeitzeugen*« (2008)

Die Tante Jolesch lebt!

Meine Begegnungen mit ihren Enkeln

Als Friedrich Torbergs Tante Jolesch *1975 erschien, war ich noch weit davon entfernt, selbst Bücher zu schreiben. Doch* Der Untergang des Abendlandes in Anekdoten *begeisterte mich dermaßen, dass ich begann, ebenfalls Anekdoten zu sammeln. Wo immer ich hinkam, hatte ich ein offenes Ohr für heitere Geschichten, die mir von Künstlern, Politikern und Angehörigen ganz anderer Berufsgruppen erzählt wurden. Nach einem Vierteljahrhundert hatte ich so viele beisammen, dass ich das Buch* Die Enkel der Tante Jolesch *schrieb. Die Enkel spielen in einer ganz anderen Zeit, als es die von Torberg war, sollten die Leser aber ebenso zum Lachen wie zum Nachdenken bringen. Hier einige Beispiele daraus.*

Eine der ersten Geschichten wurde mir von einem Schauspieler zugetragen, der mir von einem alten Herrn erzählte, der jahrzehntelang ein Leben als Statist fristete. Das ist keine leichte Aufgabe: Während sich die Bühnenstars im Applaus sonnen, darf der Komparse gerade einmal ein Silbertablett abstellen und dann wieder abgehen.

Eines Tages hatte der Regisseur des Theaters Mitleid mit dem Statisten und ließ ihn im nächsten Stück ein paar Worte sprechen. Es waren drei Worte, mit denen er als Kammerdiener die Ankunft eines adligen Gastes ankündigen sollte: »Herr Marquis Dobinier!« lautete sein Text.

Doch die Aufregung war zu groß, der alte Mann verhedderte sich ständig, brachte vor allem das schwierigste der drei Wörter, »Dobinier«, nicht über die Lippen.

Der Regisseur versuchte während einer Probe zu helfen: »Sie sind doch Wiener? Merken Sie sich einfach: Do bin i eh.«

Der zum Schauspieler avancierte Statist nahm sich den Ratschlag zu Herzen. Sagte aber am Abend auf der Bühne: »Herr Marquis, i bin eh do!«

Ja, es gibt sie, die Tante Jolesch, sie lebt in ihren Enkeln weiter, die ihr an Witz und Esprit um nichts nachstehen. Während Friedrich Torberg die echte Tante Jolesch vermutlich nie kennengelernt hat, bin ich »meiner« Tante Jolesch sehr wohl begegnet, mehr noch, sie war eine echte Tante von mir. Meine Tante Jolesch hieß Flora, und sie war eine der beiden älteren Schwestern meiner Mutter.

Tante Flora hat dieser Welt in ihrem langen Leben einige Aussprüche hinterlassen, die die Tante Jolesch durchaus für sich reklamieren hätte können. Ehe ich sie zitiere, muss ich auf einen weiteren Verwandten, meinen Onkel Franz, zu sprechen kommen, der im alten Österreich-Ungarn zur Welt kam, den Großteil seines Lebens aber in den USA verbrachte. Onkel Franz hat in Hollywood unter dem Namen Francis Lederer eine beachtliche Karriere als Filmschauspieler gemacht – und dort im November 1999 in erstaunlicher Frische seinen 100. Geburtstag gefeiert.

Die ganze Familie sollte sich zu diesem besonderen Anlass in Los Angeles einfinden. Als ich Tante Flora vom bevorstehenden Wiegenfest ihres Cousins informierte, kommentierte sie das mit den Worten: »Was, der Franz wird 100? Dabei ist er doch gar nicht vom langlebigen Teil unserer Familie!«

Mir selbst ist auch schon so manches widerfahren, das Tante-Jolesch-artige Züge aufzuweisen hatte. Auf den Seiten 109–122 dieses Buches erfahren Sie, wie ich dazu kam, den Grabraub der Mary Vetsera aufzudecken. Und dass ich, ehe ich die Geschichte veröffentlichte, bei der Polizei Anzeige gegen unbekannt erstattete. Ich erzählte den anwesenden Polizeibeamten von Herrn Flatzelsteiner und seiner Vermutung, dass sich Mary Vetseras sterbliche Überreste nicht dort befänden, wo sie hingehörten.

Plötzlich stand ein junger Kriminalbeamter auf, um das Zimmer zu verlassen und nach wenigen Minuten mit einer Fahndungsliste in den Händen zurückzukehren.

»Herr Markus«, sagte er, »das ist ja alles schön und gut, was Sie uns da erzählen. Aber ich habe gerade im Polizeicomputer nachgeschaut: Eine Mary Vetsera ist gar nicht als abgängig gemeldet.«

Die nächsten beiden Geschichten handeln von Karl Farkas, für den ich ein Jahr lang am Kabarett *Simpl* arbeiten durfte. Er verkehrte, wie er mir anvertraute, Anfang der 1920er-Jahre als noch mittelloser Schauspieler im Café Central. »Wir Jungen, die kein Geld hatten, kamen gleich nach dem Mittagessen ins Café Central, haben unzählige Gläser Wasser und Zeitungen konsumiert, bis vier Uhr Nachmittag saßen wir dort und dann sagten wir zum Ober: ›Jean, reservieren Sie mir meinen Sessel, ich geh nur rasch nach Hause einen Kaffee trinken.‹«

Hier sei auch etwas Persönliches von Karl Farkas erzählt. Ich war in der Saison 1969/70 – das Wort Assistent ist etwas übertrieben – so eine Art Mädchen für alles am *Simpl*, zuständig für Kulissen und Bühnenbild und nach einiger Zeit durfte ich auch Schreib- und Assistenzarbeiten für Farkas erledigen.

Er suchte immer jemanden, der ihn nach der Vorstellung, oft war das schon gegen Mitternacht, nach Hause fährt, um sich das Taxi zu ersparen. Ich durfte das mit meinem uralten Ford Taunus etliche Male tun; in den meisten Fällen lieferten ihn aber seine Kollegen Maxi Böhm oder Ossy Kolmann vor seinem Wohnhaus im 7. Bezirk ab.

Nach einer Vorstellung, es war Samstagabend, hatte aus irgendwelchen Gründen keiner aus dem Ensemble Zeit, Farkas nach Haus zu fahren, und da bot sich Herr Stern, der Schwiegersohn des *Simpl*-Besitzers Picker, als Fahrer an.

Farkas stieg in den Wagen, und Herr Stern fragte: »Wohin fahren wir?«

»Geben Sie Gas«, antwortete Farkas, »ich sag's Ihnen schon ... Da vorne fahren Sie rechts ... jetzt geradeaus über die Kreuzung drüber ... hier biegen Sie links ein ...«

Weit draußen am Stadtrand, bei der Spinnerin am Kreuz, fragte Herr Stern: »Entschuldigen Sie, Herr Farkas, ich dachte, Sie wohnen in der Neustiftgasse im 7. Bezirk!«

»Ja, das stimmt«, ließ sich Farkas nicht aus der Fassung bringen. »Aber am Samstag fahre ich immer in mein Wochenendhaus nach Edlach an der Rax.«

Zu meinen Informanten in Sachen *Enkel der Tante Jolesch* zählte auch Marcel Prawy, den ich nicht nur als klugen, gebildeten, menschlich wertvollen Freund in Erinnerung behalten habe, sondern auch wegen seines einzigartigen Humors. Und so erzähle ich Ihnen jetzt eine Geschichte, in der er selbst mitspielt. Prawy und der Kritiker Hans Weigel waren zeitweise gar nicht gut aufeinander zu sprechen. Das muss man wissen, um die folgende Episode, die sich Ende der 1950er-Jahre im Café Volksoper zugetragen hat, verstehen zu können.

Als Weigel dort eines Abends neben der Schauspielerin Louise Martini saß, betrat ein stattlicher Herr das Lokal und grüßte sehr höflich – zuerst Louise Martini und dann Hans Weigel. Worauf die beiden den Gruß ebenso höflich erwiderten.

Kaum war der stattliche Herr außer Sichtweite, fragte Weigel – der extrem kurzsichtig war und daher oft gleichzeitig mehrere Brillen auf Stirn und Nase platziert hatte –, Weigel also fragte seine Tischnachbarin, wer der Herr gewesen sei, den sie gerade gegrüßt hätten.

»Das war der Prawy«, antwortete Louise Martini.

Kaum hatte Weigel diese Auskunft erhalten, begann er aufgeregt in seiner Aktentasche nach irgendwelchen Papieren zu suchen. Als er sie endlich gefunden hatte, sprang er auf und lief Prawy nach. Sobald er ihn eingeholt hatte, hielt er diesem die mitgebrachten Unterlagen vors Gesicht und sagte:

»Das sind ärztliche Atteste, die bescheinigen, dass ich schlecht sehe. Nur so konnte es passieren, Herr Doktor Prawy, dass ich Sie gegrüßt habe.«

Sprach's und ging – diesmal selbstverständlich grußlos – zurück an seinen Tisch.

Auch unter den Sängern der Wiener Staatsoper findet sich manch unvergleichliches Original. So gab es einen Episodisten namens Alfred Muzzarelli, der sein Leben lang »auf Star studierte«, ohne je einer geworden zu sein. Muzzarelli war trotz seines italienisch klingenden Namens ein waschechter Wiener. Er liebte die Frauen, wobei ihm Augen, Haarfarbe und Figur weniger bedeutsam erschienen, als das eine nur: Sie mussten wesentlich *älter* sein als er! Als ihm eines Tages ein Kollege, den Tränen nahe, mitteilte, dass ihn die Freundin verlassen hatte, fand Muzzarelli tröstende Worte: »Mach dir nix draus, andere Töchter haben auch schöne Mütter!«

Ioan Holender ist als längstdienender Direktor in die Geschichte der Wiener Staatsoper eingegangen. Im ersten Jahr stand er jedoch im Schatten des eigentlichen Direktors Eberhard Waechter. Erst nach dessen plötzlichem Tod im März 1992 übernahm Holender die alleinige Leitung des Hauses. Aber bis dahin war er selbst im Opernhaus bei Weitem nicht so bekannt wie später.

Der Zuschauerraum war bereits abgedunkelt, als Holender eines Abends zu spät in eine Vorstellung kam. Die Ouvertüre hatte schon begonnen, da schlich der Co-Direktor zu seiner Loge im ersten Rang. Leider hatte er die Rechnung ohne den Platzanweiser gemacht. Der hielt ihn am Rockzipfel fest und flüsterte: »Ihre Karte bitte!«

Der Direktor flüsterte zurück: »Ich bin Holender!«

Darauf der Billeteur: »Ticket please!«

Ohne Politiker könnten wir nicht leben – zumindest im anekdotischen Bereich. Bundeskanzler Julius Raab wurde von Freunden »der große Schweiger« genannt – weil er nur das Allernotwendigste sprach und viel lieber zuhörte. Eines Tages fuhr Raab mit dem Auto von Wien nach Vorarlberg. Im niederösterreichischen Tullnerfeld sagte sein Sekretär, mit einem Blick auf die umliegenden Felder: »Das Getreide steht heuer schon ganz schön hoch.« Bis knapp vor Feldkirch wurde kein Wort mehr gewechselt, dann endlich meinte Raab: »Do aa!«

Das war die gesamte Konversation während einer Fahrt von 600 Kilometern.

Nun zu einer Geschichte über Bruno Kreisky, die mir der damalige Bundespräsident Thomas Klestil erzählte, der Mitte der 1980er-Jahre in seiner Funktion als österreichischer Botschafter in den USA Zeuge der folgenden Episode geworden war.

Kreisky kam, als Regierungschef schon in Pension, aber in Sachen Weltpolitik immer noch unterwegs, zu einem Kongress nach Washington. Klestil holte ihn vom Flughafen ab und begleitete ihn, vom Chauffeur der Botschaft gefahren, in sein im Zentrum der Hauptstadt gelegenes Hotel. Als Kreisky unterwegs eine Filiale der englischen Firma *Burberry* entdeckte, bat er den Fahrer, kurz anzuhalten.

Der bärtige Altkanzler stieg aus dem Wagen, holte einen Plastiksack aus dem Kofferraum und betrat, gemeinsam mit Klestil, das Geschäft. An der Tür fragte Kreisky den Botschafter noch schnell: »Sag, was heißt Schlapfen auf Englisch?«

Klestil flüsterte ihm in korrekter Übersetzung das Wort Slippers zu, worauf Kreisky aus dem mitgebrachten Plastiksack ein Paar Hausschuhe hervorholte und zum Verkäufer sagte: »Ich habe vor einiger Zeit in Ihrer Filiale in London diese Schlapfen – these slippers – gekauft. Leider sind sie zu groß, könnten Sie sie umtauschen?«

In dem Geschäft, erinnerte sich Klestil, herrschte sogleich rege Betriebsamkeit, im Zuge derer man sich redlich bemühte, dem alten Herrn verschiedenste Größen desselben Modells vorzuführen.

Kreisky probierte eine ganze Reihe von Hausschuhen, betrachtete sie vor dem Spiegel, prüfte ihre Passform, ging mit ihnen auf und ab. Und brummte nach einem guten Dutzend derartiger Versuche: »So, die da passen – these slippers fit!«

Worauf der Verkäufer entgegnete: »Sir, das sind die Schuhe, die Sie mitgebracht haben!«

Wir befinden uns zwar noch im Bereich der Politik, begegnen hier aber dem einst berühmten Psychiater, Terror- und Aggressionsforscher Friedrich Hacker, mit dem ich bis zu dessen Tod im Jahre 1989 befreundet war. Er hatte Ende der 1960er-Jahre die Idee, in den ehemaligen Wohn- und Ordinationsräumen des »Vaters der Psychoanalyse« ein Sigmund-Freud-Museum zu errichten. Hacker selbst hatte in den 1930er-Jahren noch einige Vorlesungen Freuds an der Universität Wien besucht. Mit der Gründung des Freud-Museums ist eine schöne Geschichte verbunden.

Nachdem es ihm gelungen war, die österreichische Regierung für das Projekt zu gewinnen, schlug Hacker dem damaligen Bundeskanzler Josef Klaus vor, Freuds in London lebende Tochter Anna Freud zur bevorstehenden Eröffnung des Museums in der Wiener Berggasse Nr. 19 einzuladen. Der Regierungschef war sofort einverstanden, bat Hacker jedoch, für ihn den Text des Einladungsbriefes an Anna Freud aufzusetzen, da er selbst nicht recht wüsste, wie die berühmte Tochter eines noch berühmteren Vaters anzusprechen sei und mit welchen Worten eine solche Einladung zu erfolgen hätte.

Professor Hacker, der Anna Freud gut kannte, formulierte den Brief, der dann vom Kanzler unterzeichnet wurde. Eine Woche später läutete Hackers Telefon, am Apparat war Anna Freud. »Stellen Sie sich vor, Doktor Hacker«, sagte sie, »ich habe einen Brief vom österreichischen Bundeskanzler erhalten, in dem er mich zur

Eröffnung eines Freud-Museums einlädt. Ich komme natürlich gerne, aber ich habe noch nie einem Bundeskanzler geschrieben, und da wäre meine Bitte an Sie: Könnten Sie so nett sein, für mich das Antwortschreiben aufzusetzen?«

Hacker kam auch dieser Bitte nach. Er antwortete auf seinen eigenen Brief, und Anna Freud unterschrieb. Aus Einladung und Antwort entwickelte sich ein intensiver Schriftverkehr zwischen Josef Klaus und Anna Freud, der sich über mehrere Monate hinzog. Wobei jeder einzelne Brief vom unermüdlichen Friedrich Hacker stammte.

Eine Anekdote, die von zwei großen Komponisten aus Wien handelt, die in Hollywood Karriere gemacht haben, verdanke ich dem langjährigen Wiener Kulturstadtrat Peter Marboe. Es geht um Erich Wolfgang Korngold und Max Steiner. Letzterer zählte zu den Pionieren der amerikanischen Filmmusik: Er schuf Melodien zu *Casablanca* und *Vom Winde verweht*, zu Filmen mit Katharine Hepburn, Bette Davis und zu fünf Fred-Astaire-Musicals. Insgesamt hat Max Steiner 300 Filme vertont und drei Oscars erhalten, Korngold immerhin zwei.

Während es nach dem Zweiten Weltkrieg um Korngold ruhiger wurde, setzte Steiner seine Karriere als Komponist mit immer neuen Erfolgen fort. Da die beiden noch aus ihren Wiener Tagen miteinander befreundet waren, hielt Steiner 1957 zu Korngolds 60. Geburtstag, der in Hollywood gefeiert wurde, die Laudatio. Nach ein paar launigen Worten der Erinnerung gelangte Max Steiner zu dem liebevoll-bissig-ironischen Schluss: »Ich kann es gar nicht verstehen, mein lieber Korngold, dass ich in Hollywood nach wie vor gefragt bin, aber nach dir kein Hahn mehr kräht!«

Korngold stand auf, ging ans Rednerpult und erwiderte: »Schau, lieber Max, das mit dem Erfolg ist doch ganz einfach. Seit 20 Jahren schreibst du von mir ab, und seit 20 Jahren schreib ich von dir ab. Da darfst du dich nicht wundern, dass du erfolgreicher bist als ich.«

Etwas ganz anderes. Sie kennen sicher Professor Antal Festetics, einen der führenden Wildbiologen Europas, der überdies als Moderator populärwissenschaftlicher Tiersendungen im Fernsehen bekannt geworden ist. Von dieser seiner Tätigkeit im Fernsehen handelt die nun folgende Episode.

Festetics gestaltete Mitte der 1990er-Jahre für den ORF einen Tierfilm über Bären. In der Dokumentation wurde auch eine dramatische Szene gezeigt, die ein Amateurfilmer zufällig im Zoo von Peking eingefangen hatte: Man sah drei Chinesen, die vor dem Käfig der Pandabären standen. Nun drehte sich einer der Herren mit dem Rücken zum Käfig, um sich von einem der anderen Herren fotografieren zu lassen.

In dem Moment, da er dem Käfig seinen Rücken zuwandte, wurde der Mann aber von dem bärenstarken Tier gepackt, das ihn durch die Gitterstäbe in den Käfig zu zerren versuchte.

Die Attacke endete glimpflich, da es den beiden anderen Chinesen gelang, ihren Freund den Krallen des Pandabären zu entreißen. Das aufgebrachte Tier musste sich schließlich mit dem eroberten Sakko seines Opfers zufriedengeben.

Als Festetics dann, wie er mir erzählte, mit seinem Team am Schneidetisch saß, um seine Bären-Dokumentation zusammenzustellen, gab der Cutter zu bedenken, dass der Amateurfilm aus Peking leider ohne Ton und damit zur Ausstrahlung nicht geeignet sei.

Die Experten berieten nun, wie man – um die Atmosphäre des Zoos in Peking auch akustisch einzufangen – zu ein paar chinesischen Wortfetzen gelangen könnte. Festetics selbst hatte die rettende Idee. Er ging mit den Tonleuten in ein ihm bekanntes China-Restaurant im 3. Bezirk und ließ an der Kassa ein paar zufällig gefallene Worte aufnehmen, die dem Film unterlegt wurden. Die Dokumentation *Der große Bruder Bär* lief dann samt Ton mit Erfolg im Fernsehen.

Einige Zeit später freilich wurde Festetics von einem Angehörigen der chinesischen Botschaft angesprochen. »Herr Professor«, sagte der Diplomat zu Festetics, »das war ein sehr schöner Film, den Sie gezeigt haben, wir haben uns auch sehr darüber gefreut, dass Sie einen Beitrag aus dem Zoo in Peking gebracht haben. Nur eines, Herr Professor, haben wir nicht verstanden ...«

»Ja, was denn?«, wollte Festetics wissen.

»Warum hat, während wir den Herrn sahen, wie er um sein Leben kämpfte, jemand im Hintergrund auf Chinesisch zwei Frühlingsrollen bestellt?«

Eine Geschichte noch zum Abschluss: Den Wiener Philharmonikern wird nachgesagt, hin und wieder zugunsten eines lukrativen »Nebenjobs« nicht an der Vorstellung in der Staatsoper mitzuwirken. Durchaus legal übrigens, da es den Mitgliedern des Staatsopernorchesters vertraglich erlaubt ist, zur Vorstellung einen würdigen Vertreter zu entsenden, einen sogenannten Substituten. Ein Vorgang, der sich unter den Musikern des gefeierten Orchesters großer Beliebtheit erfreut.

Eines Nachmittags klopfte ein philharmonischer Geiger, der abends als Gast an einem Hauskonzert teilnehmen sollte, an der

Tür seines Hausmeisters: »Herr Novak«, sagte er, »da haben Sie 300 Schilling, dafür spielen Sie heute für mich in der Oper!«

Der Hauswart, ein redlicher Mann, entgegnete entsetzt: »Aber Herr Professor, ich kann doch gar net Geige spielen!«

Darauf der Philharmoniker: »Das macht nichts, Sie brauchen ja nur zu schauen, was die anderen machen – und dann tun Sie dasselbe. Bei so vielen Geigern im Orchester kann gar nix passieren.«

Herr Novak ging in die Oper, der Philharmoniker zu seinem Hauskonzert, und danach schaute er noch beim Hausmeister vorbei, um ihn zu fragen: »Na, Herr Novak, wie war's?«

Worauf er als Antwort erhielt: »Herr Professor, die Vorstellung war eine Katastrophe!«

»Ja, aber warum denn?«, wollte der Geiger wissen.

»Es waren nur Hausmeister da!«

Aus »*Die Enkel der Tante Jolesch*« (2001)

Die Geheimehe

Kaiser Franz Joseph und die Schauspielerin

Als im Herbst 1982 meine Biografie über die Schauspielerin Katharina Schratt erschien, gab es einen ziemlichen Wirbel in Österreich. Kaiser Franz Joseph I. und seine langjährige Seelenfreundin seien möglicherweise eine Geheimehe eingegangen, stand darin zu lesen. Das durfte nicht sein, auch wenn die Monarchie längst nicht mehr existierte, Kriege und Revolutionen die Welt verändert hatten, das war zu viel. Also meldete sich die damals in der Schweiz lebende Ex-Kaiserin Zita zu Wort und behauptete, dass »Kaiser Franz Joseph natürlich nicht mit Katharina Schratt verheiratet« gewesen sei.

Allerdings verkündete »die letzte Kronzeugin der Monarchie« ein halbes Jahr später, Kronprinz Rudolf sei in Mayerling von dunklen Mächten ermordet worden. Spätestens da begannen die Geschichtsforscher Zitas Aussagen generell infrage zu stellen: »Wenn die Enthüllungen der Kaiserin so weitergehen, wie sie jetzt sind, wird das nur eine Seifenblase sein«, meinte die Historikerin Brigitte Hamann. »Das ist schade, denn von einer Zeugin der Geschichte könnte man ein wahrhaftiges Zeugnis erwarten. Wir wären glücklich, wenn wir durch Zita an neue Quellen kämen, aber das, was die ehemalige Kaiserin berichtet, ist keine Quelle, das ist Tratscherei.«

Aus ihrer »Mordtheorie« von Mayerling ergab sich, dass Zitas Behauptung, Franz Joseph sei »natürlich nicht mit Katharina Schratt verheiratet« gewesen, ebenso zweifelhaft war. Es ist auch nicht anzunehmen, dass die spätere Kaiserin je von dieser Eheschließung informiert worden wäre.

Der Historiker Adam Wandruszka – damals wohl der profundeste Kenner des Hauses Habsburg – war jedenfalls aufgrund der von mir vorgelegten Zeugenaussagen und Indizien »überzeugt, dass der Kaiser und die Schauspielerin eine Geheimehe eingegangen sind«.

Versetzen wir uns in die letzten Jahre der Monarchie. Ein alter Herr, gezeichnet von den Lasten eines sorgenreichen Lebens, und eine um 23 Jahre jüngere Frau betreten das Erzbischöfliche Palais am Wiener Stephansplatz. Ein Priester geleitet sie in die Andreaskapelle, wo die beiden getraut werden. Sie gehen eine Ehe ein, die »vor Gott« geschlossen, vor der Öffentlichkeit aber geheim gehalten wird. Dieses Paar konnte und durfte keine »normale« Hochzeit feiern. Denn er war der Kaiser von Österreich und sie die Tochter eines Papierwarenhändlers aus Baden bei Wien, von Beruf Schauspielerin. Beide waren verwitwet. So unterschiedlich ihre Herkunft, ihr gesellschaftlicher Rang auch gewesen sind, zum Zeitpunkt dieser Eheschließung verband sie doch eine rund drei Jahrzehnte andauernde Romanze, wie sie in der Geschichte der österreichisch-ungarischen Monarchie einmalig ist.

»Gewissensehe« nennt die katholische Kirche die geheim zu haltende Legalisierung einer Verbindung. Damals wie heute werden solche Gewissensehen äußerst selten eingegangen, denn normalerweise will man seinen Partner vor Zeugen und vor der Öffentlichkeit heiraten.

Diese Hochzeit musste aber geheim bleiben, da ein Kaiser und eine Schauspielerin nicht heiraten durften. Wie aber kam es, dass das Geheimnis ihrer Trauung Jahrzehnte nach der Zeremonie gelüftet wurde?

Um dies zu ergründen, werfen wir einen Blick in das Jahr 1934. Der Kaiser war seit 18 Jahren tot, Katharina Schratt lebte, über 80 Jahre alt, zurückgezogen in Wien. Die noch junge und doch schon wieder im Sterben liegende Erste Republik hatte gerade einen Bürgerkrieg, der Hunderte Tote und Verwundete forderte, überstanden.

Vier Monate nach den »Februarkämpfen« des Jahres 1934 wollte ein junges Paar heiraten. Dieses musste seine Eheschließung ebenfalls geheim halten, auch wenn in diesem Fall ganz andere Gründe ausschlaggebend waren als Jahrzehnte davor für den Kaiser und die Schauspielerin: Der Wiener Medizinstudent Otto Wagner – er wurde später Primarius des St.-Josef-Spitals in Wien – entstammte einer konservativen, altösterreichischen Familie. Weder seine Eltern noch die seiner Braut Edeltraut Dobrucka – sie war die Tochter polnischer Aristokraten – durften von dieser Hochzeit erfahren, zumal Otto Wagner sein Studium noch nicht abgeschlossen hatte. Trauzeuge war der später namhafte Wiener Sozialreformer und Universitätsprofessor August Maria Knoll, zuvor auch Privatsekretär des österreichischen Bundeskanzlers Ignaz Seipel.

Die Eheschließung zwischen Otto Wagner und Edeltraut Dobrucka fand am 30. Juni 1934, ebenfalls in der Andreaskapelle des Wiener Erzbischöflichen Palais, statt. Bevor der Pfarrer die Trauung vornahm, hatte er in der der Kapelle angrenzenden Sakristei jenes Trauungsbuch auf den Tisch gelegt, in das Gewissensehen eingetragen werden. Dann verließ der Priester für wenige Minuten den Raum. Das Brautpaar und sein Trauzeuge sahen sich das aus dem Geheimarchiv des Erzbischöflichen Palais geholte Buch an und wurden Zeugen einer wahrhaft sensationellen Eintragung. Hier stand schwarz auf weiß, worüber in Österreich zwar seit Jahrzehnten gemunkelt wurde, was aber niemand wahrhaben wollte, geschweige denn beweisen konnte: Kaiser Franz Joseph und Katharina Schratt hatten geheiratet.

Die Eintragung – mit den eigenhändigen Unterschriften – lautete auf die Namen »Franz Joseph von Habsburg-Lothringen« und »Katharina Kiss de Ittebe, geb. Schratt«.

Im katholischen Kirchenrecht, Abschnitt Eherecht, ist unter dem Kapitel »Gewissensehe« zu lesen: »Die Gewissensehe *(matrimonium conscientiae)* ist die Ehe, die wohl in der ordentlichen Form, aber ohne Verkündung geschlossen und geheim gehalten wird. Sie kann nur vom Ordinarius (in diesem Fall der Erzbischof von Wien, Anm.) gestattet werden. Der Eintrag dieser Ehe hat in einem besonderen, im Geheimarchiv der bischöflichen Kurie aufbewahrten Buch stattzufinden, nicht im Pfarr-, Ehe- und Taufbuch.«

Dieses im Geheimarchiv der bischöflichen Kurie aufbewahrte Buch lag also am 30. Juni des Jahres 1934 aufgeschlagen vor Otto Wagner und Edeltraut Dobrucka sowie ihrem Trauzeugen August Maria Knoll. Sie konnten die Eintragung – jeder für sich und unabhängig voneinander, wie sie später bekundeten – klar und deutlich lesen.

Die drei Zeugen dieser Eintragung sind tot. Doch sie berichteten zu ihren Lebzeiten mehreren ihnen nahestehenden Personen gegenüber von ihrer Entdeckung. August Maria Knoll erzählte davon seinen Söhnen Reinhold, Norbert und Wolfgang und seinem Schüler, dem bekannten Wiener Politologen und Universitätsprofessor Norbert Leser.

Dieser, von mir befragt, erklärte: »Für mich gibt es an der Glaubwürdigkeit der Angaben meines Lehrers August Maria Knoll keine Zweifel, es sind ihm aus dieser Behauptung niemals irgendwelche Vorteile erwachsen, er hat in der Öffentlichkeit auch nie Verwendung davon gemacht. Ich bin sicher, dass Kaiser Franz Joseph und Frau Schratt tatsächlich verheiratet waren.«

Reinhold Knoll, Historiker und ebenfalls Professor an der Universität Wien, ist von dieser Eheschließung nicht weniger überzeugt: »Auch meinen Brüdern und mir hat unser Vater mehrmals von seiner Wahrnehmung im Trauungsbuch der Andreaskapelle erzählt. Es gab für ihn keinen Zweifel, dass Kaiser Franz Joseph und Katharina Schratt verheiratet waren.«

Der Ehe Otto und Edeltraut Wagners (die 1936 öffentlich besiegelt wurde) entsprangen drei Kinder: Otto Wagner jun. war Oberarzt der 1. Chirurgischen Universitätsklinik in Wien. Edeltraud Lothaller ist Zahnärztin und Barbara Binder-Krieglstein war Gymnasialprofessorin. Meine Recherchen führten mich auch zu ihnen. Sie bestätigten:

»Ihre Information ist richtig. Unsere Eltern haben am Tag ihrer Eheschließung die Eintragung im Trauungsbuch gesehen. Sowohl unser Vater als auch unsere Mutter haben mehrmals davon erzählt und empfanden es als begrüßenswerten Zug des Kaisers, Frau Schratt geheiratet zu haben.«

Sämtliche der hier genannten Zeugenaussagen liegen in Form eidesstattlicher Erklärungen vor.

Die für eine Geheimehe sprechenden Belege gehen aber weiter. Professor Leser fand heraus, dass die Schratt 1938, nach dem Einmarsch der Nationalsozialisten, bei Wiens damaligem Weihbischof Franz Kamprath vorsprach, um die Herausgabe des bewussten Trauungsbuches zu erwirken. Auf meine Anfrage erklärte Monsignore Nedbal*, dass ihm diese Aussage von Prälat Taubert, dem Sekretär Bischof Kampraths, bestätigt worden war.

Bischof Kamprath konnte der Schratt das Trauungsbuch freilich nicht mehr aushändigen, da es zu diesem Zeitpunkt nicht mehr existierte. Als die Nationalsozialisten nämlich am 12. März in Österreich einmarschierten, wurden zahlreiche Dokumente des Geheimarchivs vernichtet, weil man im Erzbischöflichen Palais Angst vor indiskreten Veröffentlichungen durch die Gestapo hatte.

Monsignore Nedbal kam jedenfalls zu folgendem Schluss: »Im Erzbischöflichen Ordinariat Wien wird durch Aussagen von Gewährsleuten vermutet, dass diese Hochzeit tatsächlich stattgefunden hat. Sollte das Trauungsbuch wider Erwarten eines Tages auftauchen, wäre es denkbar, dass der Kardinal die Geheimhaltung dieser Gewissensehe aufgrund einer kirchenrechtlichen Bestimmung aufhebt.«

Auch in Klaus Mörsdorfs *Lehrbuch des Kirchenrechts* findet sich ein unmissverständlicher Hinweis auf diese Heirat. Über die Gewissensehe ist in dem Standardwerk der katholischen Kirche nachzulesen: »Der wichtigste Anwendungsfall ist die Missheirat königlicher oder fürstlicher Personen (zum Beispiel das Verhältnis eines verwitweten Monarchen mit einer Schauspielerin).«

Deutlicher kann auf eine Eheschließung des römisch-katholischen, verwitweten Monarchen Franz Joseph mit der Schauspielerin Katharina Schratt wohl kaum hingewiesen werden. Es gab und

---

* Johannes Nedbal, langjähriger Ehereferent des Wiener Erzbischofs

gibt keinen zweiten Fall eines Paares, auf den diese Zeilen anzuwenden wären.

Michael Habsburg-Lothringen, ein Urenkel Kaiser Franz Josephs, ist selbst Historiker und gibt zu der Eheschließung folgende Stellungnahme ab: »Mir ist die These über eine Gewissensehe zwischen Kaiser Franz Joseph I. und Katharina Schratt bekannt und ich will sie auch gar nicht unbedingt ableugnen. Es könnte der Einstellung und dem Charakter des Kaisers durchaus entsprechen, dass er nach der jahrelangen Verbindung diese auch legalisieren wollte. Es ist ja bekannt, dass mein Urgroßvater ein sehr gewissenhafter und korrekter Mann war. Ich kann nicht für die gesamte Familie Habsburg sprechen, aber ich persönlich würde diese Heirat keinesfalls als ›Familienkatastrophe‹ bezeichnen. Man könnte eine Gewissensehe nach all den Schicksalsschlägen, die Franz Joseph erlitten hat, mit einem ihm nahestehenden Menschen wie Frau Schratt ohne Weiteres verstehen und akzeptieren.«

Es gibt keinen Zweifel, dass die Berichte und eidesstattlichen Erklärungen der – durchwegs honorigen – Zeugen äußerst glaubwürdig sind. Dazu kommt, dass auch weitere Schriftstücke und historische Unterlagen eine Ehe zwischen Kaiser und Schauspielerin bestätigen:

So hat Kaiserin Elisabeth, die diese Beziehung überhaupt erst in die Wege geleitet hatte, mehrmals – zuletzt in Bad Kissingen, kurz vor ihrem Tod – davon gesprochen, dass ihr Mann, falls sie vor ihm sterben würde, Frau Schratt in zweiter Ehe heiraten sollte. Klar lässt sich das aus den Tagebüchern ihrer Tochter Erzherzogin Marie Valerie ersehen. Bereits am 28. Mai 1890, also acht Jahre vor der Ermordung ihrer Mutter, trug Marie Valerie ein, dass sie von Elisa-

Hat Katharina Schratt zwischen 1910 und 1916 den Kaiser geheiratet?

beth aufgefordert wurde, »falls sie stürbe ... Papa zuzureden, Schratt zu heiraten«.

Und kurz nach Elisabeths Tod vermerkte Marie Valerie, datiert mit dem 11. Juli 1899: »Lossagen wird er sich nie und nimmer von ihr (Frau Schratt, Anm.), und heiraten kann er sie ja leider nicht, denn sie ist ja ganz rechtmäßig verheiratet.«

Dieses »Ehe-Hindernis« war zehn Jahre später nicht mehr existent, als nämlich Nikolaus von Kiss, der Ehemann der Schratt, am 21. Mai 1909 einem Herzschlag erlag. Die mutmaßliche Hochzeit zwischen Kaiser und Schauspielerin könnte also – nach Verstreichen des üblichen Trauerjahres – zwischen 1910 und 1916, dem Todesjahr Franz Josephs, stattgefunden haben.

Schließlich sei noch vermerkt, dass ein solcher Schritt in der damaligen Zeit sowohl kirchlich als auch vor den staatlichen Instanzen zu einer völlig korrekten Ehe führte: Während die Republik Österreich heute nur eine vor dem Standesamt geschlossene Ehe akzeptiert, reichte bis 1939 das kirchliche Sakrament aus. Fand die Trauung also tatsächlich statt, war Katharina Schratt (beziehungsweise: Katharina von Habsburg-Lothringen) die rechtmäßige Frau des Kaisers von Österreich und Königs von Ungarn. Sie war jedoch keinesfalls »Kaiserin«, da es niemals eine Krönung gegeben hat.

In Fernsehsendungen und Zeitungsserien wurde nach Erscheinen meiner Schratt-Biografie noch lange darüber diskutiert, ob die Schauspielerin und der Kaiser tatsächlich verheiratet gewesen sind oder nicht. Bis mir der Burgschauspieler und Katharina-Schratt-Neffe Peter Schratt in einem *Club 2* die erlösende Frage stellte: »Ist das nicht eigentlich völlig egal?«

Und ich ihm irgendwie recht geben musste.

Aus »*Katharina Schratt, Die heimliche Frau des Kaisers*« (1982)

Frau Schratt geht fremd

Affären, die sie dem Kaiser verschwieg

Noch ein Schratt-Kapitel. Es zeigt eine Seite der Schauspielerin, die mir 1982, als ich ihre Biografie schrieb, in dieser Form noch nicht bekannt war. Damals konnte ich anhand der Aussagen von Zeitzeugen, der vorliegenden Korrespondenz und anderer Dokumente davon ausgehen, dass die Schratt eine dem Kaiser treu ergebene Gefährtin war. Heute weiß ich, dass sie ihm zwar ergeben, aber sicher nicht treu war.

Ich weiß das, weil man mir drei Jahrzehnte nach Erscheinen der Schratt-Biografie Einsicht in Briefe und Unterlagen gewährte, aus denen klar hervorgeht, dass die Schauspielerin, pardon, ein ziemliches Luder war, das den Kaiser nach Strich und Faden betrogen hat. Es gibt gleich mehrere Liebschaften der Grande Dame des Burgtheaters, die hier dokumentiert werden können. Und alle ereigneten sich parallel zu ihrer Beziehung mit dem Kaiser.

Die Lovestory Franz Josephs und der Schauspielerin wurde mit großer Diskretion behandelt, aber die Bewohner der Donaumonarchie wussten davon bis in den hintersten Zipfel von Galizien Bescheid, und sie hatten sogar Verständnis für ihren Regenten, da seine Gemahlin Elisabeth ständig auf Reisen war und ihn oft über Monate allein ließ. Kein Wunder also, dass der Kaiser nach einer Frau suchte, die ihm Seelenfreundin und Geliebte sein konnte. Und er fand die Schratt.

Franz Joseph sparte nicht mit Liebesbeteuerungen: »Ich habe Sie eben fürchterlich lieb«, schreibt er einmal, dann nennt er die Schauspielerin »mein heißgeliebter Engel« und wird an anderer Stelle noch deutlicher: »Dieses ist mein letzter Brief vor dem ersehnten, endlichen Wiedersehen. Da ich am 19. ungefähr um 6 Uhr Früh in Schönbrunn eintreffen werde, so werde ich mir erlauben um 8 Uhr oder etwas später, in der Gloriette Gasse zu erscheinen mit der Hoffnung, Sie, den Zeitumständen entsprechend, endlich wieder einmal zu Bett zu finden, was Sie mir auch halb und halb versprochen haben.«

Die Schratt reagiert, wenn der Kaiser auf Reisen ist, nicht minder gefühlsbetont: »Ich denke Tag und Nacht an Eure Majestät und erwarte mit unsagbarer Sehnsucht die endliche Rückkunft.«

Nun wirft freilich ihre mir zugänglich gemachte Korrespondenz einen Schatten auf all das, was zwischen Kaiser und Schauspielerin belegt ist.

»Kathi, wie gut warst du in der Nacht für mich – wie noch nie – ich fühle deine Hand – sie hat ja meinen ganzen Leib berührt, ich fühle deine Küsse so warm so heiß …« Diesen an Deutlichkeit nicht zu überbietenden Brief schrieb der Gutsherr, Sportsmann, Abenteurer und Kunstmäzen Hans Graf Wilczek an Katharina Schratt, nachdem er mit ihr im Frühjahr 1886 eine Nacht in der von ihr gemieteten Villa Frauenstein am Wolfgangsee verbracht hatte.

Der Beweis, dass es eine Dreiecksbeziehung Schratt-Kaiser-Wilczek gab, kann seit dem Jahr 2008 erbracht werden, als das Hofmobiliendepot der Republik Österreich 18 eng beschriebene Briefe des Grafen Wilczek an die Schratt erworben hat. Sie wurden nach eingehender Prüfung für echt befunden, ob ihrer zeitgeschichtlichen Bedeutung vom Bundesdenkmalamt für die Ausfuhr gesperrt und mir zur Veröffentlichung anvertraut.

Der Kaiser reagierte stets gereizt, wenn es um den Grafen Wilczek ging – ohne wissen zu können, was hier tatsächlich lief. »Nie hätte ich mir erlaubt, Sie zu ersuchen, Wilczek nicht zu empfangen«, schrieb er an die Schratt, »ich war eben nur wieder eifersüchtig, da ich Sie so lieb habe (zerreißen Sie gleich diesen Brief).«

Doch auch Wilczek fühlte, dass ihm der Kaiser im Wege stand: »Katherl, lass mich doch bei dir weilen lange, lange, ich werde dich ja nicht quälen – bei Wasser und Brot – allein sein mit dir, kein Butler soll uns stören und kein Kaiser.«

Die Wilczek-Briefe an Katharina Schratt stammen aus den Jahren 1885/86. Die Schauspielerin hatte den Kaiser zwei Jahre davor, als sie ihm in einer Audienz als neues Mitglied des Burgtheaters vorgestellt worden war, zum ersten Mal getroffen und bald sein Interesse geweckt. Der Beginn der Beziehung zwischen der Schratt und dem Kaiser einerseits und ihrer Affäre mit dem Grafen Wilczek andererseits muss etwa zur gleichen Zeit stattgefunden haben.

»Kein Butler soll uns stören und kein Kaiser«: Hans Graf Wilczek in einem seiner Briefe an seine Geliebte Katharina Schratt

Die Schratt war damals 32 Jahre alt, Wilczek 48, der Kaiser 55. Doch auch wenn der Graf in seinen Briefen immer wieder von »ewiger Treue« spricht, kann nichts darüber hinwegtäuschen, dass alle Beteiligten zum Zeitpunkt der *ménage à trois* verheiratet, also in höchstem Maße untreu, waren: Franz Joseph seiner Sisi, die Schratt ihrem Ehemann Nikolaus von Kiss und Wilczek seiner Frau Emma.

All das hinderte den Grafen nicht, seine geliebte Kathi immer wieder mit Beteuerungen seiner großen Liebe zu beglücken. Der Korrespondenz ist zu entnehmen, dass die Beziehung zum Grafen wesentlich leidenschaftlicher war als die zum Kaiser, wie Briefzitate Wilczeks an die Schratt aus den Jahren 1885/86 belegen:

- »Ich hab dich so gern, dich, dich dich, meine Frau, meine Kathi.«
- »Ich denk und fühl nichts anderes als Liebe, Liebe, Liebe zu dir.«
- »Du bist ja die beste Frau auf der ganzen Welt und die edelste Frau. Du bist mein Ideal – meine Kathi ... Kathi, ich gehöre dir, mein ganzes Leben – daher möchte ich recht lange leben – das Leben aber wie du es mich führen lässt, richtet mich früher als nötig zugrunde.«
- »Alle Tage liebe ich dich heißer und leidenschaftlicher – ich fühle mich jeden Tag fester an dich gebunden und gekettet.«
- »Bitte Katherl, sei gut für mich – ich hab ja ein Recht auf dich – so wie ich selbst nur dir gehöre!«
- »Auf Wiedersehen morgen Dienstag, bitte Katherl sei allein, wenn ich komm. Dein dich liebender treuer Mann Hans.«

Hans Graf Wilczek war eine in Österreich-Ungarn überaus populäre Erscheinung: Der Zwei-Meter-Mann, der in einem prunkvollen Innenstadtpalais residierte, zählte zu den reichsten Aristokraten seiner Zeit. Er hatte sich als Forschungsreisender einen Namen gemacht und die Nordpolexpedition von Julius Payer und Karl Weyprecht, an der er 1872 selbst teilnahm, ermöglicht. An die von Wilczek finanzierte Forschungsreise erinnern heute noch das seinem späteren Nebenbuhler zu Ehren benannte Franz-Joseph-Land und die Wilczek-Insel im Arktischen Ozean. Geschichte schrieb Wilczek auch als Mitbegründer der Wiener Rettungsgesellschaft: Er und der Arzt Jaromír von Mundy hatten nach dem Brand des Ringtheaters* im Jahr 1881 erkannt, dass viele der fast 400 Menschen gestorben waren, weil es in Wien keine funktionierende Rettung gab. Wilczek ließ Ärzte und Sanitätspersonal ausbilden, spendete Einsatzfahrzeuge und brachte in seinem Palais in der Herrengasse die erste Ambulanz unter.

Die Schratt war seit 1879 mit dem ungarischen Diplomaten Nikolaus von Kiss verheiratet, dem sie ein Jahr später einen Sohn schenkte. Die Ehe blieb zwar bis zu Kiss' Tod am 21. Mai 1909 aufrecht, existierte aber schon nach kurzer Zeit nur auf dem Papier, da er sich als Mitglied des diplomatischen Corps selten in Wien aufhielt.

Zu den Pikanterien in der Dreiecksgeschichte Kaiser–Wilczek–Schratt zählt auch die Tatsache, dass Franz Joseph und der Graf einander gut kannten: Der Kaiser war Protektor von Wilczeks Rettungsgesellschaft und hatte ihn, ein Jahr bevor sie zu Rivalen wurden, zum Geheimen Rat und zum Mitglied des Herrenhauses ernannt. Außerdem war Wilczeks Ehefrau eine Hofdame von Franz Josephs Mutter Sophie.

Erstaunlich auch, dass der Graf, der sonst mit beiden Beinen im Leben stand, seine Briefe an »meine Kathi, meine Gottheit« schwär-

---

* Siehe Seiten 261–267

Die Schratt war mit Nikolaus von Kiss verheiratet, doch der Diplomat hielt sich kaum je in Wien auf.

merisch wie ein Teenager formulierte: »Katherl, du kannst mich geistig und körperlich zugrunde richten, töten, aber los wirst du mich weder im Leben noch nach dem Tod.«

Wilczek spürte freilich, dass das »Dreieck« auf Dauer nicht aufrechtzuerhalten sein würde – schon weil der Kaiser ein übermächtiger Gegner war. Und so musste sich die Schratt nach mindestens zweijähriger Doppelgleisigkeit für einen ihrer beiden Verehrer entscheiden – und sie entschied sich für den Kaiser. Eher aus praktischen als aus emotionalen Gründen, denn natürlich war es für die aus kleinen Verhältnissen stammende Schauspielerin der ungleich größere gesellschaftliche Aufstieg, die Vertraute des Kaisers als die Geliebte eines Grafen zu sein.

In der Tat wirkte sich die Verbindung mit Franz Joseph lange Zeit günstig für ihre Karriere am Burgtheater aus. Der Kaiser war ein so treuer Besucher ihrer Vorstellungen, dass man sich im Publikum, sobald Franz Joseph seine Loge betrat, zuraunte: »Da schau her, der Herr Schratt is heut wieder da!« Vor allem aber schenkte der Kaiser der Freundin Unmengen an Schmuck, ein Palais an der Ringstraße und eine Villa in Hietzing. Und er beglich Spielschulden in Millionenhöhe, die sich bei der krankhaften Roulette-Spielerin anhäuften. Aber auch Graf Wilczek ließ sich nicht lumpen, wenn es darum ging, die Geliebte in sicherer Abgeschiedenheit treffen zu können. Laut Auskunft seiner Nachfahren dürfte er eigens für seine Rendezvous mit Katharina Schratt das Salzburger Schloss Moosham erworben haben, das sich heute noch in Familienbesitz befindet.

Das Verhältnis der Schratt mit dem Kaiser hielt 30 Jahre lang – bis zu seinem Tod im November 1916. Wann ihre Affäre mit Hans Graf Wilczek endete, wissen wir nicht genau.

Während sich in dem Konvolut 18 Wilczek-Briefe an die Schratt befinden, blieb von ihr nur eine einzige Karte an den Grafen erhalten: »Morgen Sonntag, bin ich zu Haus Vormittag von halb 10 bis 12 Uhr oder Nachmittag von halb 3 bis 5 Uhr. Ich freue mich sehr auf Morgen; aber bitte bestimmt kommen, wenn möglich lieber Vormittag. Kathi.«

Die Zeilen der Schratt an den Grafen sind nicht so feurig wie die seinen, sie zeigen aber, dass auch sie großes Interesse an der Beziehung hatte. Es ist leicht nachvollziehbar, dass sich die 32-jährige Schratt in den um 16 Jahre älteren, blendend aussehenden, sportlichen, sensiblen und klugen Grafen verliebte. Dennoch durchlief die Beziehung, wie die Korrespondenz zeigt, etliche Krisen, die wohl auf das »Doppelleben« der Schauspielerin, hier der Kaiser, dort der Graf, zurückzuführen waren. »Wann wirst du sagen«, schreibt Wilczek an die Schratt, »ich will das nicht mehr, denn es verletzt und macht so unglücklich den armen Hans.«

Hans Graf Wilczek starb 1922 im Alter von 84 Jahren und ist in der Gruft der von ihm wiedererrichteten, ursprünglich mittelalterlichen Burg Kreuzenstein bei Wien bestattet.

Wie aber kam es mehr als 120 Jahre nach seinem »Gspusi« mit der Schratt zur Auffindung der brisanten Korrespondenz?

Die Briefe stammen aus dem Nachlass eines Autografensammlers, der sie nach dem Tod der Schratt im Jahre 1940 von ihrem Sohn Anton von Kiss – der oft in Geldnöten war – gekauft hat. Sie galten jedoch als verschollen, ehe sie im Juni 2008 im Wiener Dorotheum zur Versteigerung angeboten und vom Hofmobiliendepot erworben wurden.

Die Briefe sind nicht nur durch die Dreiecksgeschichte Kaiser–Schratt–Wilczek interessant, sondern auch, weil sie die Moralvorstellungen in der Spätzeit der Monarchie aufzeigen. Sie belegen nunmehr eindeutig, dass Wilczek der Liebhaber der Katharina Schratt war, während bis dahin lediglich bekannt war, dass er ihrem engeren Freundeskreis angehörte.

Dass die Eifersucht Franz Josephs im Falle Wilczek berechtigt war, ist somit geklärt. Doch auch des Kaisers Misstrauen bezüglich des Königs Ferdinand von Bulgarien hatte einen realen Hintergrund. »Der Bulgare«, wie der Kaiser ihn stets nannte, war Ferdinand von Sachsen-Coburg, seines Zeichens Fürst und später König beziehungsweise Zar von Bulgarien. Der temperamentvolle und geistreiche Aristokrat – er stammte aus dem Wiener Zweig des Hauses Coburg – war um acht Jahre jünger als die Schratt und ein Theaternarr, der keine Gelegenheit ausließ, um nach Wien zu reisen und hier die »Burg« zu besuchen. Und die Schratt.

Bei seiner Vorliebe für Schauspielerinnen dürfte sie nicht sein

Ein weiterer Verehrer der Katharina Schratt: König Ferdinand I. von Bulgarien

einziger Schwarm gewesen sein. Der Schauspieler Hugo Thimig notiert in seinem Tagebuch, »dass der König von Bulgarien in die Marberg verschossen ist, aber die Schratt darf's nicht wissen«. Die spätere Hofschauspielerin Lili Marberg war damals gerade 20 Jahre alt, konnte der Schratt allerdings beim »Bulgaren« keine echte Konkurrentin werden – zu groß war die Zuneigung, die der König für seine »Kathi« empfand.

»Ja, der König von Bulgarien hat die Tante wahnsinnig verehrt«, erinnerte sich die Schratt-Nichte Katharina Hryntschak. »Kaum war er in Wien, ist er schon zu ihr nach Hietzing gekommen – wobei er seine Kinder nicht selten mitgebracht hat.« Kaiser Franz Joseph reagierte immer verärgert, wenn es um die innige Beziehung der Schratt zu dem – auch ihm freundschaftlich verbundenen – König ging. Als er erfuhr, dass die Schratt im Juni 1890 zur gleichen Zeit in Karlsbad zur Kur weilte wie Ferdinand, reagierte er mit den Worten »Beneidenswerther Fürst!«.

Dass die Eifersucht auch in diesem Fall berechtigt war, lässt einer der wenigen erhalten gebliebenen Briefe, die Ferdinand an die Schratt richtete, zumindest erahnen: »Bin um 4 Uhr in Wien«, schreibt er am 27. Juni 1891, »und erwarte Deine Befehle; Kathi, ich bitte Dich, sei gut zu einem armen unglücklichen gebrochenen Menschen, lass mich bei Dir Kraft und Muth schöpfen und mein Herz bei Dir ausschütten!«

Die wohl letzte große Liebe ihres Lebens sollte im reiferen Alter auf die Schratt zukommen. Eineinhalb Jahre, nachdem ich von ihrer Affäre mit dem Grafen Wilczek erfahren hatte, wurde mir ein Brief der Schauspielerin an einen ihrer seinerzeit sehr prominenten Kollegen zugespielt.

»Du! Du! Lieb, fürchterlich lieb hab ich Dich!« Diese Worte schrieb die Schratt in jenen Tagen, da sie vom Kaiser fast täglich besucht wurde. Aber sie waren nicht an ihn gerichtet, sondern an den Schauspieler Viktor Kutschera. Der Brief wurde am Silvesterabend des Jahres 1903 verfasst – und sein Inhalt lässt kein Missverständnis zu: »Heute in den letzten Stunden des alten Jahres danke ich dem lieben Gott«, schreibt die Schratt an Kutschera, »dass er uns zusammengeführt hat – und morgen in der Kirche bete und bitte ich, dass wir immer beisammen bleiben dürfen.«

Viktor Kutscheras Enkel, der in Wien lebende Bankdirektor i. R. Carl-Ludwig Kutschera, hat mir das fünf Seiten lange Schreiben der Schratt anvertraut. »In meiner Familie«, sagt er, »war die Beziehung meines Großvaters zu Katharina Schratt bekannt, aber wir haben die Details bisher für uns behalten, weil wir das für sehr privat hielten. Nun bin ich 80 Jahre alt und habe mir überlegt, dass es bei dieser Beziehung doch nicht nur um das Privatleben der Frau Schratt geht, sondern auch um ein Stück österreichischer Geschichte, und daher stelle ich Ihnen den Brief zur Veröffentlichung zur Verfügung.«

Katharina Schratt und Viktor Kutschera standen 1903, als der verfängliche Brief geschrieben wurde, gemeinsam auf der Bühne des Wiener Volkstheaters. Sie als Maria Theresia in Franz von Schönthans gleichnamigem Lustspiel und er als ihr Ehemann, Franz Stephan von Lothringen.

Katharina Schratt und Viktor Kutschera kannten einander schon länger, waren gemeinsam am Burgtheater aufgetreten, doch weiß man nicht, ob es in früheren Zeiten zu einer Beziehung gekommen ist. Klarerweise war die Schratt auch jetzt nicht nur dem Kaiser untreu, sondern auch ihrem Mann, der nach wie vor im Ausland weilte. Und auch Viktor Kutschera war verheiratet und hatte zwei Kinder.

Wie sehr die Schratt den gut aussehenden Viktor Kutschera liebte, kann man sich ausmalen, wenn man auf Seite vier des Briefes über ihre Träumereien von einer gemeinsamen Zukunft erfährt: »Weißt Du, was ich am liebsten thun würde?«, fragt sie den Geliebten und liefert gleich die Antwort: »Alles, was mir gehört, Geld, Schmuck (sogar meine alten Sachen), Alles Deiner Frau schenken – sie soll nach Hietzing ziehen, soll auch Alles mitnehmen, was ihr gehört (Dich aber nicht) und ich komm zu Dir, das wäre das Richtige und Beste. – Die Vorstellung sagen wir gleich ab, aber keine andere annehmen. Ich sorg und arbeit dann nur für Dich. Bleib immer zu Haus und wart bis Du kommst.«

Der Schauspieler Viktor Kutschera sollte nach dem Wunsch der Schratt seine Frau verlassen.

Katharina Schratt, damals 50 Jahre alt, gibt sich wie eine Pubertierende, während der um zehn Jahre jüngere Viktor Kutschera etwas nüchterner zu agieren scheint. »Ich glaube, dass er in die Affäre mit der Schratt geschlittert ist«, vermutet sein Enkel heute, »aber er hätte niemals seine Frau und seine Kinder verlassen. Auch weiß man, dass die Schratt nicht sein einziger Seitensprung war. Er war ein sehr begehrter Mann.«

Viktor Kutschera, der Sohn eines Eisenbahningenieurs, der gemeinsam mit Carl Ritter von Ghega die Semmeringbahn erbaut hatte, war 1863 in Wien zur Welt gekommen und absolvierte wie damals üblich seine ersten Auftritte in der Provinz. Wieder in Wien, war er als jugendlicher Liebhaber und gefeierter Charakterschauspieler jahrzehntelang Star und Publikumsmagnet am Deutschen Volkstheater, in das er nach dreijährigem Zwischenspiel am Burgtheater zurückkehrte.

Der damals 73-jährige Kaiser erwartete in dieser Zeit jeden Tag den Besuch der »gnädigen Frau« oder ließ sich zu ihrer Villa fahren: in jene Villa in der Gloriettegasse, die sie von Franz Joseph als Geschenk erhalten hatte – und die sie jetzt Viktor Kutscheras Ehefrau überlassen wollte.

Die Affäre mit Viktor Kutschera fällt in eine für alle Beteiligten schwere Zeit. Der Kaiser hatte die schlimmsten Schicksalsschläge seines Lebens hinter sich: den Selbstmord seines Sohnes Rudolf in Mayerling und die Ermordung seiner Frau Elisabeth in Genf. Umso einsamer und depressiver zeigte er sich und umso wichtiger war ihm die Gesellschaft der geliebten Frau Schratt, mit der es gerade jetzt immer wieder zu Auseinandersetzungen kam, während der sie den Kaiser zu verlassen drohte. »Wie beneide ich die glücklichen Menschen, welche Sie sehen dürfen«, schreibt Franz Joseph, »während mir nur die Sehnsucht bleibt.«

Außerdem war der Premiere des *Maria Theresia*-Stücks, in der sie mit Viktor Kutschera am Volkstheater auftrat, ein riesiger Skandal gefolgt, weil man es als taktlos empfand, dass die Freundin des Kaisers eine Kaiserin spielte. Karl Kraus bezeichnete die Aufführung in der Zeitschrift *Die Fackel* als »Gipfel der Geschmacklosigkeit«, deren einzige Aufgabe es sei, »die leeren Kassen eines Geschäftstheaters zu füllen«.

Während die Namen Wilczeks und König Ferdinands in den Briefen des Kaisers an die Schratt immer wieder auftauchen, wird Viktor Kutschera kein einziges Mal erwähnt. Franz Joseph dürfte also von einer Freundschaft oder gar Beziehung nicht einmal etwas geahnt haben, während er in den beiden anderen Fällen immer wieder panisch reagierte. Katharina Schratts Affären mit Wilczek und Kutschera waren schon länger gerüchteweise bekannt, die schriftlichen Beweise bestätigten dies nun.

Es stellt sich die Frage, warum die Schratt von so vielen Männern, die in ihrem Metier herausragende Persönlichkeiten waren, begehrt wurde. Von ihr ging zweifellos als Frau und als Schauspielerin ein besonderer Zauber aus, der auch eine große erotische Anziehungskraft entwickelte. Was den Kaiser betrifft, der wie ein Gefangener in seinen Palästen lebte, kam hinzu, dass sie für ihn »das Fenster zur Welt« war, dass er nur durch sie erfahren konnte, wie die einfachen Leute dachten und fühlten.

Während Franz Joseph die Schratt geliebt hat, erwiderte sie seine Gefühle eher mit Sympathie und Zuneigung: die Schauspielerin und der Kaiser in Bad Ischl

Fest steht, dass sie eine berechnende Frau war, für die nur mächtige, prominente und wohlhabende Männer als Liebhaber infrage kamen. Am besten wurden diese Eigenschaften natürlich von Kaiser Franz Joseph erfüllt, dem sie allerdings von all ihren Verehrern am wenigsten Zuneigung schenkte. Doch auch ihre anderen Galane mussten erstrangige »Partien« sein; entsprach einer nicht mehr dieser Vorgabe, wurde er – wie ihr Ehemann Nikolaus von Kiss – schnell fallen gelassen.

Klar ist auch, dass sich die Schratt ihre Gunst, vor allem vom Kaiser, teuer bezahlen ließ. Dennoch muss man ihr zugutehalten, dass sie sehr wohl wusste, wo die Grenzen lagen: Als Franz Joseph 1916 starb, bekam sie Angebote amerikanischer Buch- und Zeitschriftenverlage, die ihr für die Veröffentlichung ihrer Erinnerungen an den mächtigsten Monarchen Europas mehrere Millionen Dollar boten. Sie aber lehnte alle Angebote ab und schwieg. Und das, obwohl sie damals schon in wesentlich bescheideneren Verhältnissen lebte und den Großteil ihres Schmucks hatte verkaufen müssen.

Die einst gefeierte und von außergewöhnlichen Männern umschwärmte k. u. k. Hofschauspielerin starb am 17. April 1940 im Alter von 87 Jahren vereinsamt in Wien. Sie hatte alle ihre Verehrer bis auf einen überlebt. Nur Ferdinand I., der im Oktober 1918 als König von Bulgarien abdanken musste, war noch am Leben. Er hatte sein Exil im fernen Coburg gefunden.

Aus »*Katharina Schratt, Die heimliche Frau des Kaisers*« (1982) und »*Es war ganz anders, Geheimnisse der österreichischen Geschichte*« (2013)

Wie viel verdiente Mozart?

Die finanzielle Situation des Komponisten

»So bitte ich Sie, mir wenigstens bis morgen ein paar hundert Gulden zu leihen.«
Aus einem Bettelbrief Wolfgang Amadeus Mozarts an seinen Freund Michael Puchberg, Juni 1788

Eine ganze Industrie lebt heute von Mozart, von den nach ihm benannten Kugeln und Schokoladetalern, von Büsten, Shops, Ausstellungen, Ansichtskarten, Fernsehrechten. Und von seiner Musik. Und wie ging's Mozart?

Wenn das Genie auch keineswegs sein ganzes Leben lang Not leidend war, wie es oft fälschlich dargestellt wird, steht doch fest, dass er zeitweise nicht wusste, wie er sich und seine Familie ernähren sollte. Der Bettelbrief an den Kaufmann Michael Puchberg stammt aus einer besonders schöpferischen Phase des hoch verschuldeten Musikers: Der 32-jährige Mozart hatte gerade *Don Giovanni* fertiggestellt und mehrere Symphonien geschrieben (deren Originalnotenblätter bei *Sotheby's*-Versteigerungen in London Millionen erzielten). Er war durch Konzertreisen und als Komponist der *Hochzeit des Figaro* oder der *Entführung aus dem Serail* längst in ganz Europa berühmt geworden.

Trotzdem: Mozart hat – vor allem in seinen letzten drei Lebensjahren – Dutzende solcher Bettelbriefe geschrieben. Wir können, dokumentiert durch seinen Nachlass, sehr genau feststellen, wie viel der so verklärt als »Wolferl« dargestellte Komponist verdiente. Mozart lebte in den 1780er-Jahren in Wien, wo er am Hof Kaiser Josephs II. als k. k. Kammer-Kompositeur angestellt war und ein jährliches Salär von 800 Gulden* erhielt. Seine soziale Stellung lag zwischen der eines Stallmeisters und der eines Kammerdieners. In seinen guten Jahren verdiente er mehr als ein Arzt oder Universitätsprofessor, und doch war er fast immer hoch verschuldet.

»Es ist schröcklich«, schreibt er 1778 an seinen Vater Leopold Mozart, »wie geschwind ein thaller weg ist«, und zehn Jahre später ersucht er seinen Freund und Logenbruder Puchberg, ihm sofort unter die Arme zu greifen, »weil mein hausherr auf der Landstraße so indiscret war, dass ich ihn gleich auf der stelle auszahlen musste«. Auch aus diesem Brief geht seine Verzweiflung hervor: »Ich bitte Sie bey unserer Freundschaft um diese gefälligkeit, es müsste augenblicklich etwas geschehen. Verzeihen Sie meine Zudringlichkeit, aber sie kennen meine Lage ...«

Bekanntlich war Mozart als »Wunderkind« am Hof Maria Theresias aufgetreten. Der Sechsjährige hatte schon damals sein erstes Honorar erhalten: gemeinsam mit Schwester Nannerl »je ein Galakleid und die Familie ein Ehrengeschenk von 100 Dukaten«, einen relativ stolzen Betrag also.

In seinen Jugendjahren wurde Mozart vom sparsamen Vater dazu angehalten, stets auf die pekuniäre Situation zu achten, denn »aufs Geld einnehmen muss alle Bemühung gehen, und aller Bedacht aufs wenig ausgeben, so viel es möglich ist; sonst kann man nicht mit Ehre reisen; ja sonst bleibt man gar sitzen, und setzt sich in Schulden« (Leopold an Wolfgang, 15. Oktober 1777).

---

* Entspricht laut Statistik Austria im August 2019 rund 12 000 Euro.

Verdiente gut, war aber dennoch fast immer verschuldet: Wolfgang Amadeus Mozart

Wolfgang antwortet von einem Aufenthalt in Paris: »Ich werde nun mein möglichstes thun, um hier so viel wie möglich geld zu machen – ich thu es itz in der süssen hoffnung, dass bald eine veränderung geschieht, denn lection geben ist hier kein spass, man muss sich ziemlich abmatten damit; und nimmt man nicht viele (Schüler, Anm.), so macht man kein geld; sie därfen nicht glauben, dass es faulheit ist – Nein! – sondern weil es ganz wider mein genie, wider meine lebensart ist – Sie wissen, dass ich so zu sagen in der Musique stecke.«

Es war also für Mozart alles andere als angenehm, ans Geldverdienen zu denken. Statt sich aufs Komponieren konzentrieren zu können, musste er sich mit großteils unbegabten Schülern abplagen.

In Wien lebte Mozart seit 1781, nachdem er sich mit Salzburgs Erzbischof, für den er als Hofkonzertmeister tätig war, überworfen hatte. »Seyen Sie versichert«, beruhigte er den besorgten Vater,

»dass ich mein absehen nur habe, so viel möglich geld zu gewinnen; denn das ist nach der gesundheit das beste.«

»Erschwerend« kam hinzu, dass Mozart, wie seine Schwester Nannerl nach seinem Tod sagte, mit Geld nicht umgehen konnte und im Kartenspiel sein Glück versuchte – und natürlich nicht fand.

Der Komponist hat in Wien 14 Wohnungen bewohnt, die er meist wieder verließ, weil er die Miete nicht zahlen konnte. Im September 1784 mietete er sich im Haus Domgasse 5 ein, in dem er länger bleiben sollte als in jedem anderen. Aus einem Brief seines Vaters wissen wir, wie viel er für die Vier-Zimmer-Wohnung zu zahlen hatte. Leopold Mozart schrieb 1785 an Tochter Nannerl: »Dass Dein Bruder ein so schönes Quartier mit aller zum Haus gehörigen Auszierung hat, möget Ihr daraus schließen, dass er 480 Gulden* Zins zahlet.«

Obwohl die Wohnung die größte und teuerste war, die Mozart je bewohnt hat, blieb ihm auch hier das Wort »Komfort« fremd. Die bürgerlichen Zinshäuser waren auf katastrophalem hygienischem Niveau, jedes Stockwerk hatte nur eine Toilette, und im Hof befand sich ein Ziehbrunnen, aus dem meist mit Typhus verseuchtes Wasser geschöpft wurde. Das war einer der Hauptgründe, warum die Menschen damals so früh starben.

Bis zum Jahre 1788 – in dem die ersten Bettelbriefe auftauchen – verbesserte sich Mozarts finanzielle Situation zusehends. Als gern gesehener Gast in adligen Häusern, durch Kompositionsaufträge, Klavierstunden und Konzertreisen konnte er sich weitere Einnahmen verschaffen, doch war er andererseits durch den Umgang mit Aristokraten auch verpflichtet, an erster Adresse zu wohnen und

---

* Entspricht laut Statistik Austria im August 2019 rund 8000 Euro/Jahr.

teure Kleider zu tragen. Seinem Nachlass ist zu entnehmen, dass er je einen weißen, blauen und roten Tuchrock mit Manchester-Weste, einen roten Tuchrock aus China-Seide, einen Rock aus Atlas-Seide, acht Gardehosen, Halsbinden und 18 Schnupftücher besaß.

Das Entwürdigende an der Lage Mozarts – wie auch Schuberts oder Haydns – war, dass diese Genies von Gunst und Laune ihrer Mäzene abhingen, ja in vielen Fällen sogar gezwungen wurden, Lakaienuniform zu tragen.

1790 hatte der Kompositionsauftrag für *Così fan tutte* zwar 900 Gulden gebracht, aber mit Datum 1. Oktober desselben Jahres findet sich eine »Schuld Verschreibung« in Höhe von 1000 Gulden, die Mozart sich vom Frankfurter Handelsmann Heinrich Lackenbucher geliehen hatte. 1790 war überhaupt sein schlechtestes Jahr, Österreich steckte in einer Krise, die Konzerte waren nicht gut besucht, Noten wurden kaum nachgedruckt, das alles ging Mozart auch psychisch nahe, vor allem, dass er für sein Darlehen von Lackenbucher sein gesamtes Mobiliar verpfänden musste.

Eines der Hauptübel für Mozart und seine Zeitgenossen bestand darin, dass sie von Auftraggebern zwar entlohnt wurden, ihre Werke in der Folge aber ungeschützt waren. Jeder Veranstalter konnte geistiges Eigentum verwerten, ohne dafür bezahlen zu müssen. Mozarts *Hochzeit des Figaro*-Librettist Beaumarchais war der Erste, der für sich und andere Künstler Abhilfe zu schaffen verstand. Im Zuge der Französischen Revolution setzte er 1791 den Schutz geistigen Eigentums durch. Zu spät für Mozart, der im kalten Dezember dieses Jahres in seiner Wohnung in der Wiener Rauhensteingasse an »hitzigem Frieselfieber« verstarb.

Aus »*G'schichten aus Österreich, Zwischen gestern und heute*« (1987)

Ein Blick in den Panzerschrank

Wie ich das Geheimrezept der Sachertorte fand

Kaum etwas wird in Österreich so geheim gehalten wie das Rezept der Sachertorte. Wie viel Schokolade, wie viel Kakao, wie viele Eidotter, wie viel Mehl sind vonnöten, um den weltberühmten Geschmack der Wienerischen Süßspeise zu erreichen? Franz Sacher hat die Torte im Jahr 1832 kreiert, mir gelang es im Jahr 2007 zum ersten Mal, das Rezept zu veröffentlichen. Dazwischen lagen 175 Jahre ungeduldigen Wartens.

Manchmal muss man hartnäckig sein. Es war im Herbst 1989, da feierte die Frau Sacher ihren 100. Geburtstag. Man bat aus diesem Anlass zu einem kleinen Empfang nach Baden bei Wien, dem Stammsitz der alten Hoteliers- und Tortendynastie. Mein Interesse an dieser Veranstaltung galt weniger Smalltalk, Speis und Trank als der Geschichte der Familie Sacher, vor allem aber: dem Rezept der Sachertorte, das seit jeher in ähnlicher Weise geheim gehalten wird wie die Aufmarschpläne der Vereinigten Staaten von Amerika.

Tatsächlich wollen Generationen von Hausfrauen und Konditoren wissen, wie viel Zucker, Eidotter und Marmelade die weltberühmte Süßspeise benötigt, um ihren unvergleichlichen Geschmack zu erreichen. Bisher vergeblich, weder die Familie Sacher noch die Familie Gürtler, in deren Besitz sich das Wiener Traditionshotel vis-à-vis der Staatsoper seit 1934 befindet, waren bereit, das Rezept aus der Hand zu geben. Und so hat noch nie irgendjemand außerhalb dieser beiden Familien und einiger weniger Mitarbeiter, die unmittelbar mit der Tortenproduktion befasst sind, Einblick in das weltweit bestgehütete Patissier-Geheimnis bekommen.

Auch ich war zunächst chancenlos. Über die Familie Gürtler probierte ich's erst gar nicht, die hatte das allergeringste Interesse, das Geheimnis der Sachertorte zu lüften, stellt doch der Verkauf der edlen Süßspeise einen nicht unwesentlichen Teil ihrer Geschäftstätigkeit dar, wobei das Mysterium um das Rezept längst zur bewährten Marketingstrategie gehört.

Aber auch Frau Carla Sacher hatte an ihrem 100. Geburtstag anderes zu tun, als sich mit mir über die Zubereitung jener Torte zu unterhalten, die Franz Sacher, der Großvater ihres Mannes, 1832 kreiert hatte. Und ihre bei der Feier anwesende Enkelin Irène Schuler-Sacher lehnte höflich, aber bestimmt ab: »Nein, wir belassen es dabei, das Rezept bleibt im Safe!«

Meine Hartnäckigkeit zog sich in diesem Fall fast zwei Jahrzehnte hin. Frau Carla Sacher ist wenige Monate nach ihrem 100. Geburtstag gestorben. Doch ihre Enkelin sah ich in den darauffolgenden Jahren immer wieder durch Zufall, da oder dort, ohne je darauf zu vergessen, »das Rezept« anzusprechen.

Das Jahr 2007 sollte ein doppelt ereignisreiches Sacher-Jahr werden, wurde doch einerseits die gleichnamige Torte 175 Jahre alt, andererseits gedachte man auch des 100. Todestages ihres Schöpfers Franz Sacher. Jetzt oder nie, dachte ich. Und bat Frau Irène Schuler-Sacher um ein Treffen, das dann im damals nach wie vor familieneigenen Hotel Sacher in Baden stattfand.

Das nunmehrige Oberhaupt der Familie war durchaus meiner Meinung, dass man das Sacher'sche Jubiläumsjahr nicht sang- und klanglos vorüberziehen lassen sollte. Doch es gäbe nur einen Weg, so erklärte ich, die Öffentlichkeit für das Thema zu interessieren: das Rezept!

Immerhin gestand Irène Schuler-Sacher, dass es die Backanleitung in zweifacher Ausführung gäbe – einmal im Sacher in Wien und einmal in Baden – in beiden Fällen hinter dicken Panzertüren versperrt. »Meine Großmutter hat das Rezept 1980 für mich niedergeschrieben«, erzählte Irène und zeigte mir vorerst einen Brief, der dem Rezept beilag:

»Meiner lieben Enkeltochter Irène zur Erinnerung an ihre Omi Sacher. Anbei das Rezept der Sachertorte, wie ich es von der Köchin Marie Lahner gelernt habe.« Marie Lahner war bis zum Tod des Torten-Erfinders Franz Sacher in dessen Diensten und mit der Anfertigung der weltberühmten Torte betraut. Carla war es ab dem Zeitpunkt, da sie im September 1911 in die Sacher-Dynastie eingeheiratet hatte, gestattet, ihr bei der Zubereitung zuzusehen und zu assistieren.

Nun bedurfte es nur noch kleinerer diplomatischer Finessen meinerseits, um Frau Schuler-Sacher zur Öffnung ihres Safes und damit zur Herausgabe des Rezepts zu bewegen. »Es wäre doch wirklich ... Nach so langer Zeit ... Ihre Großmutter hätte sicher nichts dagegen ... Und Franz Sacher schon gar nicht ...« – ich ließ kein Argument aus, das beim Zustandekommen des »Projekts Sachertorte« behilflich sein konnte.

Und dann geschah das Wunder. »Also gut«, sagte meine charmante Gastgeberin. Sie erhob sich, entriegelte den großen Metallschrank, entnahm ihm das Schriftstück – und händigte es mir aus.

Und hier ist es, handgeschrieben von Frau Carla Sacher:

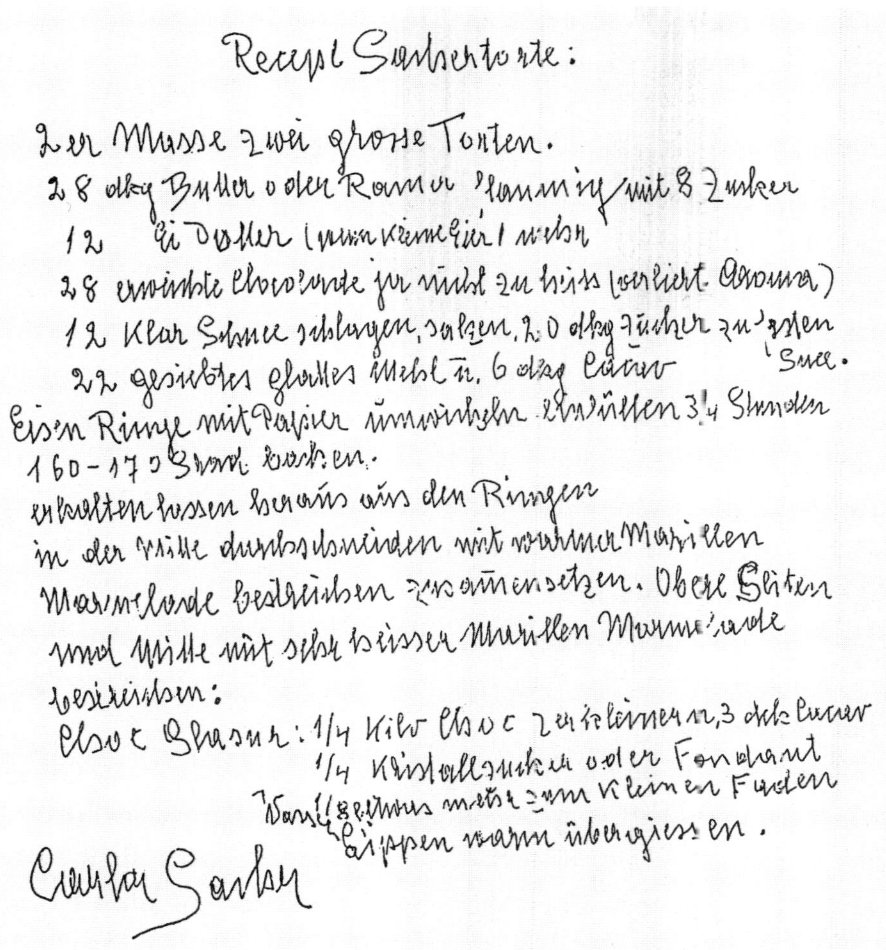

Rezept Sachertorte:

2er Masse zwei grosse Torten.
28 dkg Butter oder Rama flaumig mit 8 Zucker
12 Ei Dotter (wenn kleine Eier 1 mehr)
28 erweichte Chocolade (nicht zu heiss (verliert Aroma)
12 Klar Schnee schlagen, salzen, 20 dkg Zucker zu festen Snee.
22 gesiebtes glattes Mehl u. 6 dkg Cacao
Eisen Ringe mit Papier umwickeln einfüllen 3/4 Stunden
160–170 Grad backen.
erkalten lassen heraus aus den Ringen
in der Mitte durchschneiden mit warmer Marillen
Marmelade bestreichen zusammensetzen. Obere Seiten
und Mitte mit sehr heisser Marillen Marmelade
bestreichen:
Choc Glasur: 1/4 Kilo Choc zerkleinern, 3 dkg Cacao
1/4 Kristallzucker oder Fondant
Wasser etwas mehr zum kleinen Faden
Tippen warm übergiessen.

Carla Sacher

Als ich das Rezept in Händen hielt und gelesen hatte, lieferte mir Frau Schuler-Sacher noch eine Erklärung: »Meine Großmutter hat diese Zeilen im Alter von 91 Jahren niedergeschrieben, weil unser Familiensafe nach dem Krieg von russischen Besatzungssoldaten geplündert und dabei Franz Sachers Rezept vernichtet wurde. Meine Großmutter hielt sich ganz genau an die

Angaben, die ihr von der langjährigen Köchin des Sachertorten-Erfinders überliefert worden waren. Damit es nicht verloren geht.«

Frau Schuler-Sacher überreichte mir das Rezept für »zwei grosse Torten« und sagte mir zu, es publizieren zu dürfen. Zum ersten Mal nach 175 Jahren!

Franz Sacher war gerade 16 Jahre alt, als er die Torte 1832 erfand. Seine Ururenkelin Irène Schuler-Sacher kennt natürlich deren Entstehungsgeschichte ganz genau: »Franz Sacher war Kocheleve beim Staatskanzler Fürst Metternich. Als eines Tages die Fürstin mit dem Großteil des Personals inklusive Chefkoch zur Kur in Karlsbad weilte, rief er den einzigen in Wien verbliebenen Küchenjungen zu sich und beauftragte ihn, für seine Gäste ein Abendessen anzufertigen. Und das war der Franz Sacher, der nun ein mehrgängiges Diner zubereitete und zum Abschluss eine Schokoladentorte servierte, die den Fürsten Metternich und seine Besucher begeisterte.«

Später trat Franz Sacher eine Stelle als Fürstlicher Mundkoch bei der Familie Esterházy in Budapest an, ehe er im Revolutionsjahr 1848 nach Wien zurückkehrte und sich selbstständig machte. In Sachers »Erster Wiener Wein- und Delikatessenhandlung mit Tischen«, die Ecke Kärntner Straße/Weihburggasse etabliert war, ging bald die feine Wiener Gesellschaft ein und aus, man schätzte den Tafelspitz, die Leberknödelsuppe, die warmen Pasteten und das Gulyás. Zum Verkaufsschlager wurde aber jene Torte, deren Rezept einst beim Fürsten Metternich so großen Anklang gefunden hatte.

Die Wein- und Delikatessenhandlung florierte dermaßen, dass Franz Sacher es sich leisten konnte, für jeden seiner beiden Söhne ein Hotel zu gründen: 1876 für Eduard das Sacher in Wien, fünf Jahre später für Carl das Sacher in Baden.

Während nach Eduards Tod dessen Witwe, die legendäre Zigarren rauchende Anna Sacher (1859–1930), das Wiener Hotel übernahm, ging das Sacher in Baden nach Carls Tod an dessen Sohn Carletto über. Als dieser 1960 starb, trat seine Witwe Carla (1889–1989) die Nachfolge an, die es bis ins hohe Alter führte. Sie war es, die ihrer Enkelin Irène das Rezept hinterließ.

Die Aufregung war groß, als ich das Rezept der Frau Sacher am 8. April 2007 in meiner Kolumne im *Kurier* veröffentlichte. Halb Österreich muss die Torte »nachgebacken« haben, so viele Leute sprachen mich auf den Artikel an, und auf die Internetseite des Blattes gab es Tausende Zugriffe. Elisabeth Gürtler lud ein paar Tage später zu einer Pressekonferenz, in der betont wurde, dass es nur eine Original Sacher-Torte gäbe, deren Einzigartigkeit dadurch unterstrichen wurde, dass man Opernstar Montserrat Caballé einflog, die vor laufenden Kameras ein Stück der Kalorienbombe anschnitt.

»Das Geheimnis der Torte liegt in der Marmelade und in der Glasur«, erklärte mir indes der Sacher-Patissier in Baden. »Die Marillenmarmelade gibt die gewisse Säure als idealen Kontrast zur süßen Schokolade. Und die relativ weiche Glasur wird durch eine geringere Zuckermenge erreicht. Der Sachertorte aus Baden ist etwas mehr Marillenmarmelade beigemengt als der aus Wien«, die sich als einzige Original Sacher-Torte nennen darf. »Wir in Baden halten uns jedenfalls weitestgehend an das von Carla Sacher überlieferte Rezept Franz Sachers.«

Und dann gibt es noch die Sachertorte vom Demel. Stellt sich nur noch die Frage, welche die beste aller Sachertorten ist. Fried-

Das Geheimnis ist die Marmelade: Franz Sacher, Erfinder der heute in aller Welt berühmten Torte

rich Torberg fand einen listigen Ausweg, um sie zu beantworten. Als der Oberste Gerichtshof entschieden hatte, dass nur das Wiener Sacher seine Süßspeise Original Sacher-Torte nennen dürfe, nicht jedoch die k.k. Hofzuckerbäckerei Demel, gelangte Torberg zu dem Schluss: »Solange es bei Sacher noch den unvergleichlichen Tafelspitz gibt und bei Demel noch die unvergleichliche Crème du Jour, solange Sacher noch der Demel unter den Restaurants ist und Demel noch der Sacher unter den Konditoreien, sollten sie einander nicht ein Etikett streitig machen, das entweder beiden gebührt oder keinem. Möge ihnen dieser Appell zu Herzen gehen.

Er kommt aus denkbar objektivster Quelle. Er kommt von einem, dem die Sachertorte in beiderlei Gestalt, mit Marmelade wie auch ohne sie, überhaupt nicht schmeckt.«

Bei mir ist die Sache hingegen ganz anders gelagert. Mir schmeckt die Sachertorte leider in jedweder Gestalt ganz ausgezeichnet.

Beim Demel.

Beim Sacher in Wien.

Und beim Sacher in Baden.

Am allerbesten mit Schlag.

Irène Schuler-Sacher – hier mit ihrer Großmutter Carla Sacher an deren 100. Geburtstag – vertraute mir das Rezept der Sachertorte an.

Aus der *Kurier*-Kolumne »*Geschichten mit Geschichte*« (8. April 2007)

Warum das Publikum schuld ist

Über das Problem, einen Buchtitel zu finden

Zu den schwierigeren Vorgängen des Buchschreibens zählt das Finden eines geeigneten Titels, der einerseits auf irgendeine Weise originell sein, andererseits dem Leser auf einen Blick sagen soll, worum es in dem vor ihm liegenden Werk geht. So war es auch bei meinem 1994 erschienenen Buch, in dem ich von der Geschichte des Theaters und der Schauspieler erzählen wollte.

Wie üblich musste ich dem Verlag etwa ein Dreivierteljahr vor Ablieferung des Manuskripts den Titel des Buchs nennen, damit das Cover rechtzeitig gestaltet und die Buchhändler informiert werden konnten. Nach schlaflosen Nächten kam mir endlich *Schuld ist nur das Publikum* in den Sinn. Ich teilte den Titel der Verlagschefin mit, der er auf Anhieb gefiel, worauf ich mich an die Arbeit machte und das Buch zu schreiben begann.

Ich sammelte alles über Josef Kainz und Werner Krauß, über Adele Sandrock, Raoul Aslan und Vilma Degischer, über Josef Meinrad, Romy Schneider und Oskar Werner. Nach Monaten freudvollen Schreibens lag praktisch das fertige Manuskript vor mir: darin enthalten die Geschichte (und die dazugehörenden Geschichten) des Theaters, des Films, der Schauspielkunst und die Intrigen hinter den Kulissen …

… nur eins fehlte noch. Die Erklärung des Titels: Warum, um Himmels willen, sollte das Publikum an allem schuld sein?

Ich überlegte, las mein Manuskript von vorn nach hinten und von hinten nach vorn – aber dem Publikum war beim besten Willen keine Schuld anzulasten. Nicht einmal das Zipfelchen einer Schuld.

An eine Änderung des Titels war nicht zu denken, er schien bereits im Verlagsprospekt auf – mit einem Wort: *Schuld ist nur das Publikum* war unumstößlich.

Ich ackerte abermals sämtliche Literatur zum Thema Theater durch, derer ich habhaft werden konnte, und gelangte immer mehr zu der Ansicht, dass das Publikum vollkommen unschuldig ist.

Aber das durfte es nicht sein, denn der Titel stand fest.

Im allerletzten Moment fand ich – endlich! – in einem Theaterbüchlein die Erklärung: Bayerns sonderbarer König Ludwig II. hatte für sich sogenannte »Separatvorstellungen« aufführen lassen. In seinem Hoftheater befand sich an diesen Abenden kein Publikum, der Monarch saß mutterseelenallein in seiner Loge, und die Schauspieler agierten nur für ihn. Sie sprachen ihren Text wie an jedem anderen Abend auch. Dieselben Akteure, dieselben Worte, dieselben Kostüme und Kulissen, alles war wie immer. Und doch: Die Mitwirkenden hinterließen uns, dass ihre Stimmen kläglich dahinschmolzen, die Gebärden ausdruckslos im Nichts davonflatterten. Ihren Aktionen fehlte Leben, sie sprachen ihren Text, aber sie fühlten ihn nicht. Und daher geht's nicht ohne Publikum, man kann ohne Publikum nicht spielen.

Schuld ist nur das Publikum.

Danke, lieber König Ludwig, ich hätte nicht gewusst, wie ich ohne Sie den Titel dieses Buches erklären hätte sollen.

Aus *»Schuld ist nur das Publikum, Geschichten aus dem Theater«* (1994)

»Die wilde Brut«

Alltag in Maria Theresias Großfamilie

Also, ganz so romantisch wie man sich das vorstellt, war's auch wieder nicht. Maria Theresia regiert von 8 bis 18 Uhr, kommt dann in ihre Privatgemächer, in denen 16 Kinder herumtollen, spielt mit ihnen, bringt sie zu Bett. Am nächsten Morgen geht's dann gleich zur nächsten Kabinettssitzung – nein, so war's nicht.

Gar so viele Kinder waren nie auf einmal versammelt – einige starben früh, und der Rest wohnte aufgeteilt in verschiedenen Hofgebäuden, weil für alle selbst Schönbrunn zu klein gewesen wäre. Jedes Kind hatte seinen eigenen Hofstaat, bestehend aus Erziehern, Kammerdienern, Kammerfrauen, Kammerheizern und Kammertürhütern. Nur Thronfolger Josef und zwei bis drei seiner Schwestern wohnten bei den Eltern, die anderen in der Hofburg, einem der privaten Palais, manche sogar in den Dienstwohnungen ihrer Kammerdiener. Man kann sich das Geheul der Sprösslinge vorstellen, die vor dem Schlafengehen in ihre Unterkünfte gebracht und somit von Eltern und den privilegierten Geschwistern getrennt wurden.

Tagsüber waren sie aber viel zusammen. Gefrühstückt, gespielt und soupiert wurde gemeinsam, wenn möglich mit den Majestäten, Mama und Papa also.

Als Maria Theresia selbst noch ein Kind war, hatte sich ihr Vater, Kaiser Karl VI., schon Gedanken gemacht, wen sie einmal heiraten würde. Zur Auswahl standen die Kronprinzen von Spanien, Bayern und Preußen – Letzterer hätte sie liebend gern genommen, wurde dann aber als Friedrich der Große ihr größter Feind und erbittertster Kriegsgegner. Nein, die kamen alle nicht infrage, doch als sie Franz Stephan von Lothringen sah, war's um sie geschehen. Es war von beiden Seiten Liebe auf den ersten Blick und diese hielt – trotz mannigfacher Probleme – bis zum Ende.

Als sie im Februar 1736 heirateten, war Maria Theresia 18 und Franz Stephan 27 Jahre alt. Die erste Tochter kam im darauffolgenden Jahr, dann noch eine und noch eine. Zu diesem Zeitpunkt war gar nicht so sicher, ob Maria Theresia Österreich je regieren würde. Hätte sie nämlich zu Lebzeiten ihres Vaters einen Sohn zur Welt gebracht, wäre der automatisch Thronfolger und somit nächster Kaiser geworden – und sie wäre bis zu dessen Volljährigkeit bestenfalls sein Vormund gewesen, mehr nicht. Aber als ihr erster Sohn Josef im März 1741 geboren wurde, war Kaiser Karl VI. seit einem halben Jahr tot, es ist sich also knapp ausgegangen, dass sie aufgrund der Pragmatischen Sanktion Kaiserin wurde.

Das heißt, Kaiserin war sie gar nicht, sie war ab 1745 die Frau des römisch-deutschen Kaisers. Der Titel Majestät stand ihr eigentlich nur zu, weil sie Königin von Ungarn war. In Österreich hatte sie den relativ bescheidenen Rang einer Erzherzogin inne, aber all das spielte keine Rolle, weil Maria Theresia selbst dann, wenn die Leute sie »Resi« nannten, über eine natürliche Autorität verfügte und sich des Respekts und der Liebe ihrer Untertanen erfreuen durfte.

Regieren und Muttersein, das ging bei ihr Hand in Hand. Zwischen Schlesischem Krieg, Erbfolgekrieg, Siebenjährigem Krieg, Verwaltungs-, Handels-, Strafrechts- und Bildungsreform brachte sie es immer wieder zuwege, ein paar Stunden für sich und die Kinder abzuzweigen. Mutter war sie in allem, als Regentin ihrer Völker und für ihre Töchter und Söhne sowieso. Um ein Licht auf die Familiensituation zu werfen, seien hier die 16 Kinder, die Maria Theresia zur Welt brachte, genannt:

- Maria Elisabeth, 1737–1740
- Maria Anna, 1738–1789
- Marie Karolina, 1740–1741
- Josef, später Kaiser Josef II., 1741–1790
- Marie Christine, 1742–1798
- Maria Elisabeth, 1743–1808
- Karl Joseph, 1745–1761
- Maria Amalia, 1746–1804
- Leopold, später Kaiser Leopold II., 1747–1792
- Karolina, geboren und gestorben 1748
- Johanna Gabriela, 1750–1762
- Maria Josepha, 1751–1767
- Maria Karolina, 1752–1814
- Ferdinand Karl, 1754–1806
- Maria Antonia, später Königin Marie Antoinette von Frankreich, 1755–1793
- Maximilian Franz, 1756–1801

Es mag verblüffen, wie sich das enorme Pensum, das die Herrscherin eines Riesenreichs zu erledigen hatte, mit der fast alljährlich auf sie zukommenden Geburt eines Kindes und der Hingabe einer Mutter und Ehefrau vereinen ließ. Das Geheimnis war Maria Theresias Fleiß und ihre Fähigkeit, Arbeit und Familienleben unter einen Hut zu bringen. Einmal entschuldigte sie sich bei einem ihrer Minister dafür, dass ein wichtiges Dokument einen Kaffeefleck aufwies – sie hatte beim Frühstück, umgeben von der Kinderschar, an dem Akt gearbeitet und ein Bub hatte währenddessen ein Kaffeehäferl umgeworfen. Dass sie sich um die Erziehung bis zu einem gewissen Grad selbst kümmerte, beweist die Direktive an eine Kinderfrau, die kleinen Erzherzöge müssten sich »einmal in der Woche die Füße waschen« (was für die Hygieneverhältnisse ihrer Zeit durchaus fortschrittlich war).

Natürlich hat Maria Theresia nicht die Windeln ihrer Kinder gewechselt, aber sie hat darauf geachtet, ihnen die ihr eigene Fröhlichkeit, die positive Ausstrahlung und den Lebensmut zu vermitteln.

Das Zusammenleben so vieler Geschwister konnte nicht ohne Streit ablaufen, wie eine überlieferte Szene zwischen dem erstgeborenen Sohn Josef und dem zweitgeborenen Karl zeigt. Karl war hochintelligent, aber jähzornig und sicherlich eifersüchtig auf die Sonderstellung des künftigen Regenten. »Du bildest dir was drauf ein, dass du Kronprinz bist«, warf Karl seinem um vier Jahre älteren Bruder vor. »Dabei war dein Vater, als du zur Welt kamst, noch ein simpler Großherzog, aber als ich zur Welt kam, war er bereits Kaiser.« Tatsächlich wurde Franz Stephan erst kurz vor Karls Geburt gekrönt.

Der reiche Kindersegen ist auch an Maria Theresia nicht spurlos vorübergegangen. Die Gestalt der fast zierlichen jungen Frau veränderte sich im Lauf der Jahre stark, um nach der Geburt ihres letzten Kindes gänzlich »aus der Fasson zu geraten«, und der Ansatz eines Doppelkinns war auch nicht zu übersehen. »Die vielen Geburten«, beschreibt sie der in Wien akkreditierte preußische Diplomat Graf Podewils, »haben sie äußerst schwerfällig gemacht,

»Entschuldigen Sie bitte den Kaffeefleck«: Maria Theresia, Kaiser Franz Stephan und ihre Kinderschar

und doch kann man nicht leugnen, dass sie eine schöne Person geblieben ist.«

Kinder waren ihr unendlich wichtig, die eigenen wie die des Volkes. Als sie 1774 die allgemeine Schulpflicht einführte, kam das von Herzen, und sie wusste genau, was sie da tat, hatte sie doch selbst eine hervorragende Ausbildung erfahren. Nur mit den Regierungsgeschäften hat sie ihr Vater eigenartigerweise nie wirklich vertraut gemacht – wohl weil er bis zuletzt hoffte, doch noch einen männlichen Thronerben zu bekommen.

Während die Söhne auf ihre künftige Rolle als mögliche Regenten vorbereitet wurden, wies Maria Theresia ihren Töchtern vor allem den Weg ins Eheleben: »Fügsamkeit gegenüber dem Gatten«, dem zu gefallen oberstes Ziel ist, »sich aus Intrigenspielen heraushalten, keine Vertraulichkeiten mit Untergebenen, religiöse Übungen einhalten und sich keinesfalls in die Politik einmischen«. Gerade die letzte Regel mag verwundern, zumal die hochpolitische Herrscherin ihr ganzes Leben gegen diese Regel verstieß.

Hin und wieder wollen Kaiser und Kaiserin allein sein, anders hätten sie »die wilde Brut«, wie Maria Theresia ihre vielen Kinder nannte, nicht zustande gebracht. Über genügend Ausweichquartiere, um sich zurückziehen zu können, verfügt man ja: Hofburg, Schönbrunn, Laxenburg, Hetzendorf, Schloss Hof und noch ein paar kleinere Palais in Wien und Umgebung stehen zur Verfügung.

Einmal unternehmen Maria Theresia und Franz Stephan, zu dem sie schon in jungen Jahren »mein Alter« sagte, einen Ausflug ins Leithagebirge. Bei Mannersdorf, so ist's überliefert, klettert der Kaiser über eine Mauer und pflückt seiner Frau ein paar Trauben. Der Bauer erscheint, stellt den Dieb und verlangt fünf Gulden Schadenersatz. Kaisers haben natürlich kein Geld bei sich, der Winzer fragt sie nach ihrem Namen, sie stellt sich als Maria Theresia von Österreich vor, er als Kaiser – da fühlt sich der schlichte Mann gefoppt und sperrt die beiden kurzerhand in seinen Weinkeller. Die Leibwache befreit die Majestäten, erklärt dem verdatterten Bauern, wen er da gefangen genommen hat, und die Kaiserin lässt ihm 10 Gulden auszahlen. Danach wurde an dieser Stelle eine Gedenktafel errichtet, die an den Tag erinnert, an dem Kaiser und Kaiserin hier als Traubendiebe eingesperrt wurden.

Ein Kind kommt nach dem anderen zur Welt, fast im Jahrestakt. Klar, dass bei Hof, jedes Mal wenn die Kaiserin schwanger ist, über das Geschlecht gerätselt wird. Eines Tages, als Maria Theresia wieder einer Geburt entgegensieht, fragt sie ihren Kämmerer Graf Dietrichstein, was es denn seiner Meinung nach werden würde. Um ihr eine Freude zu machen – Stammhalter zählten bei Hof weit mehr als Mädchen –, erklärt der Graf, dass er fest an einen Buben glaube. Sie jedoch fühlt, es würde wieder ein Mädchen und bietet ihm eine Wette an.

Der Graf verliert. Maria Amalia, das achte Kind beziehungsweise sechste Mädchen, wird 1746 geboren.

Dass all die Kinder nicht einfach »passiert«, sondern in dieser Vielzahl durchaus geplant sind, beweist die Kaiserin mit ein paar Zeilen, die sie an ihre Schwiegertochter Marie Beatrix – die Frau von Erzherzog Ferdinand Karl – richtet: »Man kann nicht genug davon haben, in diesem Punkte bin ich unersättlich.« Marie Beatrix nahm sich das zu Herzen und wurde immerhin neunfache Mutter. Zwei von Maria Theresias Nachkommen übertrafen den mütterlichen Kindersegen sogar: Sohn Leopold hatte mit seiner Frau Maria Ludovica 16 Kinder – zu denen zumindest ein unehelicher Sohn kam*. Und auch Maria Theresias Tochter Maria Karolina stellte den bisherigen Familienrekord der Mutter in den Schatten, brachte sie doch nicht weniger als 18 Kinder zur Welt.

Maria Theresia und Franz Stephan führten eine der wenigen glücklichen Habsburger-Ehen. Sie liebte ihn uneingeschränkt, er

---

* Die Tänzerin Livia Raimondi schenkte dem späteren Kaiser Leopold II. im Jahre 1788 einen Knaben, der unter dem Namen Ludwig von Grünn als Hofkonzipist arbeiten sollte.

sie nicht minder, auch wenn er ihr nie treu war. Franz Stephan hatte ständig irgendwelche Amouren, man weiß von den Sängerinnen Astria und Gabrielli, von den Gräfinnen Pálffy und Colloredo und seiner langjährigen Geliebten Wilhelmine von Auersperg. Die Kaiserin musste fast 30 Jahre mit der Schmach leben, von ihrem Mann ständig betrogen zu werden.

Weder als Kaiser des Heiligen Römischen Reichs noch als Maria Theresias Mitregent hatte er viele Aufgaben, somit verfügte er über genügend Zeit für seine Affären. Als sich der Kaiserin einmal eine Kammerfrau mit ihrem Liebeskummer anvertraute, erteilte sie dieser aus vollem Herzen den Rat: »Mein Kind, lass dich warnen! Heirate nie einen Mann, der nichts zu tun hat!«

Eine Familie dieser Größenordnung war im 18. Jahrhundert ständig mit dem Tod konfrontiert. Von den elf Töchtern und fünf Söhnen, die Maria Theresia zur Welt brachte, starben sechs im Kindes- oder Jugendalter. Allein an die Pocken verlor Maria Theresia ihren Sohn Karl, ihre Töchter Johanna Gabriela und Maria Josepha, zwei ihrer Schwiegertöchter und eine Enkelin. Auch Maria Theresia selbst wurde von der Infektionskrankheit erfasst, erholte sich aber wieder. Eine weitere Tochter, Maria Anna, überlebte zwar, zog sich jedoch, da ihr hübsches Gesicht von Pockennarben entstellt war, für den Rest ihres Lebens als Äbtissin in ein Kloster zurück. Maria Theresia bezeichnete die Pocken als »Erzfeind des Hauses Habsburg«.

Den schmerzlichen Wendepunkt ihres Lebens erleidet Maria Theresia im Alter von 48 Jahren. Am Abend des 18. August 1765 findet in der Hofburg zu Innsbruck eine aus Anlass der Hochzeit ihres Sohnes Leopold gegebene Theatervorstellung statt. Kaiser Franz Stephan applaudiert der italienischen Schauspieltruppe, zieht sich aber noch vor Schluss der Aufführung zurück. Josef folgt ihm, stützt den Vater, als er auf der Treppe von Schwindel befallen wird. »Es ist nichts weiter«, sagt der 56-Jährige zu seinem Sohn, er schafft noch ein paar Schritte, hält sich an einem Türrahmen fest und sackt in sich zusammen. Man legt Franz Stephan auf das Bett eines Dieners, holt einen Arzt – doch es ist zu spät. Der Kaiser ist tot.

Maria Theresia weiß noch nichts, sie ist in der Vorstellung. Man verständigt sie, die Kaiserin steht wie versteinert da, sagt kein Wort, bricht in Tränen aus. Ihr Leibarzt Gerard van Swieten schreibt dem Staatsminister Johann Graf Cobenzl: »Josef musste nicht nur den Vater in seinen Armen sterben sehen, sondern auch die Kaiserin abwehren, die den leblosen Kaiser sehen wollte. Man hinderte sie daran, und ihr Sohn bewies bei dieser Gelegenheit eine Entschiedenheit, stark wie der Schmerz, der ihn ergriffen haben muss. Die Kaiserin erlitt in dieser Nacht zwei Ohnmachtsanfälle.«

Die Leiche des Kaisers wird nach Wien überführt, öffentlich aufgebahrt und am 31. August in der Kapuzinergruft beigesetzt.

Wie viel Maria Theresia die Zeit, die sie mit Franz Stephan verbringen durfte, bedeutete, zeigt eine Berechnung, die sich nach ihrem Tod auf einem handgeschriebenen Zettel in ihrem Gebetbuch fand: Die 29 ½ gemeinsam verbrachten Jahre »waren 354 monat, 1416 wochen, 9912 täge, 237 888 stunden«.

Die Kaiserin hat mit ihm nicht nur den geliebten Mann verloren, sondern auch die – neben den Kanzlern Kaunitz und Haugwitz – wohl wichtigste Stütze in Regierungsfragen. Franz Stephan war intelligent und ein guter Geschäftsmann, der sein Privatvermögen geschickt verwaltete. Sohn Josef – der in politischen Fragen oft ganz anders dachte und mit seiner Mutter große Meinungsverschiedenheiten hatte – trat nun die Nachfolge seines Vaters als Mitregent an.

Die tiefreligiöse Maria Theresia zieht sich nach dem Tod ihres Mannes immer wieder tagelang zur Andacht zurück. Sie wird ihr schwarzes Witwenkleid und ihren Witwenschleier nie wieder ablegen, lässt ihr langes Haar abschneiden, die Privatgemächer schwarz tapezieren. Die 15 Jahre, die sie noch zu leben hat, sind von Trauer geprägt, der Tod Franz Stephans hat ihr jegliche Freude genommen, sie wird nie wieder richtig froh. »Ich habe den liebenswürdigsten aller Männer verloren«, schreibt sie der befreundeten Gräfin Edling, »er war der ganze Trost meines harten Daseins; jetzt ist für mich nichts mehr da. Möge mich Gott erleuchten und stärken, wenn ich denn noch eine Zeitlang auf dieser Erde herumirren soll.«

Im Mai 1772 fühlt sie sich in ihrer anhaltenden Trauer so geschwächt, dass sie die Regierungsgeschäfte niederzulegen gedenkt, wovon sie von ihrem Obersthofmeister Khevenhüller und dem gesamten Hofstaat abgehalten wird.

Und doch nimmt Maria Theresia ihre Aufgabe als Regentin weiterhin so ernst, dass ihr das Wohl des Volkes über dem der Familie zu stehen scheint: »So sehr ich meine Familie und meine Kinder liebe und weder Mühe noch Sorgen und Arbeit in ihrem Interesse scheue, so hätte ich doch nicht gezögert, gewissenhaft vor allem die Mutter meiner Länder zu sein und ihnen den Vorzug zu geben, wenn es nötig gewesen wäre.«

Ein paar Mal war es »nötig«, jedenfalls wenn sie ihre Töchter zwang, aus Staatsräson Ehen einzugehen, die nur den Grund hatten, Österreichs Einfluss in der Welt zu festigen. Ursprünglich sollte Maria Theresias achte Tochter Johanna Gabriela den als dümmlich, schwach und gefühllos beschriebenen König Ferdinand I. von Neapel-Sizilien heiraten. Die Tochter starb davor an den Pocken. Dann war ihre neunte Tochter Maria Josepha für diese »Partie« vorgesehen. Sie protestierte vergeblich gegen die Verlobung und hätte unter normalen Umständen auch die Hochzeit nicht verhindern können, die am 15. Oktober 1767 in der Wiener Augustinerkirche gefeiert werden sollte.

Doch sie findet nicht statt: Maria Josepha stirbt just an diesem Tag, ebenfalls an den Pocken.

Nur zwei Wochen nach dem Tod der Erzherzogin fragt der spanische König Karl III. – er ist Ferdinands Vater – bei der Kaiserin in Wien an, ob sie nicht noch eine Tochter für seinen offenbar schwer vermittelbaren Sohn hätte – das war nun schon die dritte! Maria Theresias Antwort vom 18. November 1767 entnimmt man, dass Königskinder damals tatsächlich wie Vieh verschachert wurden: »Da ich sicherlich nicht weniger als Eure Majestät das Verlangen empfinde, mein Haus mit dem Ihren zu verbinden, gebe ich Ihnen mit großer Freude eine der mir verbliebenen Töchter, um den Verlust auszugleichen, den wir beweinen. Ich habe zur Zeit zwei, die infrage kämen: Die eine ist die Erzherzogin Amalia, die über ein angenehmes Gesicht verfügt wie auch über eine solche Gesundheit, dass man auf eine zahlreiche Nachkommenschaft hoffen dürfte; die andere ist die Erzherzogin Maria Karolina, die auch von guter Gesundheit ist und außerdem ein Jahr und sieben Monate jünger als der König von Neapel. Ich lasse Eurer Majestät die Freiheit der Wahl.«

Die »Wahl« fällt auf Maria Karolina, die sich mit Händen und Füßen gegen den Hochzeits-Schacher wehrt – doch auch sie ist chancenlos. Nun geschieht Unglaubliches: Die Ehe bleibt vier

Jahre kinderlos, dann schenkt Maria Karolina dem Gemahl die erwähnten 18 Kinder! Sie hat ihn nicht geliebt – aber ihr Schicksal zu akzeptieren gelernt.

Nicht besser sollte es der noch »übrig gebliebenen« Maria Amalia ergehen. Sie musste, ebenfalls gegen ihren Willen, mit dem Herzog Ferdinand von Bourbon-Parma vor den Traualtar treten. Vorher gab ihr die Kaiserin noch ein paar briefliche Tipps, die wohl auf ihren eigenen, teils schmerzlichen Erfahrungen basierten: »Je mehr du deinem Manne Freiheit lässt, desto liebenswürdiger wirst du ihm sein und um so mehr wird er dich suchen. Trachte ihn zu unterhalten, zu beschäftigen, dass er sich nirgends besser befinde … Die törichte Liebe vergeht bald. Alle Ehen würden glücklich sein, wenn man sich so benehmen würde!«

Neben so vielen familiären, aber auch staatspolitischen Problemen bleiben Maria Theresia auch einige wenige Lichtblicke. Einer ist die Liebesheirat – auch solche gab es, wenn auch nur in Ausnahmefällen – ihrer Tochter Marie Christine mit dem Prinzen Albert von Sachsen-Teschen. Der andere ist die herbeigesehnte Geburt von ihrem ersten Enkelsohn. Unkonventionell wie sie nun einmal war, verließ die Kaiserin an diesem Abend, dem 12. Februar 1768, ihre Privatgemächer, um im Negligé in das mit der Hofburg durch einen Gang verbundene Burgtheater zu laufen. Sie stürzte in ihre Loge, unterbrach die auf der Bühne agierenden Schauspieler und rief ins Publikum: »Kinder denkt's euch, der Poldl hat an Buam kriegt!«

Für die Geschichte Österreichs bedeutet dieser freudige Aufschrei: Ihrem Sohn Leopold war eben ein Stammhalter geboren worden. Er wurde wenige Tage danach auf den Namen Franz getauft, und beide Protagonisten dieser kleinen Episode sollten noch Kaiser werden: »Poldl« als Leopold II. und der »Bua« als Franz II.

Nach dieser Freude kommen auf Maria Theresia im April 1770 die nächsten Schwierigkeiten zu, als Marie Antoinette Frankreichs Thronfolger – den späteren König Ludwig XVI. – heiratet. Sie ist 14 ½, der Dauphin ein Jahr älter, beide sind Kinder, die unaufgeklärt in diese Ehe schlittern und jeglicher Form von Intimität ahnungslos gegenüberstehen. Als Marie Antoinette nach einem Jahr Ehe ihrer Mutter nach Wien schreibt, dass seit ihrer Heirat im ehelichen Schlafgemach »nichts passiert« ist, und sie sich gleichzeitig wunderte, dass noch immer kein Kind unterwegs sei, antwortet die Kaiserin: »Ich gestehe Ihnen meine Schwäche, dass das, was Sie mir mitgeteilt haben, es müsste ein Wunder vorliegen, wenn Sie guter Hoffnung wären, mich unterhalten hat. Es ist nur die zu große Jugend dieses Prinzen, die unsere Wünsche verhindert, und auch ein wenig Scheu, die allen denen eigen ist, die in Unschuld erzogen worden sind. Das ist unangenehm, aber gut für die Zukunft. Wenn einmal dieser Zauber gebrochen ist, so wird alles tüchtig gut gehen.«

Maria Theresia ließ sich in ihren letzten Lebensjahren so oft wie möglich in die Kapuzinergruft führen, um ihrem verstorbenen Gemahl nahe zu sein. Elf Tage vor ihrem Tod ist sie noch einmal dort. Man hat für sie einen mechanischen Aufzug errichtet, der die schon schwerfällig gewordene Herrscherin in das Untergeschoß der habsburgischen Grabstätte befördert. Als man sie bei diesem letzten Besuch nach zweistündigem Gebet wieder emporziehen will, reißt das Seil des Aufzugs. Die Kaiserin stürzt, erhebt sich und flüstert einem der erschrockenen Kapuziner zu: »Es ist mein Gemahl, der mich zurückhalten möchte.«

Zu Kaiser Josef sagt sie bei einer der letzten Begegnungen: »Geliebter Sohn, ihm kann ich nichts geben, denn alles gehört sowieso ihm. Gern, recht gern, trete ich Ihnen Krone und Zepter ab, doch verlasse ich auch Kinder. Seien Sie Ihnen Vater, wie ich Ihnen Mutter war und lieben Sie Ihre Geschwister mit gleicher Zärtlichkeit, wie ich sie in meinem Leben geliebt habe. Dann wird mir das Scheiden leichter.«

Mehrere Kinder sind anwesend, als Maria Theresia am 29. November 1780 im Alter von 63 Jahren für immer die Augen schließt.

Ein Schicksalsschlag ist der Kaiserin erspart geblieben: Marie Antoinette wird am 16. Oktober 1793 während der Französischen Revolution am Schafott hingerichtet – knapp 13 Jahre nach Maria Theresias Tod.

Aus »*Was uns geblieben ist, Das österreichische Familienbuch*« (2010)

Der Regie-Sir

Ein Nachmittag mit Billy Wilder

Als kleiner Österreicher ein Interview mit dem berühmtesten Hollywood-Regisseur zu bekommen, ist so unwahrscheinlich wie ein Totozwölfer. Und doch ist es mir gelungen. Das erste Hindernis in einem solchen Fall ist's, an ihn heranzukommen. Glücklicherweise gibt es in den USA so etwas wie eine Österreich-Community. Ihr gehörte der aus Wien stammende Terror- und Aggressionsforscher Friedrich Hacker an, mit dem ich befreundet war. Er steckte mir die private Telefonnummer von Billy Wilder zu, und damit war die Sache schon halb gewonnen. Der Weltregisseur zierte sich ein bisschen, sagte dann aber ja. Und so kam ich im Herbst 1986 zu einem Gespräch mit jenem Mann, von dem Alfred Hitchcock sagte: »Die beiden bedeutendsten Wörter der Filmindustrie sind Billy und Wilder.«

Wenn man so alt ist wie ich«, schießt Billy Wilder los, »kann man lügen, so viel man will. Es lebt sowieso kein Mensch mehr, der das Gegenteil behaupten könnte.« Die Pointe sitzt, als hätte er sie für einen Dialog zwischen Jack Lemmon und Walter Matthau geschrieben. Die spielten unter seiner Regie ebenso wie die Monroe, die Dietrich, Gary Cooper und Kirk Douglas. Drunter machte er's nicht. Von 100 Jahren Hollywood hat der gebürtige Österreicher mehr als 50 miterlebt, die große Zeit der Traumfabrik geprägt, ja beherrscht. Denn am Erfolg seiner Filme wurden die anderen gemessen.

Ein Nachmittag mit dem damals 80-jährigen Billy Wilder in seinem Büro in Los Angeles kann so spannend sein wie *Zeugin der Anklage*, so komisch wie *Extrablatt* und fast so dramatisch wie *Reporter des Satans*.

»Einerseits heißt es, Hollywood ist tot«, setze ich zu meiner ersten Frage an, »auf der anderen Seite … «

»… hört man immer wieder vom erfolgreichsten Film aller Zeiten. Da kann doch was nicht stimmen, meinen Sie.« Als gelernter Journalist, der Mitte der 1920er-Jahre für die Wiener Zeitung *Die Stunde* an einem Tag Sigmund Freud, Richard Strauss und Arthur Schnitzler interviewte, kennt er meine Fragen so gut wie seine Antworten.

Reporter und Gesprächspartner in Personalunion, führt er das Interview in Beverly Hills, dem Nobelbezirk von Los Angeles, bravourös weiter. »Beides ist wahr. Hollywood ist tot, und es werden die erfolgreichsten Filme aller Zeiten gedreht. 90 Prozent der Filme, die heute produziert werden, spielen ihr Geld nicht ein, acht Prozent machen ein bisschen Geld. Und zwei Prozent sind der größte Erfolg aller Zeiten. Sie wollen wissen, was sich sonst noch geändert hat?«

»Ja.«

»Alles. Da waren einmal die mächtigen Produktionsfirmen. Paramount hatte 100 Schriftsteller unter Vertrag, bei MGM waren Clark Gable, Spencer Tracy, Joan Crawford fix engagiert und haben jedes Jahr drei Filme gedreht. Heute ist kein Mensch mehr unter Vertrag. Sylvester Stallone, Robert Redford, die machen alles selber, sie schreiben, produzieren, inszenieren, schneiden ihre Filme. So wie wir ja auch keine Komponisten mehr brauchen, seit die Popstars komponieren.«

»Die heutigen Stars sind also …«

»… intelligenter, weil sie alles allein schaffen? Keine Spur. Sie machen sich nur *noch* mehr wichtig als die früheren Stars. Und sie wollen das ganze Geld selber einstreifen.«

Meine nächste *nicht* gestellte Frage: »Mr. Wilder, Sie haben praktisch mit allen Großen gedreht, von Audrey Hepburn über Maurice Chevalier bis Shirley MacLaine. Können Sie die Faszination erklären, die solche Persönlichkeiten auf das Publikum ausüben?«

»Wir nennen es das Element X, das Unbekannte«, sagt er. »Wüssten wir, wie man einen Star erzeugt, wären wir Milliardäre. Man sieht ein interessantes Gesicht, dreht einen Film und hat keine Ahnung, ob's ankommt. Erst auf der Leinwand erkennt man: Der ist phänomenal oder der ist eine Null. Nur so viel steht fest: Der Film, ich meine das Material, muss ihn lieben.«

»Andere Kriterien gibt's nicht?«, nütze ich die Zehntelsekunde, in der er sich eine dicke Zigarre anzündet.

Wilder pafft und spricht: »Schauen Sie, früher einmal, da mussten die Stars schöne Menschen sein, aber das ist vorbei. Ist ein Schauspieler heute 1,80 Meter groß und gerade gebaut, dann lebt er in der falschen Zeit. Ein Buckliger kann viel eher ein Star werden. Er muss nur irgendwas haben. Wie Robert De Niro oder Dustin Hoffman – im Moment sind die Zwerge modern.«

»Wieso das so ist?«, fragt er sich. »Na ja, damit wird dem Publikum suggeriert, wenn der nicht schön ist, muss er was Interessantes haben. Wann erscheint das Interview?«

»Nächste Woche.«

»Da kann das schon wieder ganz anders sein.«

Wie in seinen Filmen lässt Billy Wilder auch hier, in seinem Büro Ecke Santa Monica Boulevard/Rodeo Drive, nur wenige

»Früher einmal, da mussten die Stars schöne Menschen sein«: Billy Wilder zeigt Jack Lemmon bei den Dreharbeiten zu Manche mögen's heiß *die richtigen Schritte.*

Meilen vom alten Hollywood entfernt, keinen Augenblick ungenutzt vergehen. Während er erzählt, hebt er den Telefonhörer ab, wählt Nummern, legt auf, verlässt den Schreibtisch, holt ein Buch aus dem Regal, setzt sich wieder nieder, fragt, was es in Wien Neues gibt, putzt einen Oscar, spricht von geplanten Filmprojekten, über die man noch nicht sprechen kann. Und das alles auf Deutsch-Amerikanisch mit Josefstädter Einschlag.

»Es gibt ja jetzt wieder einen österreichischen Schauspieler, der in Hollywood Karriere gemacht hat. Wie heißt er?«, fragt Billy Wilder.

»Schwarzenegger«, antworte ich.

»Nein, ich mein den Ernsten, nicht den Starken.«

»Brandauer.«

»Oh yes, aber das ist eine Ausnahme. Das Glück von Hollywood ist die Sprache, Englisch ist international. Sie können heute der größte Poet der Welt sein, wenn Ihre Muttersprache Bulgarisch ist, bekommen Sie den Nobelpreis mit 93 oder wahrscheinlich gar nicht.«

Billy Wilders Muttersprache ist Deutsch, und er hat immerhin sechs Oscars eingestreift – die während unseres Gesprächs hinter ihm ganz selbstverständlich im Regal herumstehen. 1906 im damals österreichischen Galizien als Sohn eines Hoteliers geboren, besuchte er in Wien das Realgymnasium, wurde Sport- und Kriminalreporter, ging dann als Reporter und Eintänzer nach Berlin und verfasste dort seine ersten Drehbücher. 1933, nach der Machtergreifung Hitlers, emigrierte er über Frankreich in die USA, wo er einer der originellsten und erfolgreichsten Regisseure wurde.

»Hollywood«, sagt er jetzt, »übt auf die Europäer immer noch die größte Faszination aus, es interessiert sie, was für Eisschränke, Möbel, Hüte die Amerikaner haben. Damit hat Hollywood nicht nur dem Film, sondern ganz Amerika Ansehen und Reichtum gebracht. Wie Amerika heute in der Welt dasteht, ist in erster Linie Hollywood zu verdanken. Aber das erkennen die in Washington natürlich nicht. Sie glauben, dass wir, die Leute vom Film, zu viel Geld verdienen und das Monopol besitzen, mit schönen Mädchen zu schlafen. Das ist bloßer Neid, sie hätten's selber gern.«

Während er Luft holt, hake ich ein. »Hollywood hat doch mit Ronald Reagan sogar einen Präsidenten im Weißen Haus sitzen.«

»Reagan? Er war in Hollywood dritte Garnitur. Wenn man den John Wayne und den Glenn Ford und den William Holden nicht bekommen hat, dann hat man den Reagan genommen. Ob ich ihn persönlich kenne? Ja, seine erste Frau Jane Wyman hat in meinem Film *Verlorenes Wochenende* die Hauptrolle gespielt. Wie er ist? Mein Gott, nicht unsympathisch, aber er war hier einer von Tausenden Schauspielern, über die man sich keine besonderen Gedanken gemacht hat. Wer hätte gedacht, dass der einmal Präsident der Vereinigten Staaten wird? Kein Mensch!«

Und dann aus dem Blickwinkel des Regisseurs: »Für einen Politiker ist er ein guter Sprecher. Nicht so elegant wie Kennedy, aber repräsentativer als Chruschtschow, er lässt sich gut fotografieren, Sie verstehen, was ich meine?«

»Ich verstehe«, wollte ich sagen, aber da hatte er sich schon wieder die nächste Frage gestellt: »Ob Hollywood Zukunft hat? Aber sicher! Es heißt immer, das Fernsehen macht *alles* kaputt. Sehen Sie, das stimmt überhaupt nicht. Klopapier zum Beispiel wird es trotz Fernsehen immer geben.«

Billy Wilder ist wieder aufgestanden, er geht in dem kleinen

Zimmer auf und ab, schaut zum Fenster hinaus. »Kennen Sie die Buchfeldgasse in Wien?«, fragt er unvermittelt, ohne meine Antwort abzuwarten. »Dort war mein Gymnasium – vis-à-vis von einem stadtbekannten Stundenhotel. Mein Beobachtungspunkt im Klassenzimmer war direkt am Fenster. Es hat Jahre gedauert, bis ich zu verstehen begann, was sich da drüben abspielte. Ich saß da, und während der Geografie-Professor über die Anden und Südamerika sprach, waren meine Gedanken bei der üppigen Rothaarigen im Hotelzimmer gegenüber.«

»Hatten die Blicke durchs Fenster Einfluss auf Ihren Film *Irma La Douce*?«

»Worauf Sie Gift nehmen können. Der Stoff Ihres Anzugs ist sicher nicht billig. Wie ich damals Journalist war in Wien, hätt ich mir den nicht leisten können, freut mich, dass sich die Zeiten geändert haben. Ich muss jetzt zum Zahnarzt, der kommt eigens für mich aus San Diego. Auf Wiedersehen.«

»Auf ... « Weg ist er.

Es war wie im Kino. Buch und Regie: Billy Wilder.

Aus »*Die ganz Großen, Meine Erinnerungen an die Lieblinge des Publikums*« (2000)

»Meine Schwester Mercédès«

Ein Mädchenname wird berühmt

Ich hatte den Namen im Wiener Telefonbuch gesucht und gefunden. Denn ich wusste, dass Herr Jellinek, der Erfinder der Automarke Mercedes, aus Wien stammte. Darum suchte ich seine Nachfahren hier in Wien. Und wurde fündig. Im Amtlichen Telefonbuch Band 1/A–L auf Seite 848. »Jellinek-Mercedes, Andrée« stand da. Ich rief an, eine Dame hob ab, ich stellte mich vor und fragte: »Sind Sie mit Mercédès Jellinek verwandt?« »Ja«, sagte sie, »das war meine Schwester!« Daraufhin begann für mich eine intensive Familienrecherche.

Herr Jellinek wusste ganz genau, wie das Auto beschaffen sein sollte, mit dem er die lange Strecke von Wien nach Nizza bewältigen wollte. Er wusste, wie stark der Motor zu sein und wie die Karosserie auszusehen hatte. Nur eines wusste er noch nicht: wie er den Wagen nennen sollte. Da fiel ihm der Name seiner kleinen Tochter ein. Und die hieß Mercédès.

Das alles liegt mehr als 100 Jahre zurück, und die Voraussetzungen waren nicht gerade rosig, noch irgendjemanden antreffen zu können, der Mercédès oder gar deren Vater persönlich gekannt hatte – das ist nach einer so langen Zeit wohl auszuschließen!

Solche Wunder gibt es nicht. Oder nur in Ausnahmefällen. Und um einen solchen handelte es sich hier.

Nun also der Blick ins Wiener Telefonbuch.

Als sich die alte Dame als Schwester von Mercédès Jellinek zu erkennen gab, musste ich kurz Atem holen. »Ihre Schwester?«

Die Dame am Telefon muss erahnt haben, dass mir das eigenartig erschien. Eine Schwester jener Mercédès Jellinek, nach der vor mehr als 100 Jahren ein Auto benannt wurde, sollte sich leibhaftig am Telefon melden? Jetzt, im Jahr 2000?

»Mercédès war 17 Jahre älter als ich«, erklärte die Dame am anderen Ende der Leitung.

»Würden Sie mir etwas von Ihrer Schwester erzählen?«

»Natürlich, wann wollen Sie kommen?«

Meine Reise in die Vergangenheit wurde eine Reise zu einem anderen Stern, zum berühmtesten Stern auf Erden. Am nächsten Tag schon stand mir eine 94 Jahre alte Dame gegenüber, wie man sie sich als Großmama wünschen würde. Weißhaarig und sehr gepflegt, charmant und überaus kultiviert. Andrée-Maja Jellinek-Mercedes, wie sie mit vollem Namen hieß, erzählte mir die märchenhafte Geschichte ihrer Schwester Mercédès, die seit über 70 Jahren tot war, deren Name aber auf allen Straßen der Welt weiterlebt.

»Mercédès stammte aus der ersten Ehe meines Vaters. Sie war eine große, fesche Person, und wir haben uns glänzend verstanden.« Die rüstige alte Dame hatte ein exzellentes Gedächtnis und konnte wunderbar erzählen. »Mercédès war komödiantisch und wäre am liebsten Schauspielerin geworden, doch für solche Phantastereien war in der damaligen Zeit kein Platz ...«

Die Jellineks lebten im Sommer in der 42 Zimmer großen Villa Mercedes in Baden bei Wien. Mercedes hieß überhaupt alles und jeder in dieser Familie. »Meine Schwester war die Erste mit dem Namen, dann kam die Villa in Baden, eine Villa Mercedes an der

Das Foto, das Andrée mit ihrer um 17 Jahre älteren Schwester Mercédès zeigt, entstand 1910 in Baden bei Wien.

Riviera und eine Mercedes-Yacht, die in Nizza vor Anker lag. Und schließlich das Auto. Später ließ mein Vater bei der k. k. niederösterreichischen Statthalterei ›Jellinek-Mercedes‹ für uns alle als amtlichen Doppelnamen registrieren.« Ihre Schwester hieß von da an übrigens Mercédès Jellinek-Mercedes.

Wie aber kam das Auto zu seinem Namen?

»Mein Vater Emil Jellinek war sehr wohlhabend. Wir wuchsen mit 20 Dienstboten auf, und jedes von uns Kindern – wir waren zwei Mädchen und fünf Buben – hatte eine Gouvernante. Wir besaßen ein Palais auf der Wiener Ringstraße, die Villa in Baden und zwei Hotels in Paris. Da mein Vater auch österreichischer Generalkonsul in Nizza und Teilhaber des berühmten Hotels Negresco war, verbrachten wir den Großteil des Jahres an der Côte d'Azur. Er erregte dort großes Aufsehen, weil er einer der Ersten war, die einen eigenen Wagen fuhren. Damals gab es noch keine Geschäftsniederlassungen, in denen man Automobile kaufen konnte. Wenn also Freunde oder Bekannte einen Wagen haben wollten, sagten sie das meinem Vater, der ihn dann, wenn er selbst einen kaufte, bei der jeweiligen Fabrik gleich mit bestellte.«

Emil Jellinek liebte als Sport- und Herrenfahrer vor allem die großen Daimler-Automobile, »und er sandte immer wieder Verbesserungsvorschläge an Herrn Daimler nach Cannstatt, weil ihm dies und das nicht passte«, erzählte mir seine Tochter. Da die Einwände ihres Vaters vernünftig waren und auch immer mehr Millionäre bei Jellinek ihre Autos bestellten – »auch der Baron Rothschild war darunter« –, nahm man seine Änderungswünsche ernst und berücksichtigte sie bei der neuesten Wagenproduktion.

»Monsieur Mercedes«, wie Emil Jellinek später dann oft genannt wurde, war nicht nur ein blendender Geschäftsmann, sondern auch ein richtiges Original, über das zahllose Anekdoten in Umlauf sind. »Es sprachen immer wieder berühmte Persönlichkeiten vor, die ein Auto bei ihm kaufen wollten«, erinnerte sich Tochter Andrée. »Eines Tages hatte er eine wichtige geschäftliche Besprechung, während der er keinesfalls gestört werden durfte. Sein böhmischer Kammerdiener versuchte ununterbrochen, zu ihm vorzudringen, um ihm etwas ganz Wichtiges zu melden. Vater warf ihn mehrmals hinaus, bis der Diener endlich vorbringen konnte, was er seit Stunden sagen wollte: ›Bittschen, Herr Generalkonsul, draußen sitzt einer, der was von sich sagt, er heißt Kenig von Schweden.‹«

Es war tatsächlich kein Geringerer als der aus Stockholm angereiste Monarch, den Herr Jellinek so lange hatte warten lassen.

Nach Gottlieb Daimlers Tod im Jahre 1900 zog Emil Jellinek in den Aufsichtsrat des Unternehmens ein. »Und er verlangte gleich, dass die Daimler-Wagen einen neuen Namen bekämen. Einen Namen, den man in aller Welt aussprechen könne. Daimler, meinte er, wäre nicht so günstig.«

Jellinek gründete die Daimler-Tochterfirma *Société Mercédès* und ließ im Herbst 1900 den ersten Wagen bauen, der den Namen seiner elfjährigen Tochter trug. Seit damals heißen alle Daimler-Wagen Mercedes.

»Er war ein wirklich außergewöhnlicher Mann«, erinnerte sich Andrée Jellinek-Mercedes mit Stolz an ihren Vater. »Sehr humorvoll war er und sehr elegant, aber von der Technik des Automobils hatte

Mercédès war elf Jahre alt, als sich ihr Vater Emil Jellinek an den Daimler-Werken beteiligte und die neu konstruierten Wagen nach seiner Tochter benannte.

er keine Ahnung. Dafür sprühte er vor Ideen. Es gehörte zu seinen Schrullen, die zahllosen Vorschläge zur Verbesserung des Automobils auf den blütenweißen Manschetten seiner Hemden zu notieren. Er wechselte daher dreimal täglich seine Hemden, danach wurden die Notizen von seinem Sekretär auf Papier übertragen und an den Mercedes-Konstrukteur Wilhelm Maybach nach Deutschland geschickt. Der hat Vaters Ideen dann umgesetzt.«

So gab Emil Jellinek »per Manschette« den Auftrag, dass die Motoren des Mercedes stärker zu sein hätten als die der bisherigen Daimler-Wagen und dass sie vor dem Passagierraum unterzubringen wären. »Er meinte, dieses Prinzip sei besser, weil ja auch die Pferde ihre Fuhrwerke von vorne ziehen und nicht von hinten schieben.« Womit Jellinek Automobilgeschichte schrieb und heute noch zu den großen Pionieren seiner Zeit zählt.

Seine Tochter Mercédès, der das Auto seinen Namen verdankt, war 1889 in Wien zur Welt gekommen. Als sie 20 war, heiratete sie Baron Carl Schlosser, dem sie zwei Kinder schenkte. Doch die Ehe hielt nicht lange, und ihr zweiter Mann wurde der Bildhauer Rudolf Weigl. »Für Autos hat sich Mercédès nie interessiert«, sagte Andrée Jellinek, »und es hat ihr auch gar nichts bedeutet, dass ein Auto nach ihr benannt ist. Sie hat nie einen Wagen besessen, geschweige denn einen Mercedes.« Und dann fügte die Schwester noch lachend hinzu: »Ich übrigens auch nicht.«

Das Verhältnis zwischen den Häusern Jellinek und Daimler war lange Zeit getrübt, nachdem Emil Jellinek das Unternehmen im Jahre 1909 verlassen hatte. »Leider«, bedauerte seine Tochter, »sonst wäre ich nämlich an jedem Mercedes beteiligt, der in der Welt herumfährt.«

Während der Name ihrer Schwester, die 1929 mit nur 39 Jahren an Knochenkrebs starb, durch das gleichnamige Automobil in aller Welt ein Begriff ist, blieb der von Andrée-Maja Jellinek-Mercedes unbekannt. Dabei hätte auch sie um ein Haar berühmt werden können. »Emil Jellinek hat in Wiener Neustadt die *Oesterreichische Daimler Motoren Gesellschaft* gegründet, in der Ferdinand Porsche 1907 in seinem Auftrag einen neuen Wagen konstruierte, den mein Vater nach meinem zweiten Vornamen Maja nannte. Ich war damals erst ein Jahr alt, sollte aber, wie meine Schwester Mercédès, auch schon ein eigenes Auto bekommen. Doch der Maja-Wagen war zu schwer, weshalb die Produktion nach wenigen Exemplaren wieder eingestellt wurde.«

Der sagenhafte Reichtum der »Familie Mercedes« begann 1918 mit dem Tod Emil Jellineks zu versiegen. »Zuerst wurden wir in Frankreich enteignet, da wir im Ersten Weltkrieg als feindliche Österreicher galten. Den Rest nahmen uns die Nazis weg, weil mein Vater Jude war und mein Mann aus politischen Gründen mit dem ersten Transport nach Dachau kam.«

Andrée Jellinek-Mercedes, deren Vater die Grundlagen zu einem der erfolgreichsten Autos der Welt schuf, lebte in bescheidenen Verhältnissen. »Ich bin nicht reich, wie die Leute meist glauben, aber ich beklage mich nicht, meine Familie sorgt für mich.« Ihre Tochter Danielle war mit dem früheren Staatssekretär Ludwig Steiner verheiratet.

Auch wenn das Vermögen längst weg ist – ihren Humor hat die »kleine Schwester« der Mercédès behalten. »Jedes Auto, das mein Vater besaß – egal, ob es ein Daimler, ein Rolls-Royce oder ein Mercedes war –, musste rot lackiert sein. Dem bin ich treu geblieben. Ich fahr in Wien mit der Straßenbahn. Die ist auch rot.«

»Mercédès wäre am liebsten Schauspielerin geworden«, erinnerte sich Andrée Jellinek-Mercedes vor einem 170er Cabrio-Oldtimer an ihre um 17 Jahre ältere Schwester.

Ihren unerschütterlichen Humor bewies Andrée Jellinek-Mercedes einmal mehr, als sie als Ehrengast zu einem Oldtimer-Treffen in Salzburg geladen war, an dem die schönsten Autos aus den 1920er- und 1930er-Jahren teilnahmen. »Aber der älteste Mercedes«, lachte sie, »der bin doch ich!«

Andrée Jellinek-Mercedes starb im April 2003 in ihrem 97. Lebensjahr.

Aus »*Meine Reisen in die Vergangenheit*« (2002)

»Das Grab ist leer!«

Wie ich Mary Vetseras Gebeine fand

Der ganze Wirbel begann mit dem Anruf eines Möbelhändlers aus Linz, der mich darüber informierte, dass er »im Besitz« der sterblichen Überreste der Baronesse Mary Vetsera sei. Mit anderen Worten: Jemand sollte das Skelett der Geliebten des Kronprinzen Rudolf aus ihrem Grab in Heiligenkreuz bei Wien gestohlen haben. So absurd das Ganze klang, erwies es sich doch als richtig. Und für mich begann die vielleicht aufregendste Geschichte meines Lebens.

Der Herr, der mir an diesem 1. Dezember 1992 entgegentrat, war weißhaarig, Mitte 50, braun gebrannt und nicht sehr groß. Man hätte ihn für einen Oberamtsrat halten können, für einen Vertreter in der Automobilbranche oder für einen Möbelhändler. Nichts Außergewöhnliches war an ihm, er fiel weder durch besonderes Charisma auf, noch wirkte er unsympathisch oder gar verrückt. Ein unauffälliger Zeitgenosse, ein Durchschnittsbürger.

Überhaupt nicht durchschnittlich freilich war die Geschichte, die er mir zu erzählen hatte.

Ich war bereits vorgewarnt. Der Mann hatte mich in der Woche vor diesem Treffen angerufen. Von einer »historischen Sensation« wollte er mir berichten, einer Geschichte, die um die Welt gehen würde. Irgendwie hatte er den Namen Mary Vetsera erwähnt, und auch von einem Skelett war die Rede.

Ich weiß nicht, welcher Teufel mich geritten hat, dass ich mich tatsächlich mit ihm traf. Ich hatte gerade erst ein Buch fertiggeschrieben; hätte er ein paar Tage früher angerufen, wäre es zu der Begegnung nicht gekommen, da hätte ich keine Zeit gehabt. Verrückte rufen, weiß Gott, immer wieder in Zeitungsredaktionen an. Würde man jeden treffen – man käme nicht zum Schreiben.

Kurz und gut: Um ein Haar hätte die Zusammenkunft nicht stattgefunden. Und ich hätte die wohl unglaublichste Story meines Lebens versäumt. Ich hätte sie ebenso versäumt wie die Journalistenkollegen vom österreichischen Fernsehen, von der *Bunten Illustrierten*, vom Magazin *News*, von RTL, von einer deutschen und einer österreichischen Presseagentur, die er alle schon kontaktiert hatte.

Sie alle hielten den Mann für das, wofür auch ich ihn hielt, als ich mit ihm zum ersten Mal telefonierte – für einen Verrückten. Mit dem einen Unterschied: Ich traf ihn trotzdem.

Und zwar in einem Café in der Nähe des Wiener Westbahnhofs. Der Mann war schon vor mir da. Er wartete, vor sich eine Tasse Kaffee, neben sich einen rotbraunen Lederkoffer. Er gab mir eine Visitenkarte, auf der »Helmut Flatzelsteiner« stand. Und tatsächlich: Er war Möbelhändler und kam aus Linz an der Donau.

»Herr Flatzelsteiner«, entschuldigte ich mich gleich, »ich habe nicht viel Zeit. Also, bitte, worum geht's?«

»Ich habe es schon bei unserem Telefongespräch angedeutet, es geht um eine Sensation, das können Sie mir glauben, Herr Markus. Ich kenne Ihre Bücher und Ihre historischen Reportagen, das ist eine Geschichte für Sie …«

»Zur Sache, Herr Flatzelsteiner.«

»Ich bin im Besitz des Skeletts der Mary Vetsera.«

Ich Idiot vergeude hier meine Zeit!

Herr Flatzelsteiner öffnete nun seinen rotbraunen Aktenkoffer, um mir ein paar Fotos zu übergeben: Fotos von einem Gerippe, von einem Totenkopf, von einem verwitterten Kleid, von einem Paar abgewetzten Schuhen. Dann zeigte er mir mehrere Gutachten: von zwei Gerichtsmedizinern, einem Zahnarzt, dem Institut für Kostümkunde an der Hochschule für angewandte Kunst.

Seriöse Gutachten, zweifellos, das sah man gleich an Briefkopf, Unterschrift und Stampiglie. Das war aber auch schon alles, was hier seriös wirkte. Denn bereits der ersten Seite des Gutachters Professor Szilvássy war zu entnehmen, dass es sich bei dem untersuchten Skelett um das der am 1. Mai 1889 verstorbenen ... – nein, nicht der Mary Vetsera, sondern der Theresia Vindona handelte.

»Herr Flatzelsteiner«, sagte ich mit einem ungeduldigen Blick auf die Uhr, »warum sollte mich diese Theresia Vindona interessieren?«

»Es hat Theresia Vindona nie gegeben«, zog mich Herr Flatzelsteiner ins Vertrauen. »Ich habe sie für die Gutachter erfunden und als meine Urgroßmutter ausgegeben. Ich konnte ja nicht sagen, dass das in Wahrheit die Vetsera ist. Was glauben Sie, was da los gewesen wäre.«

Ja, ja, natürlich. Also bitte, jetzt war ich schon einmal da, zehn Minuten wollte ich noch opfern. »Herr Flatzelsteiner, was Sie mir da erzählen, klingt doch reichlich unglaubwürdig, geben Sie's zu!«

Flatzelsteiner gab es zu.

Und entnahm seinem Aktenkoffer zwei Kunststoffmappen. Mappen offensichtlich von irgendwelchen Möbelkollektionen, von denen dieser sonderbare Herr vielleicht etwas verstehen mochte.

Aber was hatte er mit der österreichischen Geschichte zu tun? Was wollte er von einer Tragödie dieser historischen Dimension verstehen? Was wollte Herr Flatzelsteiner von Mayerling wissen?

Starben gemeinsam in Mayerling: Baronesse Mary Vetsera und Kronprinz Rudolf

Mayerling, das war der noch immer nicht vollständig geklärte Tod des Kronprinzen Rudolf von Österreich. Und der gleichzeitige Tod seiner Geliebten, der Baronesse Mary Vetsera. Mayerling, das war und ist eines der mysteriösesten Kapitel in der 600-jährigen Geschichte des Habsburgerreichs.

Und neben mir sitzt ein Herr Flatzelsteiner, der von sich behauptet, die Gebeine dieses Mädchens zu besitzen. Sie lägen in seinem Keller in Linz. Gerippe, Schädel, Kleider, Schuhe ... Und er sah sich anhand dieser Unterlagen berufen, das »Rätsel von Mayerling« zu lösen. Was Generationen von Historikern, Ärzten und anderen Forschern nicht schafften, das sollte Herrn Flatzelsteiner jetzt gelingen.

Schön und gut, jemand hatte ein Skelett fotografiert und alles, was dazugehörte. So etwas gibt es an Universitätsinstituten, jeder Medizinstudent hat dort Zutritt, vielleicht hat Herr Flatzelsteiner einen Sohn, eine Tochter, was weiß denn ich … und vor allem: Was geht das mich an?

»Beim untersuchten Skelett handelt es sich um das eines 18-jährigen weiblichen Individuums mit einer Körperhöhe von ca. 162 cm. Die Liegezeit im Erdreich beträgt ca. 100 Jahre«, stand im Gutachten von Professor Szilvássy.

Den Fotos konnte man entnehmen, dass das Mädchen besonders lange Haare hatte (die noch vorhanden waren), dass seine Kleidung der einer jungen Dame »aus besseren Kreisen« entsprach. Ja, und auf einer Detailaufnahme konnte man sogar das Schild des Geschäftes entziffern, in dem es gekauft worden war: »Josef Fischer, k. k. Hofschneider, Schneider für Amazonen, engl. Herren- und Damen-Costume und Livreen, Wien 1., Lobkowitzplatz 1, Mezzanin.«

Für mich stand also fest: Mein Gegenüber war offensichtlich im Besitz eines Skeletts, das er gerichtsmedizinisch hatte untersuchen lassen. Es handelte sich um die sterblichen Überreste einer Frau, deren Merkmale auffallend mit allen mir bekannten der Baronesse Vetsera übereinstimmten: Mary starb vor rund 100 Jahren, sie war 18 Jahre alt, von eher kleiner Statur, hatte langes Haar. Und auch die Kleidung konnte der einer jungen Adeligen dieser Zeit entsprechen.

Dennoch: Die Geschichte war zu verrückt.

»Na, was sagen Sie?«, fragte Flatzelsteiner.

»Auffallende Parallelen«, antwortete ich. »Aber hier steht Theresia Vindona und nicht Mary Vetsera. Woher haben Sie denn die Gebeine?«, fragte ich jetzt. Und war von mir selbst überrascht, dass ich dieser verrückten Sache nachgehen wollte.

»Ich hab sie gekauft«, erzählte Herr Flatzelsteiner.

»Gekauft? Von wem denn?«

»Mary Vetsera wurde im Auftrag eines Aristokraten von zwei

Burgenländern aus ihrem Grab im Stiftsfriedhof von Heiligenkreuz bei Wien gestohlen. Der Aristokrat hat nicht bezahlt, da blieben die beiden dann auf ihrem Skelett sitzen. Und boten es mir an. Ich hab's gekauft. Um 30 000 Schilling.«

Oh Gott, was für ein Unsinn! »Herr Flatzelsteiner, ich muss gehen. Vielleicht melde ich mich wieder.«

Der Möbelhändler fuhr samt seinem rotbraunen Koffer per Bahn zurück nach Linz, ich im Auto in meine Wiener Wohnung.

Während der Fahrt dachte ich nach: Wenn der Mann tatsächlich ein Skelett besitzt, das so vieles gemeinsam hat mit alldem, was man von Mary Vetsera weiß, dann ist's vielleicht wirklich das echte. Denn diese beiden angeblichen Burgenländer hätten ja Hunderte Gräber öffnen müssen, bis sie das Skelett eines Mädchens fanden, das vor 100 Jahren mit 18 starb, klein von Wuchs war und langes Haar hatte. Da wär's ja wirklich einfacher, die echte Mary Vetsera zu stehlen, als eine zu finden, auf die eben diese Personenbeschreibung passte.

Spätabends blätterte ich noch in einer Mary-Vetsera-Biografie. Tatsächlich, die Geliebte des Kronprinzen war mit den Kleidern begraben worden, die sie am Abend vor ihrem Tod in Mayerling getragen hatte. Olivgrünes Kostüm mit schwarzen Verschnürungen, Filzhut, Boa, Strümpfe und auch die Schuhe ... Das alles könnte durchaus mit den auf den Fotos abgebildeten »Grabbeigaben« übereinstimmen, die mir der Mann gezeigt hatte.

Zweites Treffen mit Herrn Flatzelsteiner, diesmal in der Redaktion, am 9. Dezember 1992. Er hat wieder seinen Koffer bei sich. »Erzählen Sie, Herr Flatzelsteiner! Die zwei Burgenländer, wie war das genau, wann sind Sie mit denen in Kontakt gekommen? Und wo?«

Es sprudelte nur so heraus, der Mann schien glücklich, seine

Story endlich loszuwerden. Ein wenig nervös, das wusste ich jetzt schon, war der Herr aus Linz. Aber es klang ja auch ziemlich verrückt, was er mir da zu berichten hatte.

»Also, es war im Tanzlokal *Slovanka Split* in Budweis, da kam ich mit den beiden in Kontakt.«

»Wann?«

»So genau weiß ich's nicht mehr. Aber es muss ...«

»Herr Flatzelsteiner, denken Sie nach.«

»Es muss vor vier Jahren gewesen sein.«

»1988? Wann, genauer!«

»Im Frühjahr.« Etwas später hätten ihm die Männer das Skelett samt Sarg und den Kleidungsstücken übergeben, wofür sie von ihm die geforderten 30 000 Schilling erhielten. Für Flatzelsteiner sei von Anfang an klar gewesen, dass er die Gebeine der Baronesse Vetsera – sollten sie echt sein – ihrem rechtmäßigen Eigentümer, dem Stift Heiligenkreuz, übergeben würde.

Das jedenfalls war die Version, die er mir an jenem 9. Dezember erzählte.

Mir war klar, dass ich als Journalist nie und nimmer darüber entscheiden konnte, ob sich Herr Flatzelsteiner tatsächlich im Besitz der Vetsera-Gebeine befand oder ob hier ein gigantischer Schwindel vorlag. Ich hatte die »Hitler-Tagebücher« als warnendes Beispiel vor Augen: Reporter der Illustrierten *Stern* hatten im April 1983 die exklusive Veröffentlichung der eben entdeckten Aufzeichnungen des »Führers« angekündigt, worauf »die Weltgeschichte neu geschrieben werden müsste«, wie sie vollmundig hinausposaunten.

Und sie waren damit in die journalistische Falle des Jahrhunderts getappt. Denn die Tagebücher sollten sich als »Geniestreich«

eines Fälschers namens Konrad Kujau erweisen. Papier, Tinte und Klebstoff stammten, wie Kriminalexperten des deutschen Bundesarchivs feststellen konnten, aus der Nachkriegszeit.

Eine schlaflose Nacht. Ist dieser Flatzelsteiner ein zweiter Kujau? Andererseits: Ein Tagebuch kann man fälschen. Aber ein Skelett? Unmöglich! Und es gab ja die gerichtsmedizinischen Gutachten, an deren Echtheit kein Zweifel bestehen konnte.

Ein Fachmann musste beigezogen werden, ein Experte für Pathologie und Gerichtsmedizin, der gleichzeitig Kenner der historischen Zusammenhänge ist und der auch über die Hintergründe von Mayerling Bescheid wusste. Es gab nur einen, auf den diese Kriterien zutrafen: Hans Bankl, Professor für Pathologie an der Universität Wien, Autor eines Buches über Leben und Tod historischer Persönlichkeiten – darunter ein Kapitel über Mary Vetsera und Kronprinz Rudolf.

Donnerstag, 17. Dezember 1992. Herr Flatzelsteiner ist wieder in der Redaktion. Öffnet seinen Aktenkoffer. Und legt plötzlich einen Totenkopf auf meinen Schreibtisch.

»Das ist Mary«, sagt er.

Ich ersuche meinen Gast den Schädel wieder in seine Tasche zu stecken, zumal der Anblick wirklich nicht besonders erfreulich war.

Er tat es und übergab mir nun die Mary Vetsera betreffenden gerichtsmedizinischen Gutachten und Fotografien.

30 Minuten später, der erste Termin mit Dr. Bankl. »Herr Professor«, versuchte ich den Pathologen schonend vorzubereiten, »es ist eine verrückte Geschichte. Da behauptet jemand …«, und ich erzählte ihm die Flatzelsteiner-Version vom Raub der Vetsera-Gebeine.

Bankl schaute mich fassungslos an. »Bitte, das kann doch nicht wahr sein, das ist doch unmöglich.«

Ich packte aus: Die Gutachten seiner Kollegen Szilvássy und Jarosch. Die Expertise des Linzer Zahnarztes Dr. Michael Stolz. Die Textiluntersuchungen. Und die Fotos von Skelett, Schädel, Haaren, Schuhen, Kleidern …

Bankl schüttelte den Kopf, las die Expertisen ganz genau, sah sich die Fotos an. Sagte kein Wort. Ich wartete gebannt.

»Nun, Herr Professor, was halten Sie von der ganzen Sache?«, fragte ich nach einigen Minuten.

»Ich könnte mir vorstellen«, und er betonte jedes einzelne Wort, »ich könnte mir vorstellen, dass das echt ist!«

»Sie meinen, es ist möglich, dass das Skelett der wirklichen Mary Vetsera aus ihrem Grab gestohlen, von Gerichtsmedizinern untersucht und fotografiert wurde?«

»Ja, das kann ich mir anhand dieser Unterlagen gut vorstellen!«

Diese Worte Professor Bankls sollten zum Startschuss für die »Aktion Mary Vetsera« werden. Am 21. Dezember 1992 erschien die Meldung mit der Schlagzeile »Strafanzeige wegen dringenden Tatverdachts: Mary Vetsera aus dem Grab geraubt«.

Kurz vor Drucklegung der Zeitung ließ ich mir bei Hofrat Max Edelbacher, damals Chef des Wiener Sicherheitsbüros, einen Termin geben, um die Behörden noch vor Erscheinen der Geschichte über die Sachlage zu informieren. Und ich erstattete nach Rücksprache mit einem Rechtsanwalt Anzeige gegen unbekannt:

1. wegen des dringenden Verdachts der Störung der Totenruhe und

2. wegen des dringenden Verdachts des Kulturdiebstahles.

Und dann legte ich los, erzählte von Herrn Flatzelsteiner und dessen Version von den beiden Burgenländern, die er im Tanzlokal in Budweis kennengelernt haben wollte.

Während das Protokoll getippt wurde, rief ich Gerhard Hradil, den Abt des Stiftes Heiligenkreuz an, um auch ihn von dem vermuteten Diebstahl zu verständigen.

Vom Sicherheitsbüro aus teilte ich dann noch Herrn Flatzelsteiner telefonisch mit, dass ich soeben Anzeige erstattet hätte und dass er den Herren vom Sicherheitsbüro Auskunft geben müsse, wo sich das Skelett befände.

Ich übergab den Hörer an den diensthabenden Polizeijuristen Walter Czapek, der Name und Adresse einer Spedition in Wien-Meidling notierte, in der Herr Flatzelsteiner die sterblichen Überreste mittlerweile deponiert haben wollte.

Drei Minuten später fuhren wir in zwei Autos, geleitet von einem Einsatzwagen mit Blaulicht und Folgetonhorn, zu der Spedition.

Die drei uns dort vorgelegten, mit Kartons umhüllten Kisten beinhalteten den Sargdeckel, den Sargunterteil und einen wesentlich kleineren Metallkoffer, in dem sich Mary Vetseras Gebeine sowie ihre Kleider und Schuhe befanden.

Eine halbe Stunde nach uns trafen die Gerichtsmediziner Georg Bauer und Johann Szilvássy ein.

Ich hatte an diesem Abend ein ziemlich mulmiges Gefühl in der Magengegend. Immerhin lautete unsere Schlagzeile: »Mary Vetsera aus dem Grab geraubt«. Viele Indizien sprachen dafür, dass in der kleinen Spedition tatsächlich die sterblichen Überreste der Geliebten des Kronprinzen Rudolf lagen.

Aber Beweise? Wirklich zu beweisen war die Sache vorerst nicht.

Am nächsten Morgen erfuhr ich, dass Mary Vetseras Grab in Heiligenkreuz aufgrund meiner Anzeige sofort geöffnet werden sollte. Ich hatte nicht damit gerechnet, dass die dafür zuständige Staatsanwaltschaft so rasch handeln würde.

»Das Grab ist leer«:
Mary Vetseras Gebeine wurden wirklich vom Stiftsfriedhof in Heiligenkreuz gestohlen.

Ich erahnte die hämischen Kommentare der anderen Zeitungen für den Fall, dass Mary friedlich in ihrem Grab läge. Obwohl ich den Artikel relativ vorsichtig formuliert hatte, konnte ich mir ausmalen, wie mich die Konkurrenz »zerlegen« würde, wenn die Information falsch wäre.

Um 12.50 Uhr wurde die erste der drei je 200 Kilogramm schweren Grabplatten gehoben. Drei Minuten später stand fest: »Das Grab ist leer!«

Ein Stein – mindestens so schwer wie der soeben vom Grab entfernte – fiel mir vom Herzen. Die »Hitler-Tagebücher« konnten die journalistische Blamage des Jahrhunderts bleiben.

Die Veröffentlichung der Geschichte vom Grabraub in Heiligenkreuz wäre sinnlos gewesen, hätte sie nicht dazu beigetragen, die Umstände des Todes der Mary Vetsera aufzuklären.

Vorerst konnte bewiesen werden, dass es sich bei »Theresia Vindona« tatsächlich um Mary Vetsera handelte. Die vom Gerichtsmedizinischen Institut der Universität Wien durchgeführte »Superprojektion«, bei der ein Originalfoto der Baronesse Vetsera in einem komplizierten fototechnischen Verfahren mit dem Profilbild des aufgefundenen Schädels verglichen wurde, erbrachte dieses eindeutige Ergebnis.

Da nun feststand, dass die vorhandenen Gutachten tatsächlich Mary Vetsera betrafen, bat ich die mit der Aufklärung des Falles betrauten Wissenschafter, die Ergebnisse der Expertisen im Bewusstsein der wahren Identität der Toten zu kommentieren.

Die Kernaussage von Professor Bankl lautet: »Da Mary Vetseras Schädel in Einzelteile zersprengt ist und von den Gutachtern Jarosch und Szilvássy erst zusammengesetzt werden musste, liegt mit an Sicherheit grenzender Wahrscheinlichkeit Gewalteinwirkung vor. Eine Schussverletzung führt in typischer Weise zu einer solchen Zerlegung des Schädelskeletts in Einzelbruchstücke. Daher ist nach dem derzeit aktuellen Stand der Begutachtung des Todes von Mary Vetsera ein Schädelschuss anzunehmen ... Noch deutlicher ist die genaue Analyse der vorhandenen Fotografien. Sie zeigen neben der linken Augenhöhle schläfenwärts ein kleines rundes Loch, die Einschussöffnung. Und hinter dem rechten Gehörgang ein zackig begrenztes größeres Loch, den Ausschuss.«

Für Hans Bankl gab es daher keinen Zweifel an der Tatsache, dass Mary Vetsera durch einen Schuss in den Schädel starb. Erst seit Vorliegen der nach dem Grabraub durchgeführten Gutachten kann demnach nachgewiesen werden, dass die Geliebte des Kronprinzen erschossen wurde.

Blieb die Frage offen, wer der Täter war. Und für jeden seriösen Historiker gibt es nur eine Erklärung: Es war Kronprinz Rudolf, der den tödlichen Schuss abgab, ehe er sich selbst richtete.

Wenige Wochen nachdem ich meine ersten Berichte zur Causa Mayerling geschrieben hatte, gestand Herr Flatzelsteiner den Kriminalbeamten des Sicherheitsbüros, dass nicht »ein Aristokrat« den Auftrag gegeben hatte, die Gebeine der Baronesse Mary Vetsera aus ihrem Grab zu rauben, sondern er, Helmut Flatzelsteiner, selbst. Er wollte das Rätsel von Mayerling lösen.

Bis zu einem gewissen Grad ist ihm das auch gelungen. Er hatte Mary mithilfe zweier Komplizen aus ihrem Grab »geholt« und von

Tatort Mayerling: Hier hat Kronprinz Rudolf seine Geliebte Mary Vetsera und dann sich selbst erschossen.

Experten untersuchen lassen. Und das alles, ohne straffällig geworden zu sein. Als Diebstahl konnte der »Grabraub« nicht verfolgt werden, da dem Möbelhändler keinerlei Bereicherungsabsicht nachzuweisen war. Und die Möglichkeit, wegen »Störung der Totenruhe« angeklagt zu werden, schied aus, da die Tat bereits verjährt war.

Mary Vetseras Gebeine wurden, nachdem man sie in der Spedition in Wien-Meidling sichergestellt hatte, in Wiens Gerichtsmedizinisches Institut gebracht. Danach bettete man die sterblichen Überreste wieder in Heiligenkreuz zur Ruhe. Nun aber hoffentlich wirklich zur ewigen.

Ich sollte nach den aufregenden Wochen und Monaten des »Grabraubes« noch zwei Mal mit Mary Vetsera zu tun haben. Das erste Mal 2014, als ich mit der Historikerin Katrin Unterreiner *Das Original-Mayerling-Protokoll der Helene Vetsera* herausgab. Es enthält eine bis dahin nicht publizierte Denkschrift von Marys Mutter, in der »die Wahrheit über Mayerling« aus der Sicht der Familie geschildert wird. Und dann noch einmal 2015, als zum ersten Mal nach 90 Jahren ein Safe der Schoeller-Bank geöffnet wurde, in dem sich ein Konvolut von verschollen geglaubten Abschiedsbriefen der Mary Vetsera befand. Die Briefe lieferten den letzten Beweis: Es kann nun kaum noch einen Zweifel geben, dass Kronprinz Rudolf zunächst Mary Vetsera (mit deren vollem Einverständnis) und dann sich selbst erschossen hat.

Aus »*Kriminalfall Mayerling, Leben und Sterben der Mary Vetsera*« (1993)
und mit Katrin Unterreiner: »*Das Original-Mayerling-Protokoll der Helene Vetsera: ›Gerechtigkeit für Mary‹*« (2014)

Hitler rettet eine Synagoge

oder Der »Führer« irrt sich

Das 20. Jahrhundert ist an Absurditäten wahrlich nicht arm, dass aber Adolf Hitler den Abbruch eines jüdischen Bethauses verhindert haben soll, übersteigt vieles, das man für denkbar hält. Natürlich hat der »Führer« nicht gewusst, was er da tat.

In der niederösterreichischen Stadt Bruck an der Leitha gab es einst eine jüdische Gemeinde, deren Mitglieder jahrhundertelang in Frieden lebten. Schlimm wurde die Situation erst, als Herzog Albrecht V. um 1420 in finanzielle Schwierigkeiten geriet. Er tat, was andere Herrscher vor und nach ihm taten: Er erklärte die Juden zu den Schuldigen, konfiszierte ihr Vermögen und vertrieb sie.

Da es in Bruck an der Leitha nunmehr fast keine Juden mehr gab, nützte man das zwischen 1300 und 1350 errichtete Gemäuer der Synagoge für andere Zwecke, zeitweilig diente es auch als Weinkeller und Getreidespeicher.

Als der Kunsthistoriker Richard Donin im Jahre 1936 auf den mittelalterlichen Bau aufmerksam wurde, beantragte er, das rund 600 Jahre alte Gewölbe unter Denkmalschutz zu stellen – wohl, um dessen weiteren Verfall und den jederzeit möglichen Abbruch zu verhindern. Zur Beschleunigung des Verfahrens schwindelte er den Behörden der christlichsozial regierten Ersten Republik vor, dass das Gebäude einst eine katholische Kapelle beherbergt hätte, wofür es freilich keinerlei Beweise gab oder gibt. Gleichzeitig ver-

»Überlebte« durch einen Irrtum der Nazis: die alte Synagoge von Bruck an der Leitha

schwieg er, dass hier in Wahrheit eine Synagoge etabliert gewesen war. Der findige Kunstexperte dürfte davon ausgegangen sein, dass der christliche Ständestaat eine katholische Kapelle eher schützen würde als eine ehemalige Synagoge.

Dies galt erst recht, als die Nazis im März 1938 in Österreich einmarschierten. Bald danach fiel den neuen Machthabern der noch unerledigte Antrag des Kunsthistorikers in die Hände, dem daraufhin sofort stattgegeben wurde. So steht die alte Synagoge paradoxerweise seit Dezember 1938 unter Denkmalschutz.

Der Historiker und Publizist Lucian Meysels vertrat sogar die Ansicht, dass Hitler – als er kurz nach dem »Anschluss« nach Bruck an der Leitha kam – von Einwohnern auf die Problematik des Bauwerks aufmerksam gemacht wurde und sich dann persönlich für die Rettung des »von treudeutschen bajuwarischen Siedlern« errichteten gotischen Kulturerbes einsetzte.

Die Nationalsozialisten haben demnach ein jüdisches Bethaus gerettet. Zerstört haben sie allein in Österreich weit mehr als 100.

Aus »*Unter uns gesagt, Begegnungen mit Zeitzeugen*« (2008)

Tod durch Aberglauben

Der letzte Tag im Leben des Arnold Schönberg

Es gibt Menschen, die ihr Leben danach einrichten, nur ja nicht über die Straße zu gehen, wenn diese eben von einer schwarzen Katze überquert wurde. Oder die vor jedem Dreizehnten im Monat von panischer Angst befallen werden. Ein Künstler, der unter solchen Ängsten litt, war der Wiener Komponist Arnold Schönberg. Letztlich ist er seinem Aberglauben zum Opfer gefallen.

Der weltberühmte Schöpfer der Zwölftonmusik war in seinen späten Jahren herzkrank, und er war auch krankhaft abergläubisch. Geboren an einem 13. (September 1874), fürchtete er sich besonders vor eben dieser Zahl und war überzeugt davon, an einem 13. sterben zu müssen.

Man schrieb den 13. Juli 1951. Arnold Schönberg war 76 Jahre alt und wie an jedem 13. des Monats schrecklich aufgeregt. Er wartete sehnsüchtig auf die Minute, in der die Zeiger der Uhr darauf hinwiesen, dass der gefürchtete Tag endlich vorbei war.

Der große Musiker lebte damals mit seiner Frau Gertrud in einem Haus in Pacific Palisades, Los Angeles. Und zwar in unmittelbarer Nachbarschaft des Schriftstellers Thomas Mann und seiner Gattin, wobei die beiden Ehepaare einander regelmäßig trafen. Katia Mann schildert diesen 13. Juli des Jahres 1951 in ihren

Wurde vermutlich das Opfer seines Aberglaubens: Arnold Schönberg, Schöpfer der Zwölftonmusik

Memoiren folgendermaßen: »An jedem 13. war Schönberg unruhig und abends musste sich Gertrud zu ihm setzen und seine Hand halten, und auf der anderen Seite des Wohnzimmers war irgendwo eine Uhr, und er sah die Uhr an und sah zu, wie der 13. verging. Sie saßen da, und die Uhr tickte, und endlich war es Mitternacht. Schönberg stand auf, ging hinauf, um sich schlafen zu legen, und Gertrud Schönberg ging wie immer in die Küche, um seinen Schlaftrunk zu machen. Als sie ihm dann die Tasse hinaufbrachte, lag er leblos in seinem Zimmer. Gertrud Schönberg erschrak zu Tode und schaute auf die Uhr. Sie war schon genauso auf die Uhr fixiert wie er. Da sah sie, dass es noch nicht Mitternacht war.« Jetzt erst fiel Gertrud Schönberg ein, dass die Uhr im Wohnzimmer, in dem sie sich gerade noch aufgehalten hatten, um einige Minuten vorging. Als ihr Mann sein Schlafzimmer betreten hatte, erkannte er, dass in Wahrheit immer noch der 13. Juli war – und er fiel tot um.

Schönbergs Witwe Gertrud war – so Katia Mann – bis zum Ende ihrer Tage überzeugt davon, dass ihr Mann sich so sehr über die tatsächliche Uhrzeit aufgeregt hatte, dass ihn der Schlag traf. Er wäre, so behauptete sie immer wieder, nicht in diesem Moment gestorben, hätte er nicht erkannt, dass der 13. Juli noch nicht vorüber gewesen sei.

Durchaus möglich, dass Arnold Schönberg ein Opfer seines Aberglaubens geworden ist.

Aus »*Neues von Gestern, Geschichten mit Geschichte*« (2004)

»Was nimmst du für einen Künstlernamen?«

Die Hörbiger-Dynastie

Es gehört zu den Glücksfällen meines Lebens, dass ich alle Mitglieder der wohl bedeutendsten Film- und Theaterdynastie des deutschen Sprachraums kennengelernt habe. 1979 erzählte mir Paul Hörbiger ein Jahr lang aus seinem Leben. Aus den Gesprächen entstanden seine Memoiren, einige Jahre später traf ich Paula Wessely, die ebenfalls Vertrauen zu mir fasste und mir ihr Leben schilderte. Als schließlich Attila Hörbiger seinen 90. Geburtstag feierte, war dies der Anlass, auch den Dritten der großen Drei über sein Leben befragen zu dürfen. Durch die »Alten« lernte ich deren Kinder und Kindeskinder kennen, sodass ich im Jahr 2006 mit dem Buch Die Hörbigers *eine umfassende Familienbiografie schreiben konnte.*

Der Name Hörbiger hatte schon einen besonderen Klang, noch ehe insgesamt 14 Mitglieder der Familie am Theater und beim Film Karriere machten. Die Wurzeln reichen bis ins 17. Jahrhundert zurück, als die Hörbigers eine heute noch existierende Gastschenke betrieben: Die Hörbig – abgeleitet vom Wort Herberge – in der Tiroler Wildschönau verlieh der Familie ihren Namen.

Der Erste, der ihn in die Welt hinaustrug, war ein Orgelbauer, er hieß Alois Hörbiger und war der Urgroßvater der späteren

Machte den Namen bekannt: Orgelbauer Alois Hörbiger (1810–1876)

Schauspieler-Brüder Paul und Attila. Am 17. Februar 1810 in der Wildschönau zur Welt gekommen, sollte er eigentlich den Gast- und Bauernhof der Familie übernehmen. Doch das Schicksal wollte es anders.

Als nämlich am Heiligen Abend des Jahres 1829 die Orgel der Pfarrkirche des zur Wildschönau gehörenden Bergdorfes Thierbach ihren Geist aufgab, wurde der als geschickt geltende Bauernsohn vom Pfarrer um Hilfe gebeten. Die Reparatur gelang, sodass die Weihnachtsmesse gefeiert werden konnte.

Das Erfolgserlebnis motivierte Alois Hörbiger, eine Lehre beim Orgelbauer Joseph Mitterer in Lienz anzutreten. Doch der junge Mann war zu ungeduldig, um das Handwerk bei einem Meister zu erlernen, und warf nach nur zwei Wochen das Handtuch. Von da an fuhr er von Dorf zu Dorf, er ging »auf die Walz«, wie man damals sagte, und reparierte auf eigene Faust defekte Orgeln, ehe er in der Lage war, neue herzustellen.

Insgesamt wird Alois Hörbiger mehr als 60 Orgeln bauen: in Graz, Mureck, Poysbrunn, Oberlienz, in Wien und in vielen anderen Gemeinden der österreichischen Monarchie. Als Autodidakt fühlte er sich keiner Tradition verpflichtet und verlieh dadurch seinen Instrumenten einen ganz eigenen Klang, für den die Hörbiger-Orgeln berühmt sind. In alten Kirchenchroniken kann man heute noch über seine fachlichen und charakterlichen Qualitäten nachlesen, etwa in der Tiroler Gemeinde Virgen, wo er 1833 »zur allgemeinen Zufriedenheit« eine Orgel mit acht Registern gebaut und sich »während seines sechswöchigen Aufenthalts durch einen soliden, moralischen Charakter« ausgezeichnet hat. In Bruck an der Leitha wird er als »geschickter, aber auch dem Trunke sehr ergebener Mann« beschrieben.

1834 heiratet Hörbiger die aus Dellach in Kärnten stammende Viktoria Ertl, die drei Jahre später in Lienz ihr erstes Kind, Amalia, zur Welt bringen wird, der noch zwei Söhne folgen. In dieser Zeit lässt sich die Familie in der Stadt Cilli – damals Untersteiermark, heute Slowenien – nieder, in deren Umgebung Alois Hörbiger neue Wirkungsstätten findet und eine Orgel nach der anderen baut. Die Söhne treten in Vaters Fußstapfen und werden wie er Musikinstrumente anfertigen. Durch die Tochter Amalia aber nähern wir uns der Schauspieldynastie um eine Generation.

Alois Hörbiger entwickelt ständig neue Instrumente, die Neukonstruktion einer *Vox Humana* wird sogar von Kaiser Franz Joseph besichtigt, der den Orgelbauer mit der Goldenen Medaille für Kunst und Wissenschaft auszeichnet. Durch eine weitere Erfindung, das *Harmonikon*, das in den Redoutensälen der Wiener Hofburg vorgestellt wird, erfährt Architekt Eduard van der Nüll – der spätere Erbauer der Wiener Hofoper – von Hörbigers Orgelkunst.

Er überredet ihn, mit seiner Familie nach Wien zu ziehen, wo van der Nüll mehrere Sakralbauten errichten soll.

1860 wird zum Schicksalsjahr der Dynastie. Alois baut die Orgel für die von Eduard van der Nüll gestaltete Altlerchenfelder Kirche in Wien-Neubau und wird dabei von einem Orgelschnitzer namens Leeb unterstützt. Hörbigers Tochter Amalia verliebt sich in diesen und bringt am 29. November 1860 einen Sohn zur Welt, dem sie den Namen Hanns geben wird. Auch er sollte noch Geschichte schreiben – nicht nur als Vater von Paul und Attila Hörbiger.

Herr Leeb freilich, von dem wir nicht einmal den Vornamen kennen, war zum Zeitpunkt, als Hanns zur Welt kam, schon über alle Berge.

Hanns Hörbiger musste früh mit ansehen, wie schwer es für seine Mutter war, allein für den Lebensunterhalt ihres »ledigen Kindes« zu sorgen. Mit 18 Jahren entschloss er sich, seinem Vater auf die Spur zu kommen. Er fand heraus, dass Herr Leeb in Frankreich lebte, und machte sich, völlig mittellos, von Wien aus auf den Weg nach Paris. Und zwar zu Fuß!

Nach wochenlangem Marsch an der Seine angekommen, fragte sich Hanns Hörbiger so lange durch, bis er herausgefunden hatte, in welchem Pariser Café der Orgelschnitzer Leeb sein Frühstück einzunehmen pflegte. Er betrat das Lokal, erkundete beim Kellner, wer die bewusste Person sei, ging auf den Tisch zu und sagte zu seinem leiblichen Vater: »Pardon, Monsieur, ist an Ihrem Tisch ein Platz frei?«

Papa Leeb antwortete »oui«, und sein Sohn setzte sich. Dann las Herr Leeb in seiner Zeitung weiter. Hanns nahm eine Tasse Kaffee zu sich, beobachtete seinen Vater und verabschiedete sich nach einer Viertelstunde. Dann ging's zurück nach Wien. Wieder zu Fuß!

Abgesehen von der Frage nach der freien Sitzgelegenheit hat Hanns Hörbiger sein Leben lang kein Wort mit seinem Vater gewechselt, er hat ihn auch nie wieder gesehen. Und Herr Leeb hat nie erfahren, dass er einen Sohn hatte, geschweige denn, dass er einmal mit ihm an einem Tisch gesessen ist.

Alois Hörbiger hat diese kleine Geschichte nicht mehr erlebt, er ist im Jahr davor im Alter von 66 Jahren, während der Reparatur einer Orgel in Belgrad, verstorben.

Sein Enkel Hanns Hörbiger wird durch eine Reihe von Erfindungen und Patenten, vor allem aber durch die von ihm entwickelte Welteislehre bekannt. Vorerst als technischer Zeichner in einer Wiener Dampfmaschinenfabrik angestellt, ging er später als Konstrukteur nach Brünn, wo ihm 1894 die bahnbrechende Erfindung des ersten reibungsfrei geführten Plattenventils gelang, das heute immer noch in dieser Form gebaut wird. Danach war er an Konstruktion und Bau der Budapester U-Bahn beteiligt. Diese Arbeit war auch der Grund dafür, dass seine Söhne Paul und Attila in der ungarischen Metropole das Licht der Welt erblickten (und in den ersten Jahren ihres Lebens kein Wort Deutsch konnten).

Durch die weltweiten Patentrechte seines Ventils wohlhabend geworden, machte sich Hanns Hörbiger daran, mit der Welteislehre eine neue Entstehungsgeschichte des Universums zu entwickeln. Sie besagt, dass das Planetensystem durch eine Kollision von Kalt und Heiß und die Erde aus einer riesigen Eisschicht entstanden sei. Auch wenn das Ergebnis seiner Forschungen mittlerweile widerlegt ist, gibt es auf dem Mond heute noch einen Krater, der ihm zu Ehren den Namen Hörbiger trägt.

Nach Hanns Hörbigers Tod im Jahre 1931 machten sich die Nationalsozialisten, allen voran der »Reichsführer SS« Heinrich

Himmler, daran, seine Erkenntnisse für ihre rassist:schen Theorien vom Ahnenerbe zu missbrauchen. Hörbigers Schn Paul, der es als Volksschauspieler zu großer Popularität brachte, machte es sich nach dem Krieg zur Aufgabe, die Ehre seines Vaters wiederherzustellen. Er klagte jeden, der dessen Lehre missinterpretierte und erreichte 1967 eine einstweilige Verfügung, mittels derer es untersagt wurde, »Herrn Ing. Hanns Hörbiger mit nationalsozialistischem Gedankengut in Verbindung zu bringen«.

Erfinder, Forscher und Vater der berühmten Schauspielbrüder: Hanns Hörbiger (1860–1931)

Unbestritten bleibt die andere »Hinterlassenschaft« des Forschers, nämlich seine vier Söhne. Während Paul und Attila Film- und Theatergeschichte schrieben, gründeten die beiden Älteren,

Johann und Alfred, die Hörbiger-Ventilwerke in Wien, aus denen mittlerweile die Hoerbiger Holding AG mit Sitz im Schweizer Kanton Zug wurde. Der internationale Konzern besteht aus rund 100 Gesellschaften mit 6800 Mitarbeitern, die vor allem Automobil- und Erdölkonzerne beliefern.

Die Familie übersiedelte, als Paul neun und Attila sieben Jahre alt war, von Budapest nach Wien, wo die beiden nach der Matura den Entschluss fassten, zum Theater zu gehen – und das ohne nennenswerte schauspielerische Ausbildung. Paul hatte ganze sieben Stunden in einer privaten Theaterschule besucht, »aber nur, weil da eine Elevin war, die mein Interesse geweckt hatte«, wie er erzählte. »Einen geraden Satz sprechen zu können, schien mir und meinen Klassenkollegen weniger bedeutsam als die Frage ›Was nimmst du für einen Künstlernamen?‹« Er entschied sich zunächst für »Paul di Pauli« – blieb dann aber doch bei seinem bürgerlichen Namen. Die Karriere begann im Jahr 1919 mit einem Engagement am deutschsprachigen Theater der böhmischen Provinzstadt Reichenberg. Als man ihn zwei Jahre später von dort nach Prag holte, wurde Attila sein Nachfolger in Reichenberg – mit der Begründung: »Ich wurde Schauspieler, weil ich bei Paul gesehen habe, wie schnell man beim Theater Geld verdienen kann.«

Danach wurde Paul von Max Reinhardt nach Berlin engagiert, worauf sich das Spiel wiederholte: Nun übernahm Attila die frei werdenden Rollen seines Bruders in Prag.

Zweifellos profitierte Attila anfangs vom Talent seines um zwei Jahre älteren Bruders – auch weil er ihm ähnlich sah und die Direktoren glücklich waren, den Bruder des beliebten Schauspielers präsentieren zu können. Die Ähnlichkeit der beiden führte allerdings auch zu skurrilen Szenen: Eines Tages erschien in Attilas Wohnung in Reichenberg, die er von Paul übernommen hatte, eine ältere, beleibte Dame: »Also, Herr Heerbinger«, herrschte sie ihn an, »was is eigentlich mit der Mitzi? Haben S' jetzt ernste Absichten oder net?«

»Pardon, gnädige Frau, ich kenne keine Mitzi.«

»Jetzt wollen Sie alles leugnen? Sie glauben, Sie können meine Tochter zuerst narrisch machen und kompromittieren, und jetzt auf einmal wollen S' von nix was wissen?«

Es sei ihm nur mit allergrößter Mühe gelungen, die Dame davon zu überzeugen, dass er erst seit wenigen Tagen in Reichenberg logierte, um am Theater die Nachfolge seines Bruders anzutreten. »Es war«, erinnerte sich Attila lächelnd, »eine der schwierigsten Szenen, die ich je zu spielen hatte.«

Die Hörbiger-Brüder hatten einander diesbezüglich wenig vorzuwerfen. Beide sahen gut aus, hatten Charme und Witz und erfreuten sich großer Beliebtheit bei den Kolleginnen und auch in den Reihen des weiblichen Publikums. Und beide machten reichlich Gebrauch davon.

Neben heiteren Episoden, die Paul und Attila auf unvergleichliche Weise erzählen konnten, gibt es in der Familiengeschichte aber auch eine Reihe von dramatischen Ereignissen. So wird 1921 auf Paul ein Eifersuchtsattentat verübt, das er nur knapp überlebt: Ein Verehrer seiner späteren Frau Josepha »Pippa« Gettke – auch sie war Schauspielerin – schießt in einem Gasthof auf Paul Hörbiger und verfehlt sein Herz um Haaresbreite. Paul schwebt in Lebensgefahr und heiratet Pippa nach Erhalt der letzten Ölung auf dem Totenbett im Wiener Sanatorium Hera. Er erholt sich aber, bleibt mehrere Monate im Krankenhaus und kann danach seine Karriere fortsetzen.

Aus dem privaten Familienalbum: Paul Hörbiger (1894–1981) mit Ehefrau Pippa (1895–1989) und Tochter Christa (1922–2009)

Paul und Pippa Hörbiger hatten vier Kinder: Eines stirbt mit zwei Jahren an Gehirnhautentzündung, Tochter Christa wird eine Zeit lang Schauspielerin sein, und Monica ist eine der wenigen in der Familie, die mit dem Theater absolut nichts zu tun hat – außer, dass ihr Sohn Christian Tramitz ein bekannter Schauspieler ist. Paul Hörbigers Sohn Thommy wird ein erfolgreicher Textautor, der Udo Jürgens drei seiner bekanntesten Titel liefert: *Siebzehn Jahr, blondes Haar*, *Merci Chérie* und *Immer wieder geht die Sonne auf*.

Paul Hörbigers Ehe hielt bis 1939. Für seine Memoiren erzählte er mir, dass die »vielen Tourneen und wochenlangen Aufenthalte an den verschiedensten Drehorten« der Beziehung nicht gutgetan hätten. In Wahrheit ertrug seine Frau die Untreue des beliebten Schauspielers nicht. Und doch traf ihn die Scheidung wie ein Keulenschlag, da Pippa die große Liebe seines Lebens war. Sie heiratete noch einmal, er zog mit seinen Kindern von Berlin nach Wien, wo er 1940 ein Engagement am Burgtheater antrat. »Unser Vater hat sehr viel gearbeitet und war daher wenig zu Hause«, erinnert sich seine Tochter Monica. »Wir hatten zwar Erzieher, aber wirklich gekümmert hat sich niemand um uns. Was sein weiteres Privatleben betrifft, hatte er immer wieder Beziehungen, aber ›die Richtige‹ war wohl nicht dabei. Abgesehen davon, haben wir Kinder alle Frauen, die er nach seiner Scheidung mit nach Hause brachte, erfolgreich verjagt.«

Die Ehe seines Bruders Attila hielt – obwohl auch er kein Kind von Traurigkeit war – mehr als ein halbes Jahrhundert, bis ans Ende seiner Tage. »Wir hatten uns in Prag kennengelernt, wo Attila und ich engagiert waren«, begann Paula Wessely ihre Geschichte, als sie mir in ausführlichen Gesprächen aus ihrem Leben erzählte. »Das war 1926, wir hatten eine Liebesszene, ich lief auf ihn zu und rannte ihn fast um. Von einer Beziehung war keine Rede« – wie denn auch: Attila Hörbiger war verheiratet – und zwar mit seiner Jugendliebe Consuelo Martinz.

»Meine Mutter war sicher nicht der Grund für das Scheitern der ersten Ehe meines Vaters«, meint die mittlere Tochter Christiane Hörbiger. »Die Voraussetzungen waren von Anfang an nicht gut. Consuelo hatte Schwierigkeiten mit dem Gehör und musste ihren Beruf als Opernsängerin aufgeben. Mein Vater hat immer gesagt, dass er für sie eher Mitleid als Liebe empfand.«

Paula Wessely war keine klassische Schönheit, aber eine beeindruckende junge Frau, die sofort Attila Hörbigers Interesse weckte.

Und auch er, der athletisch gebaute Bühnenheld, gefiel ihr auf Anhieb.

Die Dynastie steht vor ihrer Gründung, aber von einer Hochzeit kann keine Rede sein, denn Hörbiger ist immer noch verheiratet. Eine Scheidung im heutigen Sinn gab es in der Ersten Republik nicht, die Ehe galt als unauflöslich, konnte nur von der katholischen Kirche annulliert werden. Doch die Chancen dafür standen nicht gut. Zwar genehmigte das Diözesangericht Wien in einem langwierigen Verfahren die Auflösung von Attilas erster Ehe, weil Consuelo angeblich »keine Kinder zur Welt bringen wollte«, doch die benötigte Zustimmung der zweiten Instanz lag im Herbst 1935 in weiter Ferne.

Neun Jahre bis zur Heirat: Paula Wessely (1907–2000) und Attila Hörbiger (1896–1987)

Länger warten konnten Paula und Attila aber nicht, denn es musste sehr schnell gehen: Die Wessely war schwanger und Elisabeth, die älteste Tochter, gab heftige Lebenszeichen von sich. In dieser Situation konnte nur noch die Politik helfen. Und siehe da: Bundeskanzler Schuschnigg persönlich bewilligte am 20. November 1935 »die Nachsicht vom Ehehindernis des Ehebandes«.

Endlich, neun Jahre nach dem Kennenlernen, treten Paula Wessely und Attila Hörbiger vor den Standesbeamten. Zweifellos war die Annullierung der Ehe der Prominenz der beiden zuzuschreiben: Sie war damals bereits durch ihren ersten Film *Maskerade* eine Berühmtheit und er als Jedermann der Salzburger Festspiele. Beide zählten zum renommierten Ensemble Max Reinhardts, doch während man sie schon »die Wessely« nannte, sollte er nie »der Hörbiger« werden, weil das die ohnehin vorhandene Verwechslungsgefahr mit seinem Bruder Paul noch vergrößert hätte.

Jedenfalls konnte es jetzt mit der Heirat nicht schnell genug gehen, sie fand nur drei Tage nach der Annullierung von Attilas erster Ehe im Wiener Rathaus statt. Das Tempo ist verständlich: Zwei Monate später, am 8. Februar 1936, wird Elisabeth das Licht der Welt erblicken.

Die junge Familie bezog eine prachtvolle Villa in der Himmelstraße 24 im Heurigenvorort Grinzing, die die Wessely von ihren ersten Filmgagen hatte kaufen können.

Während in Wien zu diesem Zeitpunkt die Vaterländische Front regierte, waren in Berlin schon die Nationalsozialisten an der Macht. Und die setzten alles daran, möglichst viele Stars zu vereinnahmen, um sich in ihrem Glanz zu sonnen. Also ließ es sich Propagandaminister Goebbels nicht nehmen, der Wessely zur Geburt der kleinen Elisabeth »ein prächtiges Blumenarrangement überreichen zu lassen«. Und Hitler gratulierte merkwürdigerweise »zum Stammhalter«, obwohl der eine Tochter war.

Paula Wessely war, zunächst ohne ihr Zutun, ins Zentrum der nationalsozialistischen Propaganda geraten. Doch das Naheverhältnis mit den neuen Machthabern sollte während der ganzen Nazizeit anhalten. Attila wurde Mitglied der NSDAP, beide bekannten sich öffentlich zum »Anschluss« und drehten 1941 den Propagandafilm *Heimkehr*, der nach dem Krieg vor allem der Wessely – da sie die Hauptrolle spielte – zum Vorwurf gemacht wurde. »Ich glaube, meine Eltern hatten einfach Angst davor«, vermutet Christiane Hörbiger, »dass die Diktatur – wenn sie die Mitwirkung in diesem Film ablehnten – zuschlägt, in welcher Form auch immer. Sie hatten Angst um ihre Kinder und Angst um ihre künstlerische Existenz. Das ist der läppische Versuch der Verteidigung meiner Eltern, ich kann nicht in sie hineinschauen, ich weiß nicht, wie sie gedacht haben, und möchte nicht an ihrer Stelle gewesen sein. Zu uns haben sie nur gesagt: ›Ihr habt keine Ahnung, wie es damals war.‹ Eine andere Reaktion gab es zu diesem Thema nicht.«

Die jüngste Tochter Maresa Hörbiger sagt ganz offen: »Unsere Eltern haben aus Karrieregründen mitgemacht. Mein Vater hat diesen Teil seiner Biografie uns gegenüber bagatellisiert, und meine Mutter hat geschwiegen. Ich kann aus heutiger Sicht nicht nachvollziehen, dass sie den Film *Heimkehr* gedreht hat – auch wenn niemand von uns, der diese Zeit nicht erlebt hat, sagen kann, wie er sich in einem solchen Fall verhalten hätte. Der zweite Punkt ist jedoch: Sie war meine Mutter und er war mein Vater. Und ich habe sie beide geliebt, mit ihren Fehlern und Schwächen. Ich habe kein Problem damit, hier eine Unterscheidung zu treffen.«

Im Gegensatz zu anderen Künstlern, die im Dritten Reich Karriere machten, half das Ehepaar Hörbiger-Wessely vom Regime verfolgten Kollegen, wofür es von Goebbels mehrmals »gemaßregelt« wurde. Aus Dokumenten und Zeugenaussagen eines Entnazifizierungsverfahrens, dem sich Paula Wessely und Attila Hörbiger nach dem Krieg stellen mussten, geht hervor, dass sie sich für jüdische Freunde eingesetzt, sie finanziell und bei der Ausreise unterstützt hatten.

Wegen Attilas Parteimitgliedschaft und der Mitwirkung in dem Film *Heimkehr* wurde über das Ehepaar nach dem Krieg Berufsverbot verhängt, wodurch die Karrieren einen – wenn auch nur wenige Monate dauernden – Knick bekamen.

Derartige Probleme kannte Paul Hörbiger nicht, da er das Kunststück zuwege gebracht hatte, in der Nazizeit zahlreiche Filme zu drehen, ohne sich mit den Machthabern zu verbrüdern, ja mehr noch: Er geriet ständig in Konflikt mit ihnen. Einmal, weil er sich am Burgtheater weigerte, in einem Stück das in der »Ostmark« verbotene Wort »Österreich« wegzulassen. Ein andermal wurde er 1943 in Prag vorübergehend festgenommen, weil er öffentlich das Lied eines jüdischen Komponisten sang. Aus dem umfangreichen Material, das die Gestapo über Paul Hörbiger anlegte, geht hervor, dass er lange als zu populär galt, um »aus dem Verkehr gezogen« zu werden. Bis er es »zu weit« trieb und in den letzten Kriegsmonaten einer Widerstandsbewegung beitrat, der auch sein Freund und Kollege Theo Lingen nahestand. Als die Gruppe im Jänner 1945 aufflog, wurde Paul Hörbiger verhaftet und in eine Zelle im Wiener Landesgericht gebracht. Hätten die Nazis ein paar Wochen länger regiert, wäre er vermutlich wegen Hochverrats hingerichtet worden.

Nun aber konnte er seine Karriere ungehindert, meist durch Wiener Filme an der Seite von Hans Moser, fortsetzen. Die populärsten waren *Hofrat Geiger, Hallo Dienstmann, Ober, zahlen!* und *Hallo Taxi*. Und Hörbiger trat auch wieder am Burgtheater auf.

Im Juli 1945 kam es zu einer weiteren dramatischen Situation in der Familiengeschichte, als Pauls und Attilas älterer Bruder Alfred auf mysteriöse Weise starb. Da man bei der gerichtsmedizinischen Untersuchung des Leichnams Spuren von Arsen und Quecksilber fand, war Paul nicht davon abzubringen, dass sein Bruder einem Mordanschlag zum Opfer gefallen wäre. Er erstattete Anzeige »gegen unbekannt«, der eine wahre Flut von Prozessen folgte. Diese endeten nach zwölf Jahren mangels Beweisen ergebnislos, haben aber die Familie total entzweit – vor allem die Brüder Paul und Attila, die einander bis dahin eng verbunden waren, jetzt aber nur noch über ihre Anwälte verkehrten, weil Attila nicht an Mord glauben wollte. »Es war schrecklich mit anzusehen, wie sehr sich mein Vater in die Sache verrannt hatte«, erinnerte sich Pauls Sohn Thommy Hörbiger, der ihn zu den Verhandlungen im Wiener Landesgericht begleitete. »Er war beseelt von dem Gedanken, Alfreds Tod aufzuklären, das war in diesen Jahren sein wichtigstes Anliegen. Und er war so sicher, dass sein Bruder ermordet wurde, dass er auch uns, seine Kinder, davon überzeugte. Am Ende hatte mein Vater durch die vielen Prozesse das ganze Vermögen, das er sich in all den Jahrzehnten beim Film erarbeitet hatte, verloren. Die Anwalts-, Sachverständigen- und Gerichtskosten hatten Millionen verschlungen. Die Prozesse haben ihn arm gemacht.« Die genauen Umstände des Todes von Alfred Hörbiger konnten nie geklärt werden – sie bleiben wohl für alle Zeiten rätselhaft.

Die vier Hörbiger-Brüder kurz vor Alfreds Tod, aufgenommen im Jahre 1945 (von links nach rechts): Attila, Paul, Alfred, Hans

Für die Wessely waren das Entnazifizierungsverfahren und die zeitweise Sperre von Film und Theater zu viel, sie erlitt im Herbst 1946 einen schweren Nervenzusammenbruch. »Die Situation war so ernst«, schildert Christiane Hörbiger, »dass mein Vater abends vor dem Schlafengehen seine und die Hand meiner Mutter im Bett aneinandergebunden hat, weil sie immer wieder damit drohte, sich umzubringen. Auf diese Weise konnte sie nicht aufstehen, ohne ihn zu wecken, und ihm war es möglich, jeden ihrer Wege zu kontrollieren.« Nach einiger Zeit wurde sie in die psychiatrische Abteilung des Allgemeinen Krankenhauses stationär aufgenommen. Nach sieben Monaten Pause war die Wessely so weit hergestellt, dass sie wieder auftreten konnte.

In den 1960er-Jahren sah man sie mit ihrem Mann in Schnitzlers *Das weite Land* am Burgtheater. Er als Fabrikant Hofreiter, sie als dessen betrogene Gemahlin. Maresa Hörbiger wundert sich heute noch, »dass meine Eltern das Ehepaar Hofreiter spielen konnten, denn sie gingen da Stadien durch, die sie auch in ihrem persönlichen Leben durchleiden mussten. Meine Mutter hat unter den Affären meines Vaters sehr gelitten. Ich habe mir immer gewünscht, dass sie sich – wie die Genia Hofreiter im Stück – einmal revanchieren würde, doch das hat sie nicht getan. Aber sie haben das alles durchgestanden und es zuwege gebracht, die schlechteren Zeiten ihrer Ehe zu überwinden.«

Im Alter fanden auch die Brüder Paul und Attila – über ihre Arbeit am Burgtheater – wieder zueinander, feierten gemeinsame Erfolge in *Der Alpenkönig und der Menschenfeind* und *Der Bauer als Millionär.* Kollegen schmunzelten, da die Hörbiger-Brüder, wenn sie auf Proben zusammentrafen, die Rituale ihrer Jugend fortsetzten: Beide waren über 80, aber Paul behandelte Attila immer noch als »kleinen Bruder«, er gab ihm Tipps, wie er die Rolle anzulegen hätte, und spielte ihm das gelegentlich auch vor.

Als Paul mit Herzproblemen im Krankenhaus Lainz lag, erhielt er einen Anruf von Attila. Erstaunlicherweise sprachen sie jetzt Ungarisch miteinander – die Sprache ihrer Kindheit, die sie seit Jahrzehnten nicht mehr gesprochen hatten. Es war ihr letztes Telefonat, Paul starb am 5. März 1981 im Alter von 86 Jahren. 20 000 Wiener kamen zum Begräbnis, und als die Schrammeln das Fiakerlied spielten, blieb kein Auge trocken.

Attila Hörbiger trat trotz seines hohen Alters weiterhin am Burgtheater auf, wenn auch in kleineren Rollen. »Meine Rolle als Winter in Raimunds *Diamant des Geisterkönigs* ist sehr klein«, sagte er. »So klein, dass, wenn jemandem bei meinem Auftritt das Programmheft herunterfällt und er sich bückt, um es aufzuheben, dann bin ich schon weg, wenn er wieder oben ist.«

Er starb am 27. April 1987, wenige Tage nach seinem 91. Geburtstag.

Paula Wesselys Leben als Witwe währte 13 Jahre. »Meine Mutter wollte nach dem Tod meines Vaters nicht mehr auftreten«, verrät Maresa Hörbiger. »Als er nicht mehr da war und sie es ihm nicht mehr zeigen, nicht mehr mit ihm darüber diskutieren konnte, hat sie das Theaterspielen nicht mehr interessiert. Das war, glaube ich, der wahre Grund, warum sie aufgehört hat.«

»Es war ein gnadenreiches Leben«, zog Paula Wessely in unserem letzten Gespräch im Jahre 1992 Bilanz. »Zwei Kriege, viel Leid, aber auch viel Freude durch Beruf und Familie. Ich persönlich muss den Menschen dankbar sein, dass sie mir über eine so lange Zeit so viel liebevolle Anhänglichkeit gezeigt haben.«

Sie starb am 11. Mai 2000 in ihrem 94. Lebensjahr.

Doch der Name Hörbiger lebt weiter. Acht Mitglieder sind heute »im Beruf«: die Wessely-Töchter Elisabeth, Christiane und Maresa, deren Söhne Cornelius Obonya, Sascha Bigler und Manuel Witting sowie Paul Hörbigers Enkel Christian Tramitz und Mavie Hörbiger, die durch ihre Ehe mit Michael Maertens in einen weiteren berühmten Theaterclan eingeheiratet hat.

Und wie wir die Familie Hörbiger kennen, wird die künstlerische Tradition mit dieser Generation nicht zu Ende gehen.

Aus Paul Hörbiger: »*Ich hab für euch gespielt, Erinnerungen*« (1979)
und »*Die Hörbigers, Biografie einer Familie*« (2006)

Die Fürstin und das Gift

Das aufregende Leben der Elisabeth Thury

Als junger Journalist begegnete ich auf Pressekonferenzen und ähnlichen Veranstaltungen immer wieder einer betagten Dame, die als innenpolitische Redakteurin für die Austria Presse Agentur schrieb. Ich war jedes Mal, wenn ich sie sah, von ihrem Auftreten und ihrer Persönlichkeit beeindruckt, aber kaum jemand wusste, welche Rolle sie in der österreichischen Kriminalgeschichte gespielt hatte. War die allseits geachtete Frau doch in jungen Jahren gleich mehrfach wegen versuchten Giftmordes vor Gericht gestanden.

Elisabeth Thury, wie sie sich in ihrem »zweiten Leben« nannte, war am 1. März 1894 als Fürstin Milica de Vulko et Bronko in Korneuburg bei Wien zur Welt gekommen. Sie entstammte einem altserbischen Adelsgeschlecht, dessen berühmtester Vorfahre, Fürst Vuk Branković, im 14. Jahrhundert als Heerführer in der Schlacht auf dem Amselfeld Geschichte schrieb. Die Familie war in Österreich längst etabliert, Elisabeth Thurys Vater war eine Zeit lang Bezirkshauptmann in Gmunden gewesen.

In den letzten Jahren der Monarchie besuchte die schöne Fürstin die Lehrerbildungsanstalt, deren Direktor Rudolf Piffl – Bruder des Wiener Erzbischofs Kardinal Friedrich Gustav Piffl – sie wegen ihrer ausgezeichneten Intelligenz besonders förderte, aber auch eine Affäre mit ihr hatte. Hofrat Piffl integrierte Milica in sein Familienleben und lud sie mehrmals zu sich nach Hause zum Essen

Die später angesehene Publizistin Elisabeth Thury, hier als Fürstin Milica in jungen Jahren

ein, wo die angehende Lehrerin von seiner nichts ahnenden Gemahlin herzlich aufgenommen wurde.

Nach so einem Mittagessen erkrankten Frau Piffl und ihre beiden Kinder im März 1917 ernsthaft. Als eine Vergiftung durch Arsen diagnostiziert wurde, richtete sich der Verdacht sofort gegen die junge Fürstin, die als einzige hausfremde Person an der Mahlzeit teilgenommen hatte. Schließlich fand die Polizei heraus, dass sie als Geliebte des Hausherrn auch ein Motiv für die Tat hatte: Ehefrau und Kinder standen ihren persönlichen Interessen im Wege. Milica wurde verhaftet und wegen versuchten Giftmordes in mehreren Fällen angeklagt.

Ihr nun folgender Auftritt vor Gericht war der letzte, bei dem sie noch als Fürstin angesprochen wurde, fand die Hauptverhandlung doch am 30. Oktober 1918 – zwei Wochen vor Ausrufung der Republik – statt. In einer brillanten Verteidigungsrede gelang es der Aristokratin, die Geschworenen von ihrer Unschuld zu überzeugen. Sie wurde im Zweifel freigesprochen, erhielt aber eine zweijährige Kerkerstrafe – wegen Verleumdung, weil sie Piffls Ziehsohn der Tat beschuldigt hatte. Nach wenigen Monaten begnadigt, kam sie 1919 wieder frei.

Doch die abenteuerliche Geschichte ist damit noch nicht zu Ende. Milica Vukobrankovics, wie sie sich in der Ersten Republik nannte, fand nach Verbüßung ihrer Haftstrafe eine Anstellung als Kontoristin des Wiener Verlegers und Buchhändlers Ernst Stülpnagel. Die 25-Jährige verliebte sich nun in diesen – und wurde schwanger.

Auch Ernst Stülpnagel war verheiratet. Er wohnte mit seiner Familie in einem Haus in der Einsiedeleigasse 35 in Wien-Hietzing. Einmal mehr wurden Frau und Kinder mit rätselhaften Symptomen ins Spital eingeliefert. Die medizinische Untersuchung ergab, dass die Opfer in diesem Fall mittels Natronlauge – die in einem Schokoladepudding festgestellt wurde – vergiftet werden sollten. Und wieder musste die Polizei nicht lange nach einer Verdächtigen suchen: Milica Vukobrankovics wurde neuerlich festgenommen – und erlitt in der Haft eine Fehlgeburt.

Hatte schon der Fall Piffl für enormes Aufsehen gesorgt, so war das Publikumsinteresse im Fall Stülpnagel noch größer. »Es ist, wie man weiß, versuchter Giftmord, dessen man sie anklagt, und es ist, wie man gleichfalls weiß, zum zweiten Mal der Fall, dass diese Anklage gegen sie erhoben wird«, zog Karl Kraus in der *Fackel* über die sensationslüsterne Boulevardpresse her und ergänzte, dass die Täterin »zu jenen Frauen gehört, die durch äußere Vorzüge, einen lebhaft beweglichen geschmeidigen Geist, durch hohe Bildung, ihr heißes Temperament und durch ihre Kühle des Herzens jeden Platz erringen, den einzunehmen sie sich in den Kopf setzen«.

Angeheizt durch die in einem Wiener Blatt veröffentlichten Memoiren der Fürstin, standen vor dem Landesgericht Hunderte Schaulustige nächtelang Schlange, um dem zweiten Prozess gegen die junge Frau folgen zu können. Und sie kamen auf ihre Rechnung: Der Schlagabtausch zwischen Staatsanwalt und Angeklagter wurde als »Höhepunkt in der Justizgeschichte« beschrieben. Karl Kraus ging so weit, die intellektuellen Fähigkeiten der Verdächtigen über die des Gerichts zu stellen, an dem »die geistig Minderbefähigten über die Höherorganisierte« zu urteilen hätten.

Als Folge des Kriminalfalles musste das Standardwerk *Psychologie des Giftmordes* von Erich Wulffen aus den Regalen der Buchhandlungen genommen werden. Erstens, weil sich ein Exemplar im Besitz von Milica Vukobrankovics befand und sie nachweislich daraus »Anleitungen« bezogen hatte. Und zweitens, weil man nunmehr Nachahmungstäterinnen befürchtete, die ebenfalls einen »perfekten Giftmord« planen könnten.

In ihrem zweiten Prozess wurde die Fürstin wegen mehrfachen Mordversuchs zu dreieinhalb Jahren schwerem Kerker verurteilt. Doch sie ging auch diesmal – nun durch einen Gnadenakt des Bundespräsidenten Michael Hainisch – nach wenigen Monaten frei.

Karl Kraus sollte in gewisser Weise recht behalten, als er in der *Fackel* die prophetischen Worte schrieb: »In ihr lebt eine große, ungebrochen drängende Kraft, und sie wird gewiss noch viel im Leben erreichen.«

Tatsächlich sollte sie unter dem Namen Elisabeth Thury eine beachtenswerte publizistische Karriere machen.

Immerhin war sie nach ihrer zweiten Freilassung im Jahre 1925 in der Lage, ein völlig neues Leben zu beginnen. Vorerst erfolgreiche Buchautorin*, trat sie bald der Sozialdemokratischen Partei bei und engagierte sich, als diese im Ständestaat verboten wurde, im Untergrund für die Anliegen der Arbeiterschaft. In der Nazizeit verlor Elisabeth Thury – diesmal aus politischen Gründen – einmal mehr ihre Freiheit. Die Gestapo nahm sie am 1. September 1939 fest und überstellte sie in das Konzentrationslager Ravensbrück, wo sie ab Februar 1944 die Leitung der »Lagerpolizei« und kurz vor der Befreiung die Stellung als »Lagerälteste« innehatte.

Nach dem Krieg begann ihre bürgerliche Karriere. Elisabeth Thury wurde innenpolitische Redakteurin der Austria Presse Agentur (APA), für die sie mehr als ein Vierteljahrhundert, bis zu ihrem Tod, tätig blieb. Ich erinnere mich, wie sie, meist mit einer Pullmankappe auf dem Kopf, bei Journalistenempfängen von prominenten Politikern aller Parteien – vom Bundeskanzler abwärts – herzlich, ja geradezu freundschaftlich, in Gespräche verwickelt wurde. Elisabeth Thury genoss eine derartige Wertschätzung, dass sie 1959 als Chefredakteurin der APA im Gespräch war. Da man die Position schließlich mit einem parteiunabhängigen Journalisten besetzen wollte, wurde Otto Schönherr zum Chefredakteur ernannt, der sich noch gut an seine langjährige Mitarbeiterin erinnerte: »Elisabeth Thury war überaus angesehen und wurde in der Öffentlichkeit oft als ›Frau APA‹ wahrgenommen. Obwohl jeder wusste, wo sie politisch stand, war sie bei Schwarz und Rot gleichermaßen beliebt, weil sie in ihrer Berichterstattung stets Unabhängigkeit wahrte. Nur in einem Fall gingen ihr die Sicherungen durch, das war, als ein Mitglied der Familie Habsburg – noch vor

---

* In ihrem ersten Buch *Weiberzelle 321, Tagebuch aus der Haft* beschrieb sie ihr eigenes Schicksal.

Kreiskys Einigung mit Otto von Habsburg – nach Österreich einreisen wollte, da hat sie getobt, das war für sie unvorstellbar.«

Niemand hätte es je gewagt, »die Thury in Pension zu schicken«, erzählte Otto Schönherr, »auch als sie schon in sehr fortgeschrittenem Alter stand – irgendwie gehörte sie zum Inventar der Austria Presse Agentur.«

Auch wenn man innerhalb der Redaktion von ihrer frühen »Karriere als Giftmischerin« wusste, war dies nie ein Thema, hatte sie doch längst den Beweis erbracht, ein anerkanntes Mitglied der Gesellschaft geworden zu sein. Es sei denn, sie betätigte sich in der Getränkeküche, da ließen sich Kollegenwitze nicht vermeiden: »Na, wenn die Thury den Kaffee kocht, verzicht ich.«

Die Pullmankappe gehörte ebenso zu ihrer eigenwilligen Persönlichkeit wie die Angewohnheit, bei Pressekonferenzen eher zuzuhören, als Fragen zu stellen. Elisabeth Thury galt als bedeutende Journalistin und als »große alte Dame« der österreichischen Publizistik.

Sie starb am 9. Juni 1973, hochgeachtet und bis zuletzt berufstätig, in ihrem 80. Lebensjahr.

Wenn in irgendeinem Fall das Wort Resozialisierung zu Recht verwendet wird, dann wohl in diesem.

Aus »*Unter uns gesagt, Begegnungen mit Zeitzeugen*« (2008)

»Mir blieb doch was erspart«

Eine Begegnung mit Kaiser Franz Joseph

Es ist noch gar nicht so lange her, da fuhr ich nach Bad Ischl, betrat die Schratt-Villa und nahm in dem kleinen Speisesaal Platz, um eine Nachmittagsjause einzunehmen. Plötzlich, ich wusste nicht wie mir geschah, ging die Tür auf und Seine Majestät der Kaiser trat ein. Franz Joseph legte seinen Mantel ab und ließ sich neben mir nieder. Das Personal und die übrigen Gäste hielten ihn in seiner Uniform und mit seinem Backenbart für ein ortsansässiges Original und beachteten ihn nicht weiter, sodass er mir zu einem Exklusivgespräch zur Verfügung stand. Es wurde zu einem von mehreren, die ich für das Satire-Buch Wie war es wirklich? Indiskrete Fragen an historische Persönlichkeiten *führen konnte.*

Der Kaiser bestellte eine Portion – na klar: Kaiserschmarrn. Kaum hatte er beim Kellner seinen Wunsch deponiert, fragte ich ihn, warum er nach so vielen Jahren nach Ischl zurückgekehrt sei.

»Ich wollte wieder einmal schauen, was los ist«, erklärte er, »sowohl hier in Ischl als auch in den anderen Teilen der Monarchie. Wenn man wie ich 68 Jahre regiert hat, hat man ein Recht darauf, zu erfahren, wie es weiterging. Vielleicht«, sagte er zu mir, »können Sie mir ein bisserl was verraten: Hat sich in meinem Reich irgendwas verändert, seit ich es verlassen habe?«

»Kaum der Rede wert«, versuchte ich jegliche Aufregung von dem alten Herrn fernzuhalten.

»Ich kann's mir schon vorstellen«, dachte Franz Joseph laut. »In Österreich ist ja immer viel passiert, aber letztlich is dann doch alles beim Alten geblieben. Wie heißt denn mein Nachfolger auf dem jetzt schon … lassen Sie mich einmal nachrechnen … mehr als 700 Jahre alten Habsburger-Thron?«

»Majestät«, versuchte ich's ihm schonend beizubringen, »es gibt keinen Thron – Österreich ist keine Monarchie mehr.«

»Was?« Der Kaiser drohte an einem Stück des eben servierten Kaiserschmarrns zu ersticken. »Er will mir doch nicht weismachen, dass mein Reich von irgendeinem Bürgerlichen regiert wird. Österreich-Ungarn eine Republik? Undenkbar!«

»Doch, doch, Majestät. Und weil Sie Ungarn sagen – Ungarn ist überhaupt weg.«

»Mach er sich nicht lustig über mich!« Franz Joseph sprang auf, als hätte er für einen Moment sein hohes Alter vergessen. »Was ist mit Galizien, Lemberg, wo sind Prag, Teschen, Mährisch-Ostrau, Friaul, die Adria, Triest, Abbazia?« Sein Blick schweifte hinüber zur benachbarten Kaiservilla, »und was ist mit meinem geliebten Bad Ischl, befinden wir uns in diesem Augenblick vielleicht schon auf exterritorialem Gebiet?«

»Nein«, konnte ich den Monarchen wenigstens in diesem Punkt beruhigen, »Ischl gehört uns noch. Aber alles andere ist verloren.«

Um Jahre gealtert, ließ sich der Kaiser wieder in seinen Sessel sinken und fragte schreckensbleich: »Ja, um Gottes willen, wie ist denn das alles gekommen?«

»Majestät hätten sich auf diesen Weltkrieg nicht einlassen dürfen«, musste ich ihm reinen Wein einschenken.

»Ist er denn nicht gut ausgegangen für uns?«

»Gar nicht gut. Österreich hat 90 Prozent seines Territoriums verloren durch den Ersten Weltkrieg.«

»Was heißt Ersten Weltkrieg? Gab's denn noch einen Zweiten?«

»Leider ja, Majestät.«

»Sind die Politiker denn net g'scheiter worden, wenn schon der Erste Weltkrieg so schlecht ausgegangen ist?«

»Leider nein, Majestät.«

Franz Joseph nahm eine Zigarre seiner Lieblingsmarke Regalia Media aus dem Etui, entzündete sie und stöhnte: »Aber sonst ist wahrscheinlich alles so geblieben wie zu meiner Zeit.«

»Nichts ist so geblieben«, erwiderte ich. »Wir leben im Zeitalter des Computers, von Internet und Facebook, von denen Sie noch nie gehört haben. Und als wesentliche Errungenschaft unserer Tage gilt die Atomkraft, mit deren Hilfe die Menschen noch problemloser umgebracht werden können als zu Ihrer Zeit. Die Atomkraft kann aber auch im Rahmen ihrer friedlichen Nutzung ganze Landstriche auslöschen.«

»Computer, Internet, Facebook, Atomkraft?«, wunderte sich der Kaiser. »Wahrscheinlich bin ich in dieser modernen Zeit schon völlig in Vergessenheit geraten. Oder lässt es die Hektik Ihrer Epoche zu, dass sich die Menschen meiner erinnern?«

»Aber natürlich! Majestät sind das Symbol des alten Österreich, die Personifizierung des integren, pflichtgetreuen Staatsmannes. Was allerdings keine besondere Kunst ist bei den Staatsmännern, die Ihnen folgten.«

»Wenn mich die Leut nicht vergessen haben, dann denken sie wahrscheinlich an meine Leistungen als Regent und Feldherr, sie schwärmen davon, dass ich die Ringstraße, das Burgtheater,

»Wahrscheinlich bin ich in dieser modernen Zeit schon völlig in Vergessenheit geraten«: Kaiser Franz Joseph im Gespräch mit Georg Markus

die Hofoper und die Museen für meine Wienerstadt geschaffen habe.«

»Das weniger«, korrigierte ich, »in erster Linie wollen die Leute alle Details Ihrer Ehe mit Kaiserin Sisi wissen, aber auch Intimes von Frau Schratt und anderen Damen.«

»Unverschämtheit! In was für einer Zeit lebt er denn?«, ärgerte sich der Kaiser und fügte dann noch hinzu: »Ich hab ja, wie Sie vielleicht wissen, immer gesagt, dass mir nichts erspart bleibt. Aber eines ist mir doch erspart geblieben.«

»Was denn?«

»In Ihrer Zeit leben zu müssen.«

Kaiser Franz Joseph erhob sich, schlüpfte in seinen Lodenmantel und verließ die Stätte, die ihm einst so glückliche Stunden geschenkt. Irgendwie hatte ich den Eindruck, er verstünde die Welt nicht mehr.

Aus »*›Wie war es wirklich?‹, Indiskrete Fragen an historische Persönlichkeiten*« (2007)

Brahms lag im Papierkorb

Professor Marcus macht eine Entdeckung

Durch Zufall lernte ich vor vielen Jahren den Wiener Musikwissenschafter Professor Gottfried Marcus kennen. Nachdem wir geklärt hatten, dass wir trotz fast identischer Namen weder verwandt noch verschwägert waren, konnten wir uns einem anderen Thema zuwenden, das naheliegenderweise Johannes Brahms hieß. Waren doch Leben und Werk des »Vollenders der Wiener Klassik«, wie man den Komponisten nannte, das Spezialgebiet des Musikprofessors Marcus. Er forschte, musizierte, lehrte und lebte für Johannes Brahms. Und so hat er eine menschlich wie musikhistorisch außergewöhnliche Geschichte entdeckt.

Es zählt ja nicht unbedingt zu den nobelsten Eigenschaften einer Hausangestellten, den Mistkübel ihrer Herrschaft zu durchwühlen. In diesem besonderen Fall hätte man der Arbeitskraft jedoch gerade dafür einen Orden überreichen sollen. Denn sie war im Haushalt des großen Johannes Brahms beschäftigt, der jedes Notenblatt jener Kompositionen, die ihm nicht wichtig erschienen, in den Papierkorb warf.

Professor Marcus war in Brahms-Biografien immer wieder der Name Cölestine Truxa aufgefallen. Diese hatte während der letzten zehn Lebensjahre von Johannes Brahms als dessen Wirtschafterin gearbeitet und gemeinsam mit ihren beiden Söhnen in seiner Wohnung gelebt: in der Karlsgasse 4 auf der Wieden in Wien.

»Wer weiß«, kam es Herrn Marcus am Beginn der 1970er-Jahre in den Sinn, »vielleicht lebt noch irgendein Verwandter dieser Frau Truxa.«

Er nahm ein sehr unwissenschaftliches Buch zur Hand, das Wiener Telefonbuch, schaute unter »Truxa« nach, rief ein paar Leute besagten Namens an, entschuldigte sich für die Fehlverbindung, wählte die nächste Nummer – bis er auf den Eintrag »Truxa Leo, Ing. Hofrat i. R., 6., Köstlergasse 5« stieß.

Wieder sagte der Professor sein Sprücherl auf: »Verzeihen Sie die Störung, Herr Hofrat, ich wollte Sie fragen, ob Sie mit Frau Cölestine Truxa verwandt sind.«

»Ja«, antwortete die Stimme eines alten Herrn, »das war meine Mutter.«

»Dann haben Sie Johannes Brahms persönlich gekannt?«

»Natürlich, wir lebten ja mit ihm in einer Wohnung.«

Marcus bohrte weiter: »Na und, haben Sie noch irgendwelche Erinnerungsstücke an Brahms?«

Jetzt lachte der fast 90-jährige Herr Hofrat: »Die ganze Wohnung ist voll davon.« Und er erzählte die Geschichte vom Papierkorb: »Meine Mutter hob zehn Jahre lang alles auf, was Brahms wegwarf, und sie klebte sogar die von ihm zerrissenen Blätter wieder zusammen. Aber leider«, bedauerte er, »hat meine Nichte, die meine Wohnung erben wird, gesagt, dass sie einmal alles wegwerfen will, weil das Zeug heutzutage keinen Menschen mehr interessiert.«

Gottfried Marcus musste tief Luft holen, ehe er weitersprach. Nach einer Schrecksekunde rief er ins Telefon: »Um Gottes willen! Lassen Sie bitte alles, wie es ist. Dürfte ich morgen vorbeikommen und mir das äh … das Zeug, wie Ihre Nichte sagt, anschauen?«

»Ja, ja, kommen S' nur.«

Anderntags schwang sich der Herr Professor auf seinen Motorroller und fuhr zum Hofrat Truxa in die Köstlergasse.

»Ich bin fast umgefallen«, erzählte mir Gottfried Marcus, »es war einfach sensationell.« Neben bislang unbekannten Brahms-Kompositionen lagen Briefe des Meisters, die er nie abgeschickt hatte. Weiters Privatfotos und unzählige persönliche Gegenstände des Komponisten. Marcus erkannte, dass er in diesem Augenblick auf den wesentlichsten Fund seiner jahrzehntelangen Forschertätigkeit gestoßen war.

Frau Truxa, die 1897 die Augenlider des Komponisten auf seinem Totenbett schloss, hatte nicht nur die Papierkorb-Funde aufbewahrt, sie war von Brahms, der sie sehr schätzte, auch zur Erbin seiner persönlichen Habseligkeiten eingesetzt worden. »Außerdem gehören Cölestine Truxa 10 000 Gulden*«, steht in seinem Testament, »alles, was ich an Möbeln, Kleidern, Wäsche besitze und auch die Bilder, die an den Wänden hängen, Teppiche, Decken, Kissen, Uhren ...« Das alles hatte Marcus jetzt vor sich. Ihr größtes Verdienst aber war: Cölestine Truxa hatte schon zu Lebzeiten das Genie des Komponisten erkannt und buchstäblich alles, was Brahms in den Papierkorb geworfen hatte, wieder herausgefischt und aufgehoben. »Jedes einzelne Stück ist für die Brahms-Forschung hochinteressant.«

Drei Jahre verbrachte Gottfried Marcus jede freie Minute, die ihm neben seiner Professur am Konservatorium der Stadt Wien blieb, in der Wohnung Leo Truxas. Er untersuchte, reinigte, ordnete den

---

* Entspricht laut Statistik Austria im August 2019 rund 80 000 Euro.

Warf jedes Notenblatt, das ihm nicht wichtig schien, in den Papierkorb: Johannes Brahms

für die Musikwelt einzigartigen Schatz. Und er vervollständigte sein auf knapp 30 000 Karteiblättern minutiös aufgelistetes Vokalarchiv der Brahms'schen Symphonien, Klavierkonzerte, Quartette, Quintette und Sextette um die bislang unbekannten Werke. Experten verkündeten damals: »Was der Köchel für Mozart, das ist der Marcus für Brahms.«

Die kolossale Arbeit, sagte mir der Professor, hätte er sich nicht nur aus historischen Gründen aufgebürdet, sondern vor allem aus Liebe. Der Wissenschafter hatte dem Komponisten sein Leben gewidmet.

Gottfried Marcus, der einst als »Wunderkind« galt, hatte in den 1930er-Jahren gemeinsam mit seinen beiden Geschwistern viele Konzerte gegeben. Als bei der Familie Marcus eines Tages der Besuch von Wiens führendem Musikkritiker Dr. Robert Konter angesagt war, wurden die beiden Buben und das Mädchen gebeten, dem Kritikerpapst Brahms' *H-Dur-Trio opus 8* vorzuspielen. Als sie fertig waren, wurde der sachkundige Mann gefragt, wie ihm die Brahms-Interpretation der Kinder gefallen hätte. Worauf Konter konterte: »Es war fast ein Vergnügen.«

»Der Kritiker«, gab Marcus zu, »hatte recht, das Trio war weit über die technischen Möglichkeiten dreier Kinder hinausgegangen.«

Jahrzehnte später sollte Gottfried Marcus den schönsten Tag seines Lebens feiern, wie er selbst sagte: als er unter den aufgefundenen Noten in Leo Truxas Wohnung auch die Brahms'sche Originalbearbeitung eben jenes *H-Dur-Trios opus 8* entdeckte. Frau Truxa hatte auch diese Noten aus dem Papierkorb gefischt.

Sowohl Hofrat Truxa als auch Professor Marcus sind mittlerweile nicht mehr am Leben. Aber sämtliche dem Papierkorb entnommenen Brahms-Noten sind für alle Zeiten gerettet. Die beiden Herren haben sie geschlossen der Musiksammlung der Stadt Wien übergeben.

Aus »*Meine Reisen in die Vergangenheit*« (2002)

Die Ritter von Lauda

Blaues Blut unterm roten Kapperl

Am 20. Mai 2019 starb mit Niki Lauda eines der größten Sportidole des 20. Jahrhunderts. Er lebte so sehr in der Gegenwart, dass er nur ungern über seine Herkunft und die bewegte Geschichte seiner Familie sprach. Zweimal ist es mir doch gelungen, ihn dazu zu bewegen. Einmal 1990 in einem Interview – damals war seine Mutter Elisabeth dabei und half aus, wo er nicht weiterwusste – und ein zweites Mal im Jahr 2010 für Was uns geblieben ist, Das österreichische Familienbuch. *Als ich Niki Lauda später zufällig in einem Restaurant traf, meinte er in typischer Lauda-Manier: »Meine Frau ist froh, dass es das Buch gibt. Sie hat zu mir gesagt, ohne das Buch hätte sie nie was von meiner Familiengeschichte erfahren. Das stimmt, ich hab ihr nämlich so gut wie nie etwas von meiner Familie erzählt.«*

Er gab sich so gar nicht als Aristokrat, dieser Nikolaus Andreas Ritter von Lauda, den man nie dabei ertappt hat, wie er einer Dame die Hand geküsst, besonderen Wert auf Kleidervorschriften gelegt oder sich dem intensiven Studium von Elmayers Benimmregeln hingegeben hätte. Nein, Niki Lauda hatte sich von seinen Ahnen vollkommen emanzipiert.

Dabei zählten sein Vater wie sein Großvater zu den bedeutenden Industriekapitänen des Landes und blieben ihren Mitarbeitern als »Kavaliere der alten Schule« in Erinnerung. Niki Laudas

Urgroßvater war Berater des Kaisers und der Großonkel ein weit über die Grenzen Österreichs hinaus bekannter Arzt.

»Ich hab schon sehr früh meinen Einsatz darauf konzentriert, ein Nicht-Lauda zu werden«, sagte der Flugunternehmer und dreifache Formel-1-Weltmeister. »Und dieser Trottelsport war das beste Mittel dazu.«

Aufgewachsen ist Niki Lauda in der eleganten Lauda-Villa im Nobelvorort Pötzleinsdorf am Stadtrand von Wien, die vom Großpapa erworben wurde. Doch Niki interessierte sich weder für den Jugendstil in den alten Mauern noch für die Karriere des Großvaters, er ist immer mit beiden Beinen im Heute gestanden, und von den Ahnen wusste er auch nicht allzu viel. »Ich war vielleicht 16, als ich erfahren hab, dass meine Familie irgendwann einmal geadelt wurde. Aber darauf hab ich immer gepfiffen. Mir kommt's eher komisch vor, wenn in der heutigen Zeit einer noch Wert drauf legt, dass sein Sohn eine kriegen muss, die auch blaublütig ist. Das ist doch Schnee von gestern.«

Es war der greise Kaiser Franz Joseph, der am 28. Mai 1916 den Beschluss fasste, Niki Laudas Urgroßvater in den erblichen Adelsstand zu erheben. Da der Monarch wenige Monate später starb, wurde die Urkunde von dessen Nachfolger, Kaiser Karl, unterzeichnet. Eine Tatsache, die man im Hause Lauda eher diskret behandelte, da Österreichs letzter Kaiser den Spitznamen »Sehadler« trug: Jeden, den er gesehen hat, so hieß es, den hat er auch gleich geadelt.

Niki Lauda war das alles »völlig wurscht«. Auch dass besagter Urgroßpapa Ernst Ritter von Lauda als Sektionschef im k. u. k. Ministerium für Öffentliche Arbeiten zur Jahrhundertwende für die Regulierung der Donau verantwortlich zeichnete, nachdem das »Land am Strome« bis dahin fast alljährlich von katastrophalen Überschwemmungen heimgesucht worden war. Die gelungene Donauregulierung war auch der Grund für die Erhebung des Herrn Sektionschefs in den erblichen Adelsstand.

Auch die beiden Söhne des Ritters von Lauda wurden berühmt: einer als Arzt, der andere – Laudas Großpapa – als Industrieller mit politischen Ambitionen. Dieser Hans Lauda schaffte eine außergewöhnliche Karriere. 1896 in Wien geboren, begann er nach absolviertem Jusstudium als kleiner Angestellter bei den Veitscher Magnesitwerken, deren Generaldirektor er 1937 wurde. Im Jahr darauf von den Nationalsozialisten seines Postens enthoben, kehrte er 1945 auf diesen wieder zurück und zählte nach dem Zweiten Weltkrieg zu den Wegbereitern der Sozialpartnerschaft und des österreichischen Wirtschaftswunders. Als Gründer und erster Präsident der Industriellenvereinigung war er einer der engsten Mitstreiter der Aufbaugeneration um Kanzler Raab und Finanzminister Kamitz. Und als Präsident des Roten Kreuzes organisierte er 1956 die Hilfe für Tausende Ungarnflüchtlinge. Im Hause Lauda erinnerte man sich noch lange daran, »dass damals die ganze Familie Kleider bündeln und Pakete schleppen musste«.

Aus Niki Laudas Sicht waren die Erinnerungen an den allseits hochgeschätzten Großpapa weniger erfreulich: »Er saß im Aufsichtsrat mehrerer Banken, unter anderem auch bei der Ersten österreichischen Spar-Casse. Und von der hatte ich bereits die prinzipielle Zusage für meinen ersten Sponsorvertrag als Rennfahrer. Als mein Großvater davon vom alten Mautner Markhof erfuhr, ist es ihm gelungen, mir bei der Bank den Geldhahn zuzudrehen. Das Geld war weg, und ich musste, statt gesponsert zu werden, als

19-Jähriger einen Kredit aufnehmen.« Der Einfluss des mächtigen Großpapas kostete Niki Lauda damals zwei Millionen Schilling.

»Ich hab wirklich keine Vorteile davon gehabt, einen berühmten Familiennamen zu tragen«, sagte der Automobilweltmeister, »im Gegenteil, bei keinem anderen hätte mein Großvater etwas gegen einen Sponsorvertrag einzuwenden gehabt.«

Es war wohl die sehr konservative Haltung innerhalb der Familie, die dazu beitrug, dass Niki Lauda politisch unabhängig blieb. Ausschlaggebend dafür war auch wieder ein Erlebnis mit dem übermächtigen Großpapa. »Er schimpfte ständig auf die Sozialisten und war mit nichts von dem einverstanden, was sie sagten und taten. Eines Abends sah ich im Fernsehen, wie ihm Felix Slavik, der ›rote‹ Bürgermeister von Wien, für seine Verdienste um das Rote Kreuz einen Orden umhängte. Ich setzte mich hin und schrieb meinem Großvater einen Brief, in dem stand, dass ich nicht verstünde, wie man sein Lebtag so viel schimpfen und dann von seinen bösen Gegnern einen Orden annehmen könne.«

Der Gymnasiast erhielt keine Antwort, doch als er seinen Großvater Monate später bei einem Familienfest sah, »zog der plötzlich meinen Brief aus der Brusttasche und stellte mich zur Rede. Ich sei ein Frechdachs ohne Benehmen. Er las den Brief Wort für Wort meinen schockierten Eltern vor. Meine Mutter schimpfte, wie dies ihr Schwiegervater von ihr erwartete, mein Vater blieb eher ruhig.« Eine Erklärung dafür, warum man die Sozialisten einerseits hassen, andererseits von ihnen Orden empfangen dürfe, hat er nie erhalten.

Großpapa Laudas um drei Jahre älterer Bruder Ernst – die beiden sahen einander verblüffend ähnlich – ging als »letzter Ritter der Medizin« in die Geschichte der Wiener Medizinischen Schule

Großvater Hans Lauda, einer der Wegbereiter des Wirtschaftswunders (links), und sein Bruder Ernst, der »letzte Ritter der Medizin«

ein. Der Internist wurde in den 1930er-Jahren Primarius am Kaiser-Franz-Josef-Spital, ehe man ihn 1946 über Nacht zum Vorstand der Ersten Medizinischen Universitätsklinik bestellte. Dort hatte er ein schweres Erbe anzutreten, da sein Vorgänger Hans Eppinger durch Selbstmord aus dem Leben geschieden war, als man ihm mitteilte, dass er als Zeuge am Nürnberger Ärzteprozess teilnehmen sollte. Heute kennt man den Hintergrund seines Freitods: Eppinger musste selbst mit einer Anklage rechnen, da er der Initiator medizinischer Experimente an Insassen des Konzentrationslagers Dachau war, an denen die »Trinkbarkeit von Meerwasser« erforscht wurde. Rund 100 Sinti und Roma sind an diesen Experimenten elend zugrunde gegangen.

Ernst Lauda übernahm die Klinik nach Eppingers Tod und wurde – neben Karl Fellinger – zu Wiens führendem Internisten.

Patienten aus aller Welt flogen an, um sich vom Chef der Klinik Lauda behandeln zu lassen. Leber, Milz und Erkrankungen im Darmbereich zählten zu den Spezialgebieten des berühmten Professors, nach dessen Lehrbuch der Inneren Medizin jahrzehntelang in aller Welt unterrichtet wurde.

»Sicherlich hat mir der großbürgerliche Lebensstil der Familie in meiner Kindheit bis zu einem gewissen Grad auch imponiert«, gestand Niki Lauda, »insbesondere der livrierte Diener in der imposanten Herrschaftswohnung meines Großvaters am Wiener Schubertring, das Gut bei Hainfeld in Niederösterreich, der Besitz in St. Moritz und vor allem sein wunderschöner Jaguar, mit dem ich, wenn er uns besuchte, in unserem Garten fahren durfte.«

So hartherzig sich Hans Lauda seinem aufstrebenden Enkel zeigte, so spendabel konnte er anderen gegenüber sein. Hans Igler, einer seiner Nachfolger als Präsident der Industriellenvereinigung, hinterließ diese Episode: »Hans Lauda war ein Kavalier der alten Schule, er war ein begeisterter Reiter und großer Förderer des Reitsports. Eines Tages erzählte ich ihm, dass in meinem Kinderzimmer ein Bild des Pferdemalers Coch gehangen war, das im Krieg verloren ging. ›Was war denn auf diesem Gemälde zu sehen?‹, fragte Lauda. Ich beschrieb ihm das Bild, das den Ausritt des Ennser Dragonerregiments zeigte, in dem mein Vater gedient hatte. Hans Lauda verließ ohne ein Wort zu sagen den Raum und kam mit eben diesem Bild zurück. Er hatte es irgendwann gekauft, schenkte es mir jetzt und sagte, fast mit Tränen in den Augen, dass er sich ungeheuer freue, in mir eine Jugenderinnerung wiedererstehen lassen zu können. Es war dies eine Geste, wie sie für diesen großen Mann so typisch war.«

»Rüstzeug durch die Familie«: Niki Lauda (1949–2019) vor der Lauda-Villa in Wien-Pötzleinsdorf

Niki Laudas Vater Peter Lauda setzte die Familientradition fort, wurde Generaldirektor der Neusiedler Papierfabrik, verfügte aber nicht über die charismatische Erscheinung des Großvaters. Im Gegensatz zu anderen »Jung-Aristos« hielt Niki wenig von »Der Papa wird's scho richten« und verließ mit 18 Jahren die Pötzleinsdorfer Villa, um in einer winzigen Wohnung in Salzburg zu hausen: »Mir war der steinige Weg lieber, als hier am fetten Hintern zu sitzen«, verstößt er gegen die guten Sitten jener Gesellschaft, in die er hineingeboren wurde. Aber was soll's: »Dass ich vom Elternhaus weg bin und selbstständig wurde, war wichtig für meine spätere Entwicklung.«

Erst die beiden größten Tragödien seines Lebens hatten zur Folge, dass Lauda erkannte, welche Rolle seine Herkunft spielen sollte: »Nach meinem Unfall am Nürburgring und dem Absturz der Lauda-Air-Maschine über Thailand bin ich wieder aufgestanden, um neue Chancen zu nutzen, anstatt in Trauer und Depression zu verfallen. Ohne das Rüstzeug, das mir meine Familie mitgegeben hat, hätte ich diese Erfahrungen nicht so bewältigen können.«

Hans Lauda, der Großvater, starb 1974, konnte also noch von den ersten Autosporterfolgen seines Enkels in der Zeitung lesen. Seine Reaktion war kühl: »Der Niki sollte lieber auf der Wirtschaftsseite der *Presse* als auf der Sportseite der *Kronen Zeitung* stehen.« Er hat's nicht mehr erlebt, dass sich der Name Lauda samt eigenen Airlines genau auf jenen Wirtschaftsseiten fand, die er bevorzugte. Niki Laudas Mutter Elisabeth sagte zu mir: »Obwohl das Verhältnis zwischen dem Niki und seinem Großvater immer sehr gespannt war, wäre Hans Lauda heute sicher stolz auf ihn.«

Wenn Niki Lauda von den betuchten Ahnen auch sonst nichts geerbt hat, so doch den Riecher fürs Geschäft und damit die einzige Familientradition, die auch ihm wichtig war. Laut Medienberichten beträgt der Nachlass des Flugunternehmers und einstigen Formel-1-Weltmeisters rund 500 Millionen Euro. Und ist damit sicherlich weit größer als das Erbe aller seiner Vorfahren zusammen.

Er legte keinen Wert darauf, als »Herr von Lauda« angesprochen zu werden. Weil er sich seinen Namen selbst geschaffen hat.

Aus »*Was uns geblieben ist, Das österreichische Familienbuch*« (2010)

»Ganz die Väter!«

Geschichten und Geschichte des österreichischen Humors

Man kann dem Österreicher so manches nachsagen, nur eines nicht: humorlos zu sein. Das Lachen ist hierzulande von geradezu existenzieller Bedeutung und die Heiterkeit mit der anderer Völker nicht vergleichbar. Es gab zu allen Zeiten Menschen, die ihren Frohsinn nicht verloren hatten – selbst dann, wenn die Umstände ganz und gar nicht danach waren. Im Jahr 2012 schrieb ich das Buch Wenn man trotzdem lacht, *in dem ich die Geschichte des österreichischen Humors anhand von Beispielen erzähle.*

Der Wiener Schmäh kommt – um es ganz offen zu sagen – von überallher, nur nicht aus Wien. Hans Weigel, ein Kenner des Heiteren, erbrachte den Nachweis: »Der österreichische Komiker Girardi hatte einen italienischen Namen, und seine große Antipodin, die Wiener Volksschauspielerin Hansi Niese, stammte aus Sachsen. Nestroy war böhmischen Ursprungs, Ödön von Horváth balkanisch-magyarisch, selbst das Herrscherhaus wurde aus der Schweiz importiert, und das Wiener Schnitzel stammt aus Italien.« Die Liste lässt sich beliebig fortsetzen: Hans Moser, der eigentlich Julier hieß, hatte französische Ahnen, die von Karl Farkas kamen aus Ungarn, Fritz Grünbaum wurde in Brünn und Paul Hörbiger in Budapest geboren.

Was, bitte sehr, ist dann das Österreichische am Wiener Schmäh?

Nun, es ist genau diese Mischung, die den Bewohnern des Landes zu einem so ausgeprägt hohen Maß an guter Laune verholfen hat.

Eine Frau war gestorben. An ihrem offenen Grab stand ihr Gatte neben dem Hausfreund. Der Hausfreund war völlig gebrochen und weinte fassungslos. Schließlich legte der Gatte tröstend seinen Arm um die Schulter des anderen und meinte: »Nimm's nicht so schwer. Ich werde sicher noch einmal heiraten!«

Den Humor in der Form, wie wir ihn heute kennen, gibt es seit knapp 200 Jahren, beginnend mit Johann Nestroy. Sein Satz

Die Phönizier haben das Geld erfunden – aber warum so wenig?

würde auch in einem modernen Kabarettprogramm Lacher erzeugen. Was vor Nestroy war, ist schwer mit unserem Heiterkeitsverständnis zu vereinbaren. Er schuf mehr als 50 Stücke, die jede Menge ebenso weiser wie heiterer Aphorismen enthalten:

Der Mensch ist gut, die Leut' sind ein Gesindel.

Kunst ist, wenn man's nicht kann, denn wenn man's kann, ist's keine Kunst.

Ich habe nur einen Grundsatz, und das ist der, gar keinen Grundsatz zu haben.

»Der Mensch ist gut, die Leut' sind ein Gesindel«: Johann Nepomuk Nestroy (1801–1862)

Ich hab einen Sesselträger kennt, der hat die dicksten Herren tragen können wie nix, und seine hagere Gattin war ihm unerträglich.

Die Schwierigen sind die Einfachen.

Wenn die reichen Leut' nicht wieder reiche Leut' einladeten, sondern arme Leut', dann hätten alle genug zu essen.

Armut ist ohne Zweifel das Schrecklichste. Mir dürft' einer zehn Millionen herlegen und sagen, ich soll arm sein dafür, i nehmet's net.

Die Perücke ist eine falsche Behauptung.

Lang leben will alles, aber alt werden will kein Mensch.

Zu den bedeutendsten Satirikern neben Nestroy zählen Karl Kraus, Egon Friedell, Alfred Polgar, Fritz Grünbaum, Karl Farkas und Helmut Qualtinger – um mit einer wirklich winzig kleinen Auswahl anhand weniger Beispiele zu beginnen.

Karl Kraus:
Der Wiener wird nie untergeh'n, sondern im Gegenteil, immer hinaufgehen und sich's richten.

Egon Friedell:
Gott nimmt die Welt nicht ernst, sonst hätte er sie nicht schaffen können.

Alfred Polgar:
Es hat sich bewährt, an das Gute im Menschen zu glauben, aber sich auf das Schlechte zu verlassen.

Fritz Grünbaum:
Auf einen Mann, der Geschichte macht, kommen mindestens tausend Frauen, die Geschichten machen.

Karl Farkas:
Gott hat aus dem Chaos die Welt erschaffen, und wir haben aus der Welt ein Chaos gemacht.

Helmut Qualtinger:

Das Problem für jeden Wiener: Man kann es in Wien nicht aushalten. Aber woanders auch nicht.

Neben diesen und Dutzenden anderen Großen des Wiener Humors haben sich die »kleinen Leute« ihren eigenen Schmäh geschaffen: den Witz – und mit ihm eine Reihe von Witzfiguren. Da wären einmal der Altgraf Bobby und dessen nicht minder vertrottelter Gefährte Rudi.

Bobby und Rudi sind zu den Olympischen Spielen geladen. Bobby fragt, während er die Leichtathleten beobachtet: »Sag, verstehst du das, Rudi, warum rennen denn die Leut' ständig auf dem Platz hintereinander her?«
»Natürlich«, entgegnet der Freund, »das ist ein Wettrennen. Einer wird der Erste und gewinnt.«
»Aha, verstehe«, sagt Bobby. »Aber warum rennen dann die anderen?«

»Wie schaut denn der kleine Bub von der Božena aus?«, wird Graf Bobby gefragt.
»Ganz die Väter!«, antwortet er.

Am Opernring begegnet Graf Bobby einem Dienstmann, der keuchend auf dem Rücken eine große Standuhr schleppt. Bobby bleibt kopfschüttelnd stehen, sieht den Dienstmann mitleidig an und geht auf ihn zu. »Sie, lieber Herr«, sagt er und zeigt auf seine Armbanduhr, »schaun S' amal her – das müssen S' sich kaufen! Das is' praktisch!«

Als Vorbild für den Grafen Bobby soll ein Graf Salm gedient haben; wer seine Freunde Rudi und Mucki waren, bleibt unbekannt, in ihnen dürfte eine Mischung aus tatsächlich existenten Aristokraten zusammengefasst worden sein, wie sie in den Kaffeehäusern, feudalen Klubs und Offizierscasinos der alten Donaumonarchie anzutreffen waren. Die drei Herren hatten nichts anderes zu tun, als über die Welt und ihre Errungenschaften zu philosophieren – soweit es ihre geistigen Möglichkeiten eben zuließen.

Zum ehernen Bestand unter Österreichs Witzfiguren zählt auch die neureiche Frau Pollak, die parvenühaft und ungeübt im Gebrauch von Fremdwörtern als Quelle immer wieder neuen Gelächters lebendig bleibt:

»Stellen Sie sich vor, Frau Pollak, in New York wird alle fünf Minuten ein Mann überfahren!«
»Mein Gott, der Arme!«

»Was macht denn Ihr Mann?«, fragt die Frau Pollak eine Bekannte.
»Er reist in Unterhosen.«
»Schrecklich, bei dieser Kälte!«

Pollaks gehen in die Oper, um ihr jüngst erworbenes Vermögen zur Schau zu stellen. Als Frau Pollak in der Garderobe gefragt wird: »Wünschen Frau Baronin ein Opernglas?«, antwortet sie: »Nein danke, wir trinken aus der Flasche.«

Wie den Grafen Bobby hat es auch die Frau Pollak tatsächlich gegeben. Sie hieß Rosa Pollak von Parnegg, war die Gemahlin eines geadelten und getauften Industriellen und in den letzten Jahren der Monarchie eine populäre Wiener Figur. Man behauptet, ihre eigenen Söhne hätten die ihr zugerechneten Ausdrücke gesammelt und unter dem Titel »Muttermund« dargebracht. Sie selbst soll von ihrer, wenn auch etwas peinlichen, Berühmtheit recht angetan gewesen sein.

In den Jahren des »Dritten Reichs« zählten Witze zu den wenigen Waffen des »kleinen Mannes« gegen den allgegenwärtigen Staatsterror. Wer in den Jahren 1938 bis 1945 einen regimekritischen Witz erzählte, dem drohten Gefängnis, Konzentrationslager und in letzter Konsequenz die Todesstrafe.

Befehl aus Berlin: »Alle Wiener müssen zur Marine einrücken!«
»Warum gerade zur Marine?«
»Ein echter Wiener geht net unter!«

Der Lehrer fragt die Kinder, welche Sprachen sie nach dem Krieg lernen wollen. Einer sagt: »Der Vater lasst uns Englisch lernen, weil ma nach dem Krieg in die USA wollen.«
Ein anderer: »Wir lernen Spanisch, weil wir nach Südamerika wollen.«
Der Dritte: »Wir lernen Russisch, weil wir dableiben!«

Eine Wienerin wurde hingerichtet, weil die Gestapo in ihrer Wohnung Kohlepapier fand, das bewies, dass mit ihrer Schreibmaschine Durchschläge politischer Witze angefertigt worden waren.

Der »Führer« betrachtet trübe sein Bild, das an der Wand hängt. »Was wird wohl mit uns beiden nach dem Krieg geschehen?«
»Ganz einfach«, antwortet das Bild. »Mich nehmen sie herunter und dich hängen sie auf!«

Es gab Hunderte »Führer«-Witze, und sie fanden trotz aller Gefahren große Verbreitung.

Verärgert über die vielen Hitler-Witze, die dem »Führer« zu Ohren kommen, beauftragt er einen Spion, den Erfinder der Witze ausfindig zu machen. Der meldet nach kürzester Zeit, dass er in dem jüdischen »U-Boot« Jonas Mendel den Urheber sämtlicher Hitler-Witze eruiert habe. Mendel wird verhaftet und von Hitler verhört. Der »Führer« zitiert einen Hitler-Witz nach dem anderen, und Jonas Mendel gesteht, dass sie alle von ihm stammen.
Schäumend vor Wut brüllt Hitler ihn an: »Wie kannst du es wagen, elender Jude, mich so lächerlich zu machen? Ich bin der Führer des Dritten Reichs, der der arischen Rasse zum Endsieg verhelfen wird ...«
»Der«, unterbricht Mendel, »ist jetzt aber nicht von mir.«

Propagandaminister Goebbels selbst beantwortete die Frage, ob Witz und Satire von politischer Relevanz sein könnten, als er am 9. April 1945 in sein Tagebuch notierte: »Die Wiener Vorstädte haben zum großen Teil die Waffen zugunsten der Roten Armee erhoben, wodurch in Wien ziemlich desolate Zustände entstanden sind. Das haben wir von dem sogenannten Wiener Humor, der bei uns in Presse und Rundfunk sehr gegen meinen Willen immer verniedlicht und verherrlicht worden ist.«

Ein Zeitgenosse hat die vielleicht böseste Divergenz zwischen dem österreichischen Humor und dem im »Altreich« gefunden:

Der österreichische Humor unterscheidet sich vom deutschen dadurch, dass es ihn gibt.

Im Juli 1946 kehrte Karl Farkas wie andere Emigranten nach den bitteren Jahren des Exils aus den USA zurück in die Heimat. Obwohl er von den Wienern wie ein König empfangen wurde, war er noch lange nicht zu Hause. »Zu Hause« war er erst, als er am 17. Oktober 1950 wieder im *Simpl*, der Stätte seiner Triumphe in der Zwischenkriegszeit, auftrat. Als Erstes gedachte er seines Freundes und Doppelconférence-Partners Fritz Grünbaum, der in Dachau ermordet worden war.

Der neue *Simpl* konnte an die Tradition anknüpfen, die 1938 gewaltsam unterbrochen wurde. Zu der von Farkas entdeckten neuen Komiker-Elite zählten Ernst Waldbrunn, Maxi Böhm, Fritz Muliar, Heinz Conrads, Fritz Imhoff, Alfred Böhm, Hugo Wiener und Cissy Kraner, Otto Schenk und Ossy Kolmann. Und so sprach Karl Farkas in seinen Conférencen:

Wenn Politiker eitel wären, würden sie sich nicht so oft im Fernsehen zeigen!

Ein Politiker muss mit der Zeit gehen, sonst muss er mit der Zeit gehen.

In seinen späten Jahren eine lebende Legende: Karl Farkas (1893–1971) vor dem Simpl-Vorhang

Geben ist seliger denn nehmen. Besonders für den, der nimmt.

Defizit ist das, um was man weniger hat, als man gehabt hat, als man nichts gehabt hat.

Ich weiß, der Staat kann einem nichts geben, was er einem nicht vorher genommen hat. Das ist nur recht und ... – also billig ist es nicht!

Für kritisches Kabarett war Karl Farkas weniger zuständig, dieses Genre wurde in den Nachkriegsjahren von einem neuen, jungen Ensemble übernommen, dessen wichtigste Vertreter Gerhard Bronner, Helmut Qualtinger, Carl Merz, Michael Kehlmann, Peter

Wehle, Louise Martini, Felix Dvorak und Georg Kreisler hießen. Bronner war es, der den bunten Haufen von Einzelkämpfern zumindest eine Zeit lang zusammenhalten konnte, er war es auch, der die meisten Lieder und Nummern schrieb und die Musik komponierte.

Die Vorstellungen in der Wiener *Marietta-Bar* waren zunächst Geheimtipps, sprachen sich aber so schnell herum, dass die Gruppe ihr erstes Programm *Brettl vor'm Kopf* im Konzerthaus aufführen musste, Premiere 12. November 1952. Mit dabei war bereits einer der größten Hits aus Bronners Feder, dessen Geschichte, wie die meisten seiner Songs, einen realen Hintergrund hatte. Bronner hatte sich vor der Premiere zwecks Orchesterprobe in die hiefür angemietete Tanzschule Thumser auf der Neulerchenfelderstraße in Wien begeben. Da er in den Tanzschulräumlichkeiten seine Aktentasche vergaß, musste Bronner abends noch einmal zurückgehen, wodurch er Zeuge eines Raufhandels wurde, der in dem Satz »Pass auf, G'schupfter, die Sau hat a Messer« gipfelte. Bronner schrieb noch am selben Abend jenes legendäre Lied, das Qualtinger dann in einzigartiger Weise vortrug:

Heute ziagt der g'schupfte Ferdl frische Socken an
Grün und gelb gestreift, das ist so elegant.
Schmiert mit feinster Brillantine seine Locken an,
Putzt si' d' Schuach und nachher haut er si' ins G'wand,
Denn beim Thumser draußt in Neulerchenfeld is Perfektion ...

Sämtliche Vorstellungen waren ausverkauft, sodass das junge Kabarettensemble nach einer größeren Bühne Ausschau hielt. Die nächste Station war das Intime Theater in der Liliengasse, das

»Da neulich, da sitz ma in der Eden und reden«, Text und Musik: Gerhard Bronner (1922–2007)

Bronner 1956 mit Georg Kreisler pachtete. In dieser Zeit entstand für das Fernsehkabarett *Spiegel vor'm G'sicht* Bronners Chanson *Der Papa wird's schon richten*, von dem niemand ahnen konnte, dass es zu politischen Konsequenzen führen würde, da sich in Wien schnell herumsprach, wer gemeint war, wenn Qualtinger sang:

Da neulich, da sitz ma in der Eden und reden,
Der Gießhübel, der Puntigam und i.
Man red't so – was soll ich Ihnen sagen,
Vom Wagen und was man so schon red't um zwei Uhr früh ...
Auf einmal sagt mir der Puntigam,
Sag, was is wahr an dem Tamtam?

Ich hab da so was aufgeschnappt,
Du hättest einen Unfall g'habt?
Drauf sag ich: Es is nix passiert,
Mein Porsche ist schon repariert,
Nur leider ist mir ein Passant,
Bevor er g'storb'n is, einigrannt ...

In Windeseile sprach sich in Wien herum, dass der Porschefahrer der Sohn des Nationalratspräsidenten war, der einen Fußgänger niedergefahren und danach Fahrerflucht begangen hatte. Der Papa hat's seinem Sohn zwar gerichtet, wurde allerdings aufgrund des Wirbels, den das Lied hervorrief, in Pension geschickt.

Auch von Helmut Qualtinger stammen mehr Texte als man allgemein annimmt. Neben dem Sketch *Der Menschheit Würde ist in Eure Hand gegeben*, in dem er und Johann Sklenka zwei alternde Provinzmimen spielen, schuf er (gemeinsam mit Carl Merz) auch die Figur des Travnicek, der zum Prototyp des österreichischen Spießers wurde. In seinen späten Jahren schrieb er zahlreiche Satiren.

Wenn wir nur lange genug tun, als ob nix g'wesen wär, dann is aa nix g'wesen.

Österreich ist ein Labyrinth, in dem sich jeder auskennt.

Seitdem es Flugzeuge gibt, sind die entfernten Verwandten auch nicht mehr das, was sie einmal waren.

Wenn keiner weiß, was geschehen soll, sagen alle: Es muss etwas geschehen!

Nach Qualtingers Tod im Jahr 1986 geschah, was er vorausgesagt hatte:

In Wien musst erst sterben, damit s' dich hochleben lassen, aber dann lebst lang.

Eine ganz andere Form des Humors bekam man jahrzehntelang von den *Spitzbuben* in der »Pawlatschen« zu hören. Es war bei Gott nicht die intellektuelle Tour, mit der Toni Strobl, Helmut Schicketanz und Helmut Reinberger ihr Publikum unterhielten, aber es kam in Strömen und machte das Trio zur Wiener Institution, zum Vorläufer der Wiener Dialektwelle.

»Hab ich Sie nicht gestern am Graben gesehen, in an grauen Anzug?«
»Na, des gibt's net!«
»Ah, dann war's doch die Pestsäule.«

Kommt ein Mann in eine Trafik und sagt: »Bittschön eine 60-Schilling-Stempelmarke. Aber radieren Sie den Preis aus. Es soll nämlich a Geschenk sein.«

Sagt a Freund zu an anderen: »Stell dir vor, ich wurde wegen Betrugs angezeigt.«
»Warum denn?«
»Weil i an Politiker a Kuvert geben hab.«
»Aber des is doch ka Betrug, des is Bestechung.«
»Ja, aber es war nix drin!«

Nach 13 Jahren und Tausenden Vorstellungen, die von halb Wien besucht wurden, kam das Aus, obwohl die »Pawlatschen« in Nussdorf jeden Abend voll war. Toni Strobl, Helmut Schicketanz und Helmut Reinberger hatten sich 1972 dermaßen zerstritten, dass es nicht weiterging.

Es stellt sich die Frage, warum Juden zu einer eigenen Form des Witzes fanden und warum sich dieser in aller Welt besonderer Popularität erfreut – wo sich die Juden doch nicht in aller Welt besonderer Popularität erfreuen. »Der jüdische Witz ist kein Witz«, meint der Schauspieler Miguel Herz-Kestranek, der sich viel mit dem jüdischen Witz beschäftigt. »Witze haben Pointen, der jüdische Witz hat Humor; mit allem, was dazu gehört – vor allem aber Lebensklugheit und Weisheit.«

»Kennst du den? Treffen sich zwei Juden …«
»Ich bitt dich, hör auf mit deine jiddischen Witz. Weißt du keine anderen?«
»Oh ja, pass auf. Treffen sich zwei Juden …«
»Du sollst aufhören, es gibt doch auch nichtjiddische Witz.«
»Du hast recht, also pass auf: Treffen sich zwei Chinesen. Sagt der Kohn zum Blau …«

Sagt der Grün zum Rot: »Weißt du, ich geh nicht gern nach Hause. Weil immer wenn ich komm nach Hause, begrüßt mich meine Frau und sie redt und redt und redt und redt …«
»Ja, was redt sie denn?«
»Das sagt sie nicht.«

Der Leutnant gibt theoretischen Unterricht. Am anderen Tag prüft er seine Truppe ab: »Rekrut Katz, warum soll der Soldat für Kaiser und Vaterland sein Leben opfern?«
Katz: »Ja, warum soll er, Herr Leutnant?«

Ein Antisemit will nach dem Ersten Weltkrieg in der Eisenbahn einen Juden provozieren. »Sag, Jud, wer ist schuld daran, dass wir den Krieg verloren haben?«
»Ich glaube, die jüdischen Generäle.«
»Richtig«, sagt der Antisemit, doch dann fällt ihm ein: »Aber wir haben ja gar keine jüdischen Generäle gehabt.«
»Wir nicht – aber die anderen.«

Der jüdische Witz stammt aus dem osteuropäischen Schtetl, ist durch die jiddische Sprache geprägt und lässt sich oft nur mangelhaft ins Deutsche übertragen. Im Schtetl entstand auch der Begriff vom »Lachen unter Tränen«, da die Geschichte der Juden Osteuropas eine Geschichte der Verfolgung, der Armut und der Entwurzelung ist.

Werner Schneyder war ursprünglich Journalist und Dramaturg, ehe er als Partner von Dieter Hildebrandt in der *Münchner Lach- und Schießgesellschaft* bekannt wurde. Die beiden bildeten acht Jahre ein Kabarettduo, dann trat Schneyder mit Soloprogrammen auf und verließ 1996 die Kabarettbühne »für immer«. 2008 feierte er mit dem Programm *Ich bin konservativ* sein Comeback.

Die Österreicher sind die Erbauer des sichersten Kernkraftwerks der Welt.

Die Tage kommen und gehen. Letzteres immer häufiger.

Ich besitze ein gutes Gewissen. Nur finde ich es nicht mehr.

Ich glaube an Gott. Umgekehrt bin ich mir da nicht so sicher.

»Ich glaube, dass das Kabarett schön langsam sterben wird«, sagte Peter Wehle 1976. »Das Publikum braucht das Kabarett nicht unbedingt, es kann, wie sich herausstellte, kaum die Gesellschaft verändern. Es blüht ja auch nur in besonders schlechten Zeiten. Sollten wieder einmal, was Gott verhindern möge, besonders schlechte Zeiten kommen, dann wird auch das Kabarett wieder kommen.«

Auch Gerhard Bronner war eher pessimistisch, als er mit dem Lied *Es wird net lang mehr dauern* das Ende des Lachens zum Thema machte.

Es wird net lang mehr dauern, und der Mensch ist a Maschin
Bei Einzelteilen kommt das ja schon vor.
Durch Austausch von Organen kriegt man beinah alles hin,
Nur eins kann man net ändern: den Humor!
Durch einen Laserstrahl entsteht vielleicht ein Blitz,
Den kann man dann am Fernsehschirm auch seh'n.
Doch keine Technik bringt zustande einen Witz,
Drum wird uns das Lachen auch vergeh'n …

Bronner nahm die Finger von den Tasten, schloss den Klavierdeckel und beendete die Nummer mit den Worten:

Ein weiser Mann hat einmal gesagt: »Wenn ein Tier einen tiefen Schmerz fühlt, dann schreit es. Der Mensch als einziges Lebewesen hat noch eine zweite Möglichkeit: Er kann lachen.« Und in diesem Sinn, verehrtes Publikum, verlernen Sie das Lachen nicht. Ich fürchte, Sie werden es noch brauchen!

Aus »*Wenn man trotzdem lacht, Geschichten und Geschichte des österreichischen Humors*« (2012)

»Mein letzter Krieg«

Aus Sigmund Freuds Leben

Als ich eine Sigmund Freud-Biografie schrieb, ging es mir darum, den Menschen Sigmund Freud und seine berühmten »Fälle« darzustellen, die gleichzeitig Aufschluss über seine Arbeit geben. Um dies zu ermöglichen, war es mir einmal mehr wichtig, Zeitzeugen zu befragen, die aus eigenem Erleben etwas über das Phänomen Freud erzählen konnten. Ich sollte vier Menschen begegnen, die ihn persönlich gekannt hatten: dem berühmten amerikanischen Psychiater Karl Menninger, der Freud im August 1934 in Wien besucht hatte, weiters dem österreichisch-amerikanischen Psychiater Friedrich Hacker, der noch Freuds Vorlesungen in Wien besucht hatte, Freuds Enkel Ernest Freud und Jahre danach seiner Enkelin Sophie Freud.

Mein Großvater sprach langsam und mit Überlegung, und was er zu sagen hatte, gab einem zu denken. Ich kann mich nicht erinnern, ihn je ungehalten oder wütend gesehen zu haben. Er war immer freundlich, offen und aufrichtig. Es war selbstverständlich, dass man seiner Meinung war, er brauchte seine Wünsche nicht zu äußern, alles funktionierte«, erinnerte sich Ernest Freud als eine jener Personen, die den »Vater der Psychoanalyse« noch bewusst erlebt hatten. »Er war sehr charismatisch und ist mir als Herr in Erinnerung geblieben, wie man ihn sich als Großpapa nur wünschen kann.«

Das ist die eine Seite des Sigmund Freud. Der Ehemann, Familienmensch, der sechsfache Vater und Großvater. In die Geschichte eingegangen ist dieser gemütliche alte Herr aber als ganz und gar ungemütlicher Forscher, als Seelenarzt, der von Wien aus die Welt revolutionierte.

Das Genie führte das Leben eines typischen Wiener Großbürgers. Dr. Sigmund Freud hatte eine geräumige Wohnung, er verkehrte »standesgemäß« und fuhr alljährlich, wie es damals in den »besseren Kreisen« üblich war, in einen dreimonatigen Sommerurlaub. Was ihn von den meisten Gelehrten seiner Zeit unterschied, war die Tatsache, dass er selten im Theater anzutreffen war, obwohl die Jahrhundertwende eine kulturelle Blütezeit und er überaus belesen und literarisch interessiert war.

»Wenn Sie mehr über Freud erfahren wollen«, riet mir ein alter Freud-Weggefährte, Dr. Karl Menninger, der die Psychoanalyse in den USA populär machte, »dann sollten Sie sich seine ›Fälle‹ anschauen. Durch seine Patienten werden Sie den wahren Freud kennenlernen.«

Der erste »Fall«, den ich mir ansah, betraf eine Wienerin namens Elisabeth Weiss. Freud selbst beschreibt sie als gut aussehende, hochintelligente junge Frau, die ein glückliches Leben in einem wohlbehüteten Umfeld führte. Bis plötzlich ihre geliebte Schwester, während sie schwanger war, einem Herzversagen erlag. Der Fall ist deswegen interessant, weil er die Geburtsstunde der Psychoanalyse einläutete.

Freud bot sich »ein Bild des Schreckens«, als er Elisabeth im Herbst 1892 kennenlernte: Die 24-Jährige hatte so starke Schmerzen in beiden Beinen, dass sie kaum gehen konnte. Nach eingehender Untersuchung kam Freud zu dem Schluss, dass kein organisches Leiden, sondern ein klarer Fall von Hysterie vorlag.

Der 36-jährige Facharzt für Psychiatrie ließ sich nun die Lebens- und Leidensgeschichte der Patientin erzählen. Dabei stellte sich heraus, dass die ersten Lähmungserscheinungen aufgetreten waren, als Elisabeth mit dem Mann ihrer Schwester einen Spaziergang unternahm. Freud ahnte, dass Elisabeth sich in ihren Schwager verliebt hatte und davon träumte, »einen Mann wie diesen« haben zu können. Als ihre Schwester kurz danach starb, war Elisabeths erster Gedanke: »Jetzt ist er frei, und ich kann seine Frau werden.«

Für Freud war klar: »Dieses Mädchen hatte ihrem Schwager eine zärtliche Neigung geschenkt, gegen deren Aufnahme in ihr Bewusstsein sich ihr moralisches Wesen sträubte.«

Die Patientin, der Freud in seinen Schriften das Pseudonym »Elisabeth von R.« verlieh, sollte völlig gesund werden. Denn Freud hatte erkannt, dass das Bewusstmachen verdrängter Gedanken zur Heilung führen kann. »Im Frühjahr 1894 ließ ich mir die Gelegenheit nicht entgehen«, schließt der Seelenarzt den Fall ab, »meine einstige Kranke auf einem Hausball im Tanze dahinfliegen zu sehen. Sie hat sich seither aus freier Neigung mit einem Fremden verheiratet.«

Als unmittelbare Folge dieser erfreulichen Genesung wandte sich Freud jener Methode zu, die ihn weltberühmt machte: dem »Freien Einfall«, der als Psychoanalyse in die Geschichte der Medizin eingehen sollte.

Sigmund Freud war in jenen Tagen ein noch ziemlich unbekannter Dozent an der Universität Wien, der mit seiner Frau Martha drei Kinder hatte. Seinem Enkel Ernest ist diese Familie als »eine gutbürgerliche Familie mit einem hohen Standard von

Anständigkeit und Ehrlichkeit« in Erinnerung geblieben. »Sie bestand aus Großvater, um den sich in Wirklichkeit alles drehte, dann gab es noch Großmama, Tante Minna, das Dienstmädchen Paula und eine Köchin.« Ernest Freud, der selbst Psychoanalytiker war, hat mir seine Erinnerungen anvertraut. Er hat Sigmund Freud »als Menschen und als Wissenschafter bewundert, was ja kaum voneinander zu trennen ist, denn er hätte die Psyche des Menschen nicht erforschen können, ohne ein großer Mensch zu sein«.

Sigmund Freud wurde am 6. Mai 1856 als Sohn eines jüdischen Wollhändlers in der mährischen Kleinstadt Freiberg (Příbor) geboren. »Ich bin das Kind von ursprünglich wohlhabenden Leuten«, fasste er selbst die Tage seiner Kindheit zusammen, »die in jenem Provinznest behaglich gelebt hatten. Als ich drei Jahre alt war, trat eine Katastrophe in dem Industriezweig ein, mit dem sich der Vater beschäftigte. Er verlor sein Vermögen und wir verließen den Ort notgedrungen, um in eine große Stadt zu übersiedeln. Dann kamen lange, harte Jahre; ich glaube, sie waren nicht wert, sich etwas daraus zu merken.«

Interessant, dass der Mann, dem Erinnerungen an die Kindheit zu epochalen Erkenntnissen verhalfen, seinen eigenen Kindheitserinnerungen wenig Bedeutung gab.

Mit Ausnahme seines letzten Jahres verbrachte Freud von nun an das ganze Leben in Wien, in jener Stadt, mit der ihn eine Art Hassliebe verband. Ab 1865 besuchte Freud – von der ersten bis zur achten Schulstufe Klassenbester – das Leopoldstädter Gymnasium in der Taborstraße. Seine Stellung war dermaßen gefestigt, dass er, wie er einmal sagte, »kaum je geprüft wurde«. In der vierten Klasse wurde sein Jahreszeugnis freilich durch einen dunklen

Punkt belastet, der sein »Sittliches Betragen« von »musterhaft« um zwei Noten auf »entsprechend« herabsenkte. Der Grund für diese Maßnahme war ein »Sittenskandal«, der in den Konferenzprotokollen der Schule nachzulesen ist: Mehrere Mitschüler waren durch »Verlogenheit, Disziplinlosigkeit sowie Fernbleiben vom Unterricht« aufgefallen, sodass der Klassenvorstand Emanuel Hannak sich veranlasst sah, eine Untersuchung einzuleiten. Dabei stellte sich heraus, dass Freuds Klassenkameraden Otto Drobil und Richard Olt »verdächtige Lokale besucht« und dort mit Prostituierten verkehrt hatten.

»Eine besondere Vorliebe für die Stellung und Tätigkeit des Arztes habe ich in jenen Jugendtagen nicht verspürt«: Sigmund Freud als Gymnasiast

Freuds Sittennote wurde herabgesetzt, weil er von den Vorgängen seit Längerem gewusst hatte, ohne die Direktion davon in Kenntnis zu setzen. Bei der Strenge dieser Maßnahme muss bedacht werden, dass es Gymnasiasten damals nicht einmal gestattet war, ohne Begleitung ihrer Eltern ein Kaffeehaus zu betreten. Jedenfalls war der berühmteste »Sexualforscher« aller Zeiten auf diese Weise zum ersten Mal mit »moralischen Verfehlungen« seiner Mitmenschen konfrontiert worden.

Als Gymnasiast dachte Freud daran, später Jus zu studieren. In seiner kurzen *Selbstdarstellung* hielt er fest: »Eine besondere Vorliebe für die Stellung und Tätigkeit des Arztes habe ich in jenen Jugendtagen nicht verspürt, übrigens auch später nicht. Eher bewegte mich eine Art von Wissbegierde, die sich aber mehr auf menschliche Verhältnisse als auf natürliche Objekte bezog.« Anderswo gesteht Freud sogar, »niemals Arzt im wahrsten Sinne des Wortes gewesen zu sein«.

Kurz nach Beendigung des Medizinstudiums lernte Freud im April 1882 auf einer Gesellschaft die um fünf Jahre jüngere Martha Bernays kennen. »Martha ist Mein, das süße Mädchen, von dem alle mit Verehrung sprechen«, zeigte sich der 26-jährige Freud überglücklich. Doch an Ehe war in jenen Tagen erst zu denken, sobald die finanziellen Voraussetzungen stimmten. Und die lagen in weiter Ferne.

So blieb die Verlobung vorerst geheim, weder Freuds Eltern noch Marthas Familie waren informiert. Vier lange Jahre mussten sie warten, ehe sie heiraten konnten. Damit nicht genug, übersiedelte Martha mit ihrer Mutter, als diese dann doch von der Verlobung erfuhr, zu Verwandten nach Hamburg, »weil eine lange Verlobung am selben Ort nichts taugt«.

Vorerst blieb Freud gerade so viel, dass er recht und schlecht alleine leben konnte, zumal die Tätigkeit eines jungen Spitalsarztes unbezahlt war. Nichts ersehnte er mehr als die Schaffung der wirtschaftlichen Grundlage, um Martha heiraten zu können. Erst zwei Jahre nach Vollendung seines Studiums fand er eine Anstellung als Sekundararzt an der Psychiatrischen Abteilung des Allgemeinen Krankenhauses. Hier öffneten sich für ihn die ersten wissenschaftlichen Wege.

Er begann nun, an sich selbst und an anderen Experimente mit Kokain durchzuführen, und stellte fest, dass die damals für harmlos gehaltene Droge gegen Erschöpfung wirksam war und bei schmerzhaften Symptomen half.

In einem Brief an Martha beschreibt Freud jenen Arztkollegen, der sein »Testpatient« werden sollte: »Gestern war ich bei Ernst von Fleischl, ein ausgezeichneter Mensch, an dem Natur und Erziehung ihr Bestes getan haben.« Ursprung seiner Krankheit war eine Verletzung des Daumens, die er sich bei einer Obduktion zugezogen hatte. Nach der notwendig gewordenen Amputation des Fingers bildeten sich schmerzhafte Nervengeschwulste.

Freud hoffte, seinem Kollegen mit Kokain helfen zu können. Doch der Erfolg blieb aus, im Gegenteil, Fleischl wurde auch noch kokainsüchtig. Da Freud die Vorzüge, nicht aber die Gefahren des Kokains erkannt hatte, begann er die Droge selbst einzunehmen, die ihn »auf volle Höhe der geistigen und körperlichen Frische« hob.

Der Patient Dr. Fleischl nahm ein tragisches Ende: Er starb 1891, und Freud machte sich lange Zeit Vorwürfe, dem Freund das Ende eher erschwert als erleichtert zu haben.

So leichtfertig Freud mit der »Wunderdroge« experimentiert hatte, sollten die Versuche für die Entwicklung der Psychiatrie große Bedeutung erlangen. Denn die Idee, das psychische Verhalten des Menschen beeinflussen zu können, ließ ihn nicht mehr los. Und wenn dies medikamentös nicht zu realisieren war, müssten eben andere Möglichkeiten gefunden werden. Freilich war es noch ein langer, dornenvoller Weg, ehe er zur Psychoanalyse gelangte.

Im Juni 1885 beschreibt Freud, als er für einige Wochen in der noblen »Irrenanstalt Döbling« aushalf, erstmals die Ohnmacht des Arztes bei seiner Arbeit mit Nervenkranken: »60 Kranke werden im Haus verpflegt, Geisteskranke von leichtem Schwachsinn bis zum tiefsten Grad psychischer Versunkenheit. Die ärztliche Behandlung beschränkt sich auf Überwachung, Pflege, Kost und Gewähren lassen.« Zu Freuds prominenten Patienten zählte dort »Fürst M., ein Sohn von Marie Louise, der Frau Napoleons«. Wie alle Ärzte hier hatte Freud bei den Visiten in Frack, Zylinder und Handschuhen zu erscheinen.

In den folgenden Jahren begann er sich, unterstützt von seinem Kollegen Josef Breuer, mit den Möglichkeiten der Hypnose auseinanderzusetzen. Nach Eröffnung seiner ersten Praxis in der Rathausstraße brachte er seine Patienten dazu, in hypnotischer Trance über ihre Vergangenheit zu sprechen. Die Hypnose sollte sich als weitere Vorstufe jener Behandlungsmethode erweisen, die ihm Weltgeltung verschaffte: der Psychoanalyse.

In der Zeit vor Freud herrschte die Ansicht, das geschlechtliche Triebleben beginne mit der Pubertät, Kinder wären geschlechtslose Wesen, die mit Sexualität nichts zu tun hätten. Das freilich »ist ein grober, folgenschwerer Irrtum«, erkannte Freud, der in seiner Praxis so oft das Gegenteil erlebte, »dass man sich wundern muss, wie oft er (der Irrtum) entstehen konnte. In Wahrheit bringt das Neugeborene Sexualität mit auf die Welt, gewisse Sexualempfindungen begleiten seine Entwicklung durch die Kinderzeiten, und die wenigsten Kinder dürften sexuellen Betätigungen vor ihrer Pubertät entgehen.«

Er erklärte die allgemeine Verleugnung der »infantilen Sexualität« damit, dass die Menschen vergessen und verdrängen, was sie in ihrer frühen Kindheit erlebt haben, wobei er nicht nur den Sexualbereich meinte.

Als Freud 1927 in einem der wenigen Interviews, die er gab, gefragt wurde, ob es richtig war, die Sexualität in den Mittelpunkt seiner Lehre zu stellen, antwortete er: »Ich habe gewiss viele Fehler gemacht, aber das Schwergewicht, das ich auf die Sexualität gelegt habe, war kein Fehler. Weil der Geschlechtstrieb so stark ist, deswegen kommt er immer wieder mit den Konventionen und Sicherungen der Zivilisation in Widerspruch. Wenn die Menschheit seine Bedeutung zu leugnen versucht, so tut sie das nur in einer Art Selbstverweigerung. Mag man irgendeine beliebige menschliche Gefühlsregung analysieren, die von der Sphäre der Sexualität noch so weit entfernt ist, so wird man unumgänglich als ihren ursprünglichen Impuls die Sexualität finden, der das Leben seine eigene Fortdauer verdankt.«

Mitte der 1880er-Jahre gab Freud die Hypnose zur Behandlung psychisch Kranker auf. Sie erschien ihm als »Zwangsmethode«, da der Patient durch den Einfluss des Arztes seine Gedanken mit äußeren Einflüssen vermischte. Also suchte er nach einem neuen Verfahren, das er 1894 erstmals als »Psychoanalyse« bezeichnete. Sie sollte den vollen Zugang zum Unbewussten des Patienten ermöglichen.

Freud hat uns hinterlassen, mit welchen Worten er die Beziehung zum Patienten in der Psychoanalyse aufnahm: Der psychisch Kranke solle, so schreibt er, »auf einem Ruhebett lagern, während man hinter ihm, von ihm ungesehen, Platz nimmt. Es ist gleichgültig, mit welchem Stoffe man die Behandlung beginnt, ob mit der Lebensgeschichte, der Krankengeschichte oder den Kindheitserinnerungen. Jedenfalls so, dass man den Patienten erzählen lässt und ihm die Wahl des Anfangs freistellt.«

Im Jahr 1894 erwähnte er zum ersten Mal das Wort »Psychoanalyse«: Sigmund Freud als junger Arzt

Nachdem der Patient sich's auf der Couch bequem gemacht hat, eröffnet der Arzt das Gespräch: »Ehe ich Ihnen etwas sagen kann, muss ich viel über Sie erfahren: Teilen Sie mir mit, was Sie von sich wissen. Ihre Erzählung soll sich in einem Punkte von der gewöhnlichen Konversation unterscheiden. Während Sie sonst mit Recht versuchen, in Ihrer Darstellung den Faden des Zusammenhanges festzuhalten und alle störenden Nebengedanken abweisen, um nicht aus dem Hundertsten ins Tausendste zu kommen, sollen Sie hier alles sagen, was Ihnen durch den Sinn geht. Vergessen Sie nie, dass Sie volle Aufrichtigkeit versprochen haben, und gehen Sie nie über etwas hinweg, weil Ihnen dessen Mitteilung unangenehm ist.«

Nach dieser Einleitung beginnt der Part des Patienten. Der redet und redet – er redet sich frei. Der Arzt hört vorerst nur zu. Das Ziel sei erreicht, sobald der Patient Einblick in sein Unbewusstes gewährt hat. Denn, und das ist Freuds große Erkenntnis, hinter jedem Verhalten stehen Motive, die dem Menschen unbewusst sind. Unbewusste Prozesse sind ein wesentlicher Teil unserer Psyche.

Der erste Schritt auf dem Wege zur Erforschung des Unbewussten war Freuds Eindringen in seine eigene psychische Situation, ein Vorgang, den er »Selbstanalyse« nannte. »Der Hauptpatient, der mich beschäftigt, bin ich selbst«, sagte er. Tatsächlich strömten auf diese Weise verdrängte Kindheitserinnerungen auf ihn ein – das ging so weit, dass sogar seine vergessen geglaubten tschechischen Sprachkenntnisse wiederkehrten.

In der Selbstanalyse machte Freud die wohl bedeutsamste seiner Entdeckungen: Dass Kindheitserinnerungen die zentrale Rolle in der Behandlung psychischer Erkrankungen spielen. Von da an begann er die Erzählungen seiner Patienten auf ihre ersten Jahre zu lenken.

Sigmund Freud selbst wurde durch seelische Leiden geplagt. Todesängste und lang anhaltende depressive Perioden brachten Stimmungsschwankungen mit sich, während derer er zu konzentrierter Tätigkeit nicht fähig war. Erst als er sich durch die Selbstanalyse von den eigenen Leiden befreit sah, fand er den Mut, die Methode bei seinen Patienten anzuwenden.

Mit Heranwachsen der Kinderzahl wurde die erste und bald auch die zweite Ordinationswohnung (in der Maria-Theresien-Straße) zu klein, worauf die Familie 1891 in eine größere Wohnung in der Berggasse Nr. 19 übersiedelte. Eine Adresse, die Geschichte schreiben sollte.

Die neue Ordinationswohnung war groß, aber bescheiden eingerichtet. Patienten beschrieben die Praxis so: »Man gelangte in ein finsteres Vorzimmer, danach in ein Wartezimmer, so bedrückend wie alle Wartezimmer. Und der Herr, der auf der Schwelle erschien, sah aus wie ein typisch österreichischer Arzt.«

So revolutionär Freud in seiner Arbeit war, so konservativ lebte er. Für Neuerungen wie Auto, Telefon und Schreibmaschine konnte er sich lange nicht erwärmen, doch der Einzug in die Berggasse brachte eine gewaltige Veränderung der persönlichen Lebensverhältnisse. Freud zählte jetzt aufgrund der zusehends besser gehenden Ordination zum gehobenen Bürgertum. In seiner Glanzzeit behandelte er täglich bis zu zehn Patienten, die pro Analysestunde zwischen 10 und 100 Kronen* zahlten, zumal er auf die finanzielle Situation der jeweiligen Patienten Rücksicht nahm. Bedürftige behandelte er kostenlos.

Freuds Lehre von den Erkrankungen der Seele, wird vielfach behauptet, konnte nur im Wien der Jahrhundertwende entstehen. Denn nur hier fand er die Neurosen, die seine Forschung benötigte. Doch Wien war nicht nur die Stadt seiner »Fälle« und Patienten, Wien war auch die Stadt seiner Isolation. Karl Kraus drückte die Distanz zu Freuds Lehre am schärfsten aus, als er sagte: »Die Psychoanalyse ist jene Geisteskrankheit, für deren Therapie sie sich hält.«

Benötigte ein Universitätsdozent zur Jahrhundertwende durchschnittlich acht Jahre, ehe er Professor war, so dauerte dies bei Freud doppelt so lange. Viel trug Freuds berühmter Gegenspieler, der Psychiater Julius Wagner-Jauregg, zu dieser »Verzögerung« bei. Wagner-Jauregg war Exponent der »klassischen Psychiatrie«, während Freud mit der Schaffung der Psychoanalyse das genaue Gegenteil bezweckte, nämlich das Wegkommen von den althergebrachten Praktiken hin zu humaneren Behandlungsmethoden. Wagner-Jauregg boykottierte Freuds akademischen Weg mit der

---

* Entspricht laut Statistik Austria im August 2019 bis zu rund 300 Euro.

wahrheitswidrigen Behauptung, dieser habe sich »nie praktisch mit Psychiatrie eingehend beschäftigt«.

Um die folgende Bosheit zu verstehen, muss man wissen, dass Freuds wissenschaftliche Arbeiten auch von hohem literarischen Niveau zeugen. Als Wagner-Jauregg im Jahre 1927 der Nobelpreis für Medizin verliehen wurde, sprach ihn ein Gratulant mit den Worten an: »Schade, dass nicht auch der Doktor Freud den Nobelpreis bekommt.«

Worauf Wagner-Jauregg spitz erwiderte: »Vielleicht bekommt er ihn noch – für Literatur!«

Aber nicht nur die Gegenspieler – bei denen zum Teil auch Antisemitismus eine Rolle spielte –, sondern auch viele seiner Anhänger wandten sich in späteren Jahren von ihrem einstigen Idol ab. Zu den prominentesten zählte sein einstiger Lieblingsschüler Alfred Adler, der mit der Gründung der Individualpsychologie zu Freuds schärfstem Gegner wurde.

Zweifellos wurden, seit Freud die Psychoanalyse entdeckt und weiterentwickelt hatte, etliche seiner Thesen aufgrund neuerer Methoden über Bord geworfen, und doch bleiben wesentliche Teile seiner Konzepte aufrecht: So wurde die Bedeutung der frühen Kindheit durch die Säuglingsforschung belegt. Die moderne Hirnforschung beweist, dass wir uns, wie von Freud erkannt, an Ereignisse aus der frühesten Kindheit nicht erinnern können, sie jedoch in unserem Gedächtnis unbewusst abspeichern. Die Erinnerungen beeinflussen uns – auch wenn wir keinen Zugriff auf sie haben.

Es gilt heute als erwiesen, dass Triebe tatsächlich unser Leben bestimmen. In den EEGs von »Testschläfern« kann nachvollzogen werden, dass Träume, wie seinerzeit von Freud erkannt, auch seelische Befindlichkeiten wiedergeben können.

»Bei allem Für und Wider« kommt der aus Wien stammende Neurobiologe und Medizin-Nobelpreisträger Eric Kandel zu dem Schluss: »Freuds Entwurf ist das immer noch schlüssigste und intellektuell befriedigendste Bild des Geistes.«

Innerhalb kürzester Zeit sollte das Schicksal bei Freud mehrmals grausam zuschlagen. Der Arzt verlor eine Tochter und ein Enkelkind und erfuhr fast gleichzeitig, dass er Krebs hatte. Todkrank musste er dann auch noch den bitteren Weg in die Emigration antreten.

Sophie Freud, seine zweitjüngste Tochter, war am 25. Jänner 1920 im Alter von 26 Jahren an den Folgen der damals grassierenden asiatischen Grippe verstorben.

Drei Jahre später starb Sophies Sohn Heinz, liebevoll »Heinerle« genannt, an Gehirnhautentzündung. Es war das erste und einzige Mal, dass man den großen alten Mann in Tränen sah. »Heinerle war ein entzückender Kerl«, sagte Freud, »und ich selbst wusste, dass ich kaum je einen Menschen, gewiss nie ein Kind, so lieb gehabt hab wie ihn.« Als Nachsatz fügte er noch an: »Vielleicht wirkt die Erschütterung durch meine eigene Erkrankung mit.«

Im Februar 1923 entdeckte der jetzt bereits weltberühmte Psychiater eine Geschwulst in der Mundhöhle. Sigmund Freud, der täglich 20 Zigarren paffte, war an Kieferkrebs erkrankt. Bei einer Untersuchung entnommenen Gewebes wurde ein Karzinom festgestellt, das eine Radikaloperation erforderte.

Obwohl Freud nach den beiden ersten von mehr als 30 Kieferoperationen, die in den kommenden Jahren folgen sollten, sehr geschwächt war, meisterte er sein Krebsleiden in erstaunlicher Weise. Am 2. Jänner 1924 nahm er seine Praxis in der Berggasse wieder auf und empfing täglich sechs Patienten. Stimme und Sprechweise hatten sich nach Aushöhlung des Kiefers verändert, sodass er von Besuchern und Kranken oft nur schwer verstanden werden konnte.

Trotz all der Qualen hat Sophie Freud, die ich 2015 in Wien traf, ihren Großvater kettenrauchend in Erinnerung behalten. »Er war extrem süchtig, kaum war er nach den Operationen aus der Narkose erwacht, saß er schon wieder mit einer Zigarre im Spitalsbett.«

Sophie hatte als Kind mit ihren Eltern, dem Rechtsanwalt Jean-Martin Freud und seiner Frau Ernestine, am Franz-Josefs-Kai gewohnt und war jeden Sonntag mit Bruder und Kindermädchen zum Großvater in die Berggasse gepilgert. »Es war ein festes Ritual, dass wir in sein Arbeitszimmer eingelassen wurden. Er hat nicht viel geredet, hat uns nie geküsst, sondern immer nur in die Wange gezwickt, das war sein Liebeszeichen, in seiner Art war das liebevoll.«

Da Sigmund Freud als Folge der Operationen am rechten Ohr schwerhörig und später fast taub wurde, mussten Couch, Schreibtisch und Arztsessel umgestellt werden, damit er seinen Patienten das linke Ohr zuwenden konnte. Freud behauptete, »nicht mehr derselbe zu sein«, und beschrieb den neuen Zustand mit den Worten: »Das Richtige wäre jetzt, Arbeit und Verpflichtungen aufzugeben und in einem stillen Winkel auf das Ende zu warten. Kauen und schlucken kann ich natürlich noch, aber mein Essen verträgt keine Zuschauer.«

Ernest Freud erinnerte sich: »Bei den Mahlzeiten war es wichtig, dass das Fleisch nicht hart, das heißt für Großvater gut zu kauen war. Auch wenn er Schmerzen hatte, schien er ausgeglichen.

Obwohl man deutlich sehen konnte, dass er litt, hatte man doch nie das Gefühl, dass er Mitleid erregen wollte.« Alle waren spürbar um den Gesundheitszustand des Familienoberhaupts besorgt.

Ablenkung von seinem Leid fand Freud durch seine beiden Chow-Chow-Hunde »Tatoo« und »Lün«, die er über alles liebte. Sie hatten das Privileg, in seiner Ordination, während der Analysestunden mit den Patienten, zu seinen Füßen sitzen zu dürfen. »Ich ziehe die Gesellschaft der Tiere der menschlichen vor«, erklärte er einmal. »Gewiss ein wildes Tier ist grausam. Aber die Gemeinheit ist ein Vorrecht des zivilisierten Menschen.«

Die Schmerzen im Kieferbereich nahmen in den folgenden Jahren ein derartiges Ausmaß an, dass Freud einmal seinen Hausarzt Dr. Max Schur ersuchte: »Wenn es einmal so weit ist, werden Sie mich bitte nicht unnötig quälen lassen.« Der Arzt versprach dem Patienten in die Hand, ihm das Sterben, falls nötig, erleichtern zu wollen.

Wien, sagte Sigmund Freud einmal, sei der Ort, »über den man sich zu Tod ärgert und wo man trotzdem sterben will«. Letzteres war ihm nicht vergönnt, wurde er doch im Alter von 82 Jahren aus dieser Stadt vertrieben.

Am 15. März 1938 stürmten drei SA-Männer seine Wohnung in der Berggasse und forderten Martha Freud zur Herausgabe der Barschaft auf. Nachdem sie sich mit dem Haushaltsgeld nicht zufriedengaben, wurden die Männer zum Safe geführt, dessen Inhalt, 6000 Schilling, man ihnen aushändigte.

Später erschienen Gestapo-Männer zu einer etwas »gründlicheren« Durchsuchung, während der Freud folgendes Dokument unterschreiben musste: »Ich, Professor Freud, bestätige, dass ich von der Gestapo mit der meinem wissenschaftlichen Ruf gebüh-

»Wien ist der Ort, über den man sich zu Tod ärgert und wo man trotzdem sterben will«: Freud in seinen späten Jahren

renden Achtung behandelt wurde, dass ich meiner Tätigkeit frei nachgehen konnte und keinen Grund zur Beschwerde habe.«

Freud unterschrieb und fragte, ob er den Satz anfügen dürfte: »Ich kann die Gestapo jedermann wärmstens empfehlen.«

Ehe er mit seiner Familie und dem treuen Dienstmädchen Paula ausreisen konnte, musste er die »Reichsfluchtsteuer« in Höhe von 31 329 Reichsmark* entrichten. Am 4. Juni 1938, um 15.25 Uhr, verließ Sigmund Freud mit dem Orientexpress seine Heimat für immer. Vom grausamen Schicksal seiner vier Schwestern sollte er nicht mehr erfahren. Sie blieben nach dem »Anschluss« in Wien

---

* Entspricht laut Statistik Austria im August 2019 rund 100 000 Euro.

und wurden in die Konzentrationslager Theresienstadt, Maly Trostinec und Treblinka deportiert, wo man sie – zwischen 75 und 80 Jahre alt – ermordete.

Hunderte Journalisten und Fotoreporter erschienen zum Empfang des weltberühmten »Vaters der Psychoanalyse« in Londons Victoria Station. Er hatte die lange Fahrt gut überstanden und genoss die Befreiung von einer mehr als unsicheren Zukunft. Sigmund Freud unternahm jetzt Spaziergänge, um sich von der Reise zu erholen und fühlte sich so wohl, dass er eines Tages sagte: »Ich bin fast versucht, ›Heil Hitler!‹ auszurufen.« Die Freude war natürlich getrübt, denn, so schreibt er einem Freund, »man hat das Gefängnis, aus dem man entlassen wurde, immer noch sehr geliebt«.

Am 6. Mai 1939 feiert Freud in dem von ihm gemieteten Haus in Maresfield Gardens 29 am nördlichen Stadtrand von London seinen letzten, den 83. Geburtstag. Sein Gesundheitszustand hatte sich seit seiner Ankunft in Großbritannien erheblich verschlechtert, seine Welt, notiert er, sei »eine Insel Schmerz, schwimmend auf einem Ozean von Indifferenz«.

Am 1. September 1939, drei Wochen vor seinem Tod, erfährt er vom Überfall deutscher Truppen auf Polen und damit vom Ausbruch des Zweiten Weltkrieges. Auf die Frage seines mit ihm aus Wien geflüchteten Arztes Max Schur, ob dies wohl der letzte Krieg sein würde, antwortet er: »Mein letzter Krieg.«

Freud weigerte sich trotz höllischer Schmerzen, irgendwelche Betäubungsmittel zu nehmen. »Ich will lieber in Qualen denken, als nicht klar denken zu können«, hatte er einmal Stefan Zweig erklärt. So blieb er bis zuletzt bei klarem Verstand und konnte die Zeitungskommentare zum Kriegsausbruch verfolgen.

Die letzte Phase seines Lebens begann, als es ihm schwer wurde, zu lesen. Am 21. September 1939 ergriff er die Hand seines Arztes und sagte: »Lieber Schur, Sie erinnern sich wohl an unser erstes Gespräch. Sie haben mir damals versprochen, mich nicht im Stich zu lassen, wenn es so weit ist. Das ist jetzt nur noch Quälerei und hat keinen Sinn mehr.«

Der Arzt bestätigte, dass er zu seinem Versprechen stünde, Freud seufzte erleichtert auf, hielt Schurs Hand fest und sagte: »Ich danke Ihnen.« All das, berichtete Schur, erklärte Freud ohne eine Spur von Selbstmitleid.

Am nächsten Tag, als er wieder arge Schmerzen hatte, gab ihm der Arzt eine Injektion von 0,02 Gramm Morphium. Nach zwölf Stunden wiederholte er die Dosis. Freud war am Ende seiner Kräfte und fiel in ein Koma, von dem er nicht mehr erwachte.

Sigmund Freuds Tod trat am 23. September 1939 um drei Uhr morgens ein. Als Erlösung aus unendlicher Qual, wie er es einmal prophezeit hatte: »Am Ende scheint uns der Tod weit weniger unerträglich als die mannigfachen Bürden des Lebens.«

Die wahre Größe des Mannes, dessen Erkenntnisse die Welt veränderten, sollte der Menschheit erst nach seinem Tod bewusst werden.

Aus »*Sigmund Freud und das Geheimnis der Seele, Die Biographie*« (1989)

Der Herr Inspektor und der Opernstar

Ljuba Welitsch heiratet – und lässt sich wieder scheiden

Eine weltberühmte Sängerin verliebt sich in einen einfachen Wiener Verkehrspolizisten. Die Geschichte hatte in den 1950er-Jahren für Schlagzeilen gesorgt, doch die beiden schwiegen. Erst nach Jahrzehnten brachte ich das ungleiche Paar dazu, mir seine Lovestory zu erzählen. Zuerst sprach der Polizist, der sehr offen war, und später dann die viel reserviertere Sängerin. Wie in der großen Oper gab es auch hier kein Happy End.

Ljuba Welitsch, das ist in allererster Linie die Geschichte einer außergewöhnlichen Sängerin. Unvergessen als der Welt beste Salome, so die einhellige Kritikermeinung in den 1950er-Jahren, aber auch als Aida, Musetta, Donna Anna, Amelia. An der Met in New York jubelte man der gebürtigen Bulgarin ebenso zu wie an der Scala in Mailand. Ihr Zuhause freilich war die Wiener Staatsoper.

Ljuba Welitsch, das ist aber auch eine der großen, romantischen Lovestorys des 20. Jahrhunderts: Weltberühmte Künstlerin heiratet kleinen Streifenpolizisten – die Romanze hat einst für ungeheures Aufsehen gesorgt.

Die Sensation schien perfekt, damals im Jahre 1956, als die 43-jährige Diva einen 28-jährigen Wachmann zum Standesamt führte. Als ich die gefeierte Sopranistin viel später einmal über ihre 13-jährige Ehe befragte, wollte sie zunächst nur so viel sagen: »Ich habe für meinen Beruf gelebt, und dabei ist das Privatleben auf der Strecke geblieben. Mehr werden Sie dazu nicht erfahren.«

Also machte ich mich auf die Suche nach dem inzwischen auch schon in die Jahre gekommenen Rayonsinspektor i. R. Karl Schmalvogel, der seit seiner Trennung von Ljuba Welitsch zurückgezogen am Stadtrand von Wien lebte. Und er war bereit, mir »zum ersten Mal die wirkliche Geschichte« dieser ungewöhnlichen Ehe zu erzählen.

»Wir lernten einander im Frühjahr 1955 kennen, Ljuba stand mit ihrem Auto Ecke Gumpendorfer Straße/Getreidemarkt vor einer roten Ampel, ich neben ihr auf meinem Motorrad.« Karl Schmalvogel, die »weiße Maus«, wie die uniformierten Verkehrspolizisten damals genannt wurden, erkannte die mondäne Dame nicht, er wunderte sich nur, »weil sie mich sehr freundlich anlachte. Ich lachte zurück.« Der kleine Flirt wiederholte sich an den folgenden Kreuzungen, wobei dem ungleichen Paar Wiens traditionelle »rote Welle« entgegenkam.

Der »weißen Maus« fiel es natürlich nicht schwer, Name, Adresse und Telefonnummer der Besitzerin des schwarzen Rover W 4907 vom Verkehrsamt ausheben zu lassen. Der fesche Polizist rief die Kammersängerin an und stand bald auch vor der Tür ihrer vornehmen Stadtwohnung am Wiener Rathausplatz. »Sie lud mich zu einem gemeinsamen Spaziergang auf die Höhenstraße ein.«

Aus dem Flirt wurde eine innige Beziehung, der Herr Inspektor ließ sich von seiner damaligen Frau, einer Schuhverkäuferin, scheiden und machte die weltberühmte Ljuba Welitsch zur Frau Schmalvogel.

Wobei in Wahrheit wohl eher aus Karl Schmalvogel ein Herr Welitsch geworden ist.

»Zunächst schien alles gutzugehen, sie hatte ihre Auftritte, drehte Filme, ich versah meinen Dienst wie eh und je. Natürlich war's nicht ganz leicht für mich, denn sie stand überall im Mittelpunkt, und ich kam mir wie der Prinz Philip vor, der ja auch immer einen Schritt hinter der Queen gehen muss.« Doch das eigentliche Problem lag anderswo: »Wir wollten ein Taxiunternehmen aufbauen, aber sie war nicht bereit, mich an den Einnahmen zu beteiligen, obwohl ich die Hauptarbeit leistete. Schließlich hat sie dann nicht nur im Geschäft, sondern auch zu Hause den Chef gespielt und mir gezeigt, wer das Geld hat.«

»Zunächst schien alles gutzugehen«: Karl Schmalvogel und Ljuba Welitsch

Daran bestand ja auch kein Zweifel: Karl Schmalvogel, der Streifenpolizist aus der Wiener Vorstadt, hatte ein Monatssalär von 3000 Schilling brutto, Ljuba Welitsch, der internationale Film- und Opernstar, verdiente vergleichsweise ein Vermögen. Zum Finanzstreit kamen rasende Eifersuchtsszenen der feurigen Diva, die ihrem Mann unterstellte, dass er eine Geliebte hätte. Was er stets bestritten hat.

Ljuba Welitsch reichte die Scheidung ein. Nach zweijährigem Prozess war die Ehe 1968 auch offiziell beendet. »Ich bekam nicht einen Schilling«, erklärte Karl Schmalvogel, der von einem Tag zum anderen aus der gemeinsamen Luxusvilla in Wien-Döbling in eine Zimmer-Küche-Kabinett-Wohnung in Favoriten übersiedelte.

Nach der Scheidung suchte der Polizist um Frühpension an, wurde Taxiunternehmer und ging eine neue Lebensgemeinschaft ein.

Auch Ljuba Welitsch ließ sich relativ früh, im Jahr 1962, von der Staatsoper pensionieren, »weil mich die Leute so in Erinnerung behalten sollten, wie sie mich aus meiner Glanzzeit gekannt hatten«.

Das einstige Traumpaar der Wiener Society ist seit dem letzten Verhandlungstag vor Gericht nie wieder zusammengetroffen. Herr Schmalvogel sagte mir, dass er ein glücklicher Mann sei, der wieder in sein früheres, einfaches Leben zurückgefunden habe. »Ich hätte mir das ganze ersparen können, aber ich bereue nichts, habe die Film- und Opernwelt kennengelernt, war auf Reisen. Andererseits weiß ich, dass es für einen einfachen Menschen unmöglich ist, auf Dauer die Allüren eines Stars zu ertragen, dem Vertrauen und Toleranz unbekannt sind. Ljuba ist gebürtige Bulgarin, so leidenschaftlich sie lieben kann, so leidenschaftlich kann sie auch hassen.«

Und auch die Welitsch blickte nach meinem Gespräch mit ihrem Ex-Mann dann doch noch kurz zurück: »Ich wollte damals einen Kameraden und dachte, einen gefunden zu haben. Aber er hat mich wohl zu wenig geliebt. Es schmerzt, im Privatleben gescheitert zu sein, aber ich hab es vergessen, weggesteckt. Es war nur eine Episode in meinem Leben.«

Ljuba Welitsch starb im September 1996 im Alter von 83 Jahren, Karl Schmalvogel im April 2000 im Alter von 71 Jahren.

Aus »*Die ganz Großen, Meine Erinnerungen an die Lieblinge des Publikums*« (2000)

Ist Herr Pachmann ein Habsburger?

Ein Sohn für Kronprinz Rudolf

Seit er denken kann, ist der Wiener Ingenieur Rainer Pachmann überzeugt davon, ein direkter Nachkomme des Kronprinzen Rudolf zu sein. Kein Wunder, drei österreichische Gerichte haben seine Herkunft bestätigt, Zeitungsartikel in aller Welt und ganze Bücher wurden zum »Fall Pachmann« geschrieben – immer mit dem Hinweis, dass seine Familie dem früheren Kaiserhaus entstammte. Doch erst in unseren Tagen besteht die Möglichkeit, der wahren Herkunft durch DNA-Vergleiche auf die Spur zu kommen. Rainer Pachmann und sein Bruder Franz Stephan Salvator haben sich der genetischen Verwandtschaftsanalyse gestellt und so ein neues Kapitel in der Genealogie des Hauses Habsburg aufgeschlagen.

Ihre Geschichte reicht zurück bis ins Jahr 1878, als Kaiser Franz Joseph und seine Frau Elisabeth für ihren damals 20-jährigen, noch hoffnungsfrohen Sohn Kronprinz Rudolf eine passende Braut suchten. Sie war bald gefunden, da es ohnehin nur wenige junge Frauen aus »ebenbürtigen«, katholischen Fürstenfamilien gab, die in Betracht kamen. Die Auserwählte hieß Erzherzogin Maria Antonia, stammte aus der Toskana-Linie des Hauses Habsburg und war somit eine Cousine des Thronfolgers – ein Verwandtschaftsverhältnis, das in jenen Tagen kein Hindernis darstellte. Ganz im Gegenteil, man war froh, eine hübsche, gleichaltrige Prinzessin gefunden zu haben, die Rudolf noch dazu auf Anhieb gefiel.

Doch bald stellte sich heraus, dass Maria Antonia als Heiratskandidatin nicht infrage kam. Untersuchungen durch kaiserliche Hofärzte brachten zutage, dass die Braut ein Lungenleiden hatte, das ihre Lebenserwartung stark einschränkte. Vor allem war damit zu rechnen, dass sie ihrer wichtigsten Aufgabe nicht nachkommen könnte: den Habsburgern einen gesunden Stammhalter zu schenken. Der Kronprinz wurde informiert – und die Angelegenheit schien damit erledigt. Das Kaiserhaus ging neuerlich auf Brautschau.

Man hatte aber nicht mit dem Eigensinn des als Freigeist bekannten Rudolf gerechnet. Der hatte sich nämlich mittlerweile in die dunkelhaarige Erzherzogin verliebt. Und es war nicht schwer für ihn, diese Liebe – wenn auch heimlich – auszuleben: Maria Antonia wurde als Äbtissin im Theresianischen Damenstift in Prag untergebracht, wobei niemand bedachte, dass Rudolf zeitgleich als Brigadier des Infanterieregiments Nr. 36 am Prager Hradschin, nur wenige Schritte von dem Nonnenkloster entfernt, stationiert war. Er traf seine verhinderte Braut regelmäßig und ging mit ihr eine Liebesbeziehung ein. Auch für ihre häufigen Wien-Aufenthalte hatten sich die beiden ein »Liebesnest« eingerichtet – und zwar in der Breiten Gasse, wo der Kronprinz inkognito eine Wohnung gemietet hatte.

In dem 1966 erschienenen Buch *Um Recht und Nachfolge im Hause Habsburg* von Hermann Altenberg (ein Pseudonym des Schriftstellers Otto Kittel) ist der »Fall Pachmann« minutiös dokumentiert. Hier ist nachzulesen, dass Rudolf und Maria Antonia am 1. Jänner 1880 in der Gardekirche am Wiener Rennweg ohne Wissen des Kaisers eine geheime Ehe eingingen und vom Burgkaplan und späteren Wiener Weihbischof Godfried Marschall getraut wurden.

Doch aus dieser geheimen Heirat – wie sie in adeligen Kreisen durchaus üblich war und die volle Rechtsgültigkeit hatte – sollte sich ein gewaltiges Problem ergeben. Das Kaiserhaus hatte inzwischen eine andere Braut für Rudolf gefunden: Stephanie, die weit weniger attraktive Tochter des Königs von Belgien. Die Trauung fand knapp eineinhalb Jahre nach der ersten, am 10. Mai 1881, diesmal ganz offiziell und mit großem Pomp, in der Wiener Hofkapelle statt. Das Peinliche an der Affäre: Der Kronprinz machte sich mit dieser zweiten Ehe der Bigamie schuldig.

Nicht genug damit: Seine »erste Frau« Maria Antonia brachte am 7. März 1883 in der Villa Felicia in Cannes, wohin sie sich des für sie günstigeren Klimas wegen begeben hatte, einen Sohn namens Carl Rudolf zur Welt. Da sie mit Kronprinz Rudolf rechtsgültig verheiratet war, hatte das Kind Anspruch auf den Namen Habsburg-Lothringen. Knapp sechs Monate später, am 2. September 1883, wurde Stephanies und des Kronprinzen einzige Tochter Elisabeth geboren.

Maria Antonia von Toskana starb fünf Wochen nach der Geburt Carl Rudolfs, am 13. April 1883, in Cannes an den Folgen ihres Lungenleidens, das während der Schwangerschaft in ein akutes Stadium getreten war. Ihr Leichnam wurde nach Wien überführt und in der Kapuzinergruft bestattet (in der Maria Antonia heute noch ruht).

Nun stellte sich die Frage, wo ihr Sohn, der kleine Carl Rudolf, aufwachsen sollte. Nur nicht bei Hof, denn weder die geheime Ehe noch die Existenz des aus dieser Beziehung stammenden Kronprinzen-Nachwuchses durften bekannt werden. Also suchte die eilends ins Vertrauen gezogene Kaiserin Elisabeth einen würdigen Platz für ihren Enkel. Sie fand ihn beim Ehepaar Heinrich und

Hatte Maria Antonia von Toskana einen Sohn von Kronprinz Rudolf?

Marie Pachmann, die im ersten Stock des Hauses Haidmannsgasse 4 im damaligen Wiener Vorort Fünfhaus – unweit von Schönbrunn gelegen – wohnten. Praktischerweise lebte Elisabeths Kammerdiener Johann Werth mit seiner Familie im Erdgeschoß desselben Hauses.

Der k.u.k. Rittmeister Heinrich Pachmann und seine Frau Marie, die über einen tadellosen Leumund verfügten und auf deren Verschwiegenheit man sich verlassen konnte, nahmen das Kind auf und gaben ihm ihren Namen. Der Säugling erregte in der Nachbarschaft insofern keinen Verdacht, als Marie Pachmann fast gleichzeitig einen Sohn namens Robert zur Welt gebracht hatte, der wenige Tage nach seiner Geburt verstorben und auf dem Baumgartner Friedhof beerdigt worden war. Das »kaiserliche Kind« wuchs somit widerrechtlich unter dem Namen des toten Sohnes, als

Robert Pachmann, auf. Seinen Zieheltern zahlte der Kaiserhof eine einmalige Apanage in Höhe von 30 000 Gulden* in bar, später wurden monatliche Alimentationszahlungen durch Boten überbracht.

Abgesehen von der Familie Pachmann, die auch noch zwei eigene Kinder hatte, kümmerte sich Johann Werth, der im Haus wohnende Kammerdiener Elisabeths, um den Spross aus kaiserlichem Geblüt. Nicht genug damit, bezog auch Graf Anton Alberti von Enno, ein enger Vertrauter Kronprinz Rudolfs, im dritten Stock des Hauses Haidmannsgassse 4 eine Wohnung. Er war es, der durch einen Hinweis des Kammerdieners Werth das Ehepaar Pachmann als Zieheltern entdeckt hatte, nun erhielt er den Auftrag, für eine standesgemäße Erziehung des kleinen Robert recte Carl Rudolf zu sorgen.

Doch alles kam ganz anders: Nach Rudolfs Tod in Mayerling tauchten in der Haidmannsgasse keine Geldboten mehr auf. Es wurde zwar weiterhin für Carl Rudolf gesorgt, aber doch in wesentlich bescheidenerem Umfang als vorgesehen – vor allem ab dem Jahr 1900, in dem sein Ziehvater Heinrich Pachmann an den Folgen eines Leberleidens starb und die Familie sich einschränken musste.

Das Jahr 1907 schien eine erfreuliche Wende zu bringen: Graf Alberti von Enno klärte Kaiser Franz Joseph im Rahmen einer Sonderaudienz über sämtliche Einzelheiten der geheim gehaltenen Ehe Kronprinz Rudolfs mit Maria Antonia und über den aus dieser Ehe stammenden Sohn auf. Der Kaiser beauftragte den Grafen Enno, die nötigen Schritte zur Anerkennung seines Enkels einzuleiten. Überdies stellte Franz Joseph bei dieser Audienz fest, dass unter den gegebenen Umständen die Ehe des Thronfolgers mit

---

* Entspricht laut Statistik Austria im August 2019 rund 360 000 Euro.

Im Jahre 1907 wurde der Kaiser in allen Details über seine Existenz aufgeklärt: Der »Kronprinzen-Sohn« Robert – eigentlich Carl Rudolf – Pachmann in jungen Jahren

Erzherzogin Maria Antonia gültig wäre, während die später geschlossene mit Stephanie nicht zu Recht bestanden hätte.

Der Kaiser dürfte mit diesem Schritt gehofft haben, seinen ungeliebten Thronfolger, Erzherzog Franz Ferdinand, als künftigen Regenten verhindern zu können. Doch Graf Enno kam dem Auftrag des Kaisers nicht nach. Er heiratete kurze Zeit später die vermögende Gräfin Lónyay, durch die er in ungleich bessere finanzielle Verhältnisse geriet.* Seine frisch angetraute Frau stand freilich in einem Naheverhältnis zu Franz Ferdinand und dessen Gemahlin Sophie. Der Thronfolger hatte wohl durch den Grafen vom

---

* Durch diese Heirat wurde Graf Enno pikanterweise zum Schwager der Witwe des Kronprinzen Rudolf, die im März 1900 den Grafen (und späteren Fürsten) Elemér Lónyay geheiratet hatte.

Plan des Kaisers erfahren und ihn durch seinen Einfluss auf Enno durchkreuzt. Der alternde Kaiser bekam keine weiteren Informationen mehr über seinen Enkelsohn, der Graf zog aus seiner Wohnung in der Haidmannsgasse aus und kümmerte sich auch nicht mehr um den ihm anvertrauten Carl Rudolf.

Dieser war gerade 35 Jahre alt, als die österreichisch-ungarische Monarchie zerbrach. Er begann nun seiner Herkunft nachzuspüren – sehr zum Unbehagen der Familie Habsburg übrigens, die damals ihre Rückkehr auf den Thron noch nicht ganz abgeschrieben hatte. Da Carl Rudolf infolge der Geheimehe ein legitimer Sohn Kronprinz Rudolfs war, hätte die Krone, wie er meinte, nicht an Kaiser Karl gehen dürfen, sondern an ihn als direkten Nachkommen des Thronfolgers und als Enkelsohn Kaiser Franz Josephs.

Carl Rudolf Pachmann, der nun ein Antiquitätengeschäft führte, prozessierte sowohl in der Ersten als auch in den ersten Jahren der Zweiten Republik um seine Anerkennung als Habsburger, wurde aber von allen Instanzen abgewiesen. Er heiratete Amalie Sramek, die ihm 1924 den Sohn Theodor Rudolf Salvator Pachmann schenkte. Und auch dieser begann, nach absolviertem Jusstudium, der Familiengeschichte nachzugehen.

Und bekam, im Gegensatz zu seinem mittlerweile verstorbenen Vater, am 11. September 1965 bei einer Verhandlung im Landesgericht für Zivilrechtssachen Wien vom Vorsitzenden Oberlandesgerichtsrat Dr. Mühl zum ersten Mal recht: Theodor Rudolf Pachmann war somit ein Habsburger.

Der »Fall Pachmann« sorgte nun für weltweites Aufsehen. Plötzlich war ein neuer Habsburger da, Dr. Theodor Pachmann wurde im Wiener Justizpalast ganz offiziell als Enkel Kronprinz Rudolfs – und somit als Urenkel Kaiser Franz Josephs – anerkannt. »Pach-

Wiener Gericht hat entschieden: Pachmann ist Habsburger!
Enkel des Kronprinzen Rudolf — Name wird geändert

Der Gegen-„Kaiser"
Er ist ein ehrenwerter Mann, der Dr. Theodor Rudolf Salvator Pachmann, und kann sicherlich nichts dafür, daß irgendeinem Schlaukopf im sozialistischen Lager die Idee

Pachmann wird Habsburger Nr. 1

ÖSTERREICH
HABSBURG
No a Kaiser?
Niemand nennt ihn „Majestät"

„Neues Österreich" / Danzinger
PACHMANN HÄLT HOF
Hof hielt gestern Franz-Joseph-Urenkel Theodor Rudolf Salvator Pachmann beim Bücher-
Herzog in der Mariahilferpassage. Wie bei allen Höfen riß auch hier sofort die Günstlings-
wirtschaft ein: Die Journalisten durften den Erlauchten nämlich nach Herzenslust ausfragen,
während das übrige Volk murrend vor dem Geschäftsportal ausharrte, bis es – nach geraume

Interview mit dem neuen Habsburger
Keine persönlichen Besitzansprüche — „Otto ist eine tragische Gestalt"
„Lebe weiter wie bisher" — Vor einer Änderung des habsburgischen Hausrechts?

Zuwachs für die Familie Habsburg

Familie Habsburg bekam neues Mitglied
Gericht bestätigt einem Dr. Pachmann: „Sie sind ein Enkel Kronprinz Rudolfs!"

Habsburger-Sensation: Pachmann Rudolfs Enkel

Fall „Dr. Rudolf Pachmann":
Der neue Mann im Hause Habsburg
Sensationelles Urteil eines Wiener Zivilgerichtes: Dr. Pachmann ist ein Enkel des Kronprinzen Rudolfs und der Erzherzogin Antonia von Toscana — Nach dem Tod der Mutter einer Bürgerfamilie unterschoben

Schon nach den Gerichtsurteilen in den Jahren 1965 und 1966 sorgte der Fall Pachmann im In- und Ausland für Schlagzeilen.

mann ist Habsburger« und »Familie Habsburg bekam neues Mitglied« lauteten die Schlagzeilen. In Kommentaren wurde Otto von Habsburg das Recht abgesprochen, weiterhin als Oberhaupt des einstigen Kaiserhauses aufzutreten, da nicht er, sondern Herr Pachmann der Hauptlinie nach Franz Joseph entstamme: »Pachmann wird Habsburger Nr. 1«, war einem weiteren Zeitungstitel zu entnehmen.

Grundlage für den Richterspruch war die Aussage von Carl Rudolfs Ziehmutter Marie Pachmann, die am 5. März 1925 vor dem Wiener Notar Viktor Schwarz eidesstattlich erklärt hatte, »dass Robert das Kind des Kronprinzen Rudolf ist«. Marie Pachmann starb im Jahre 1931.

Ein Jahr nach dem Richterspruch von 1965, mit dem Theodor Pachmann die Führung seines bisherigen Familiennamens Pachmann untersagt wurde, folgte ein zweiter Bescheid des Landesgerichts Wien, der es ihm ermöglicht hätte, den Namen Habsburg-Lothringen zu führen (wovon er nie Gebrauch machte). Auch dieses Urteil löste ein riesiges Medienecho aus: Weltweit wurde Pachmann als »neuer Erzherzog« und »Oberhaupt des Hauses Habsburg« gefeiert.

Am 20. Juli 1976 kam es schließlich im Bezirksgericht Salzburg zu einem weiteren, noch deutlicheren Urteilsspruch, in dem Landesgerichtsrat Dr. Rudolf Metzner »zu Recht erkannte, dass Dr. Theodor Pachmann der Urenkel des Kaisers Franz Joseph I. von Österreich und des Großherzogs Ferdinand IV. von Toskana* ist«.

---

* Großherzog Ferdinand IV. (1835–1908) war der Vater der Erzherzogin Maria Antonia.

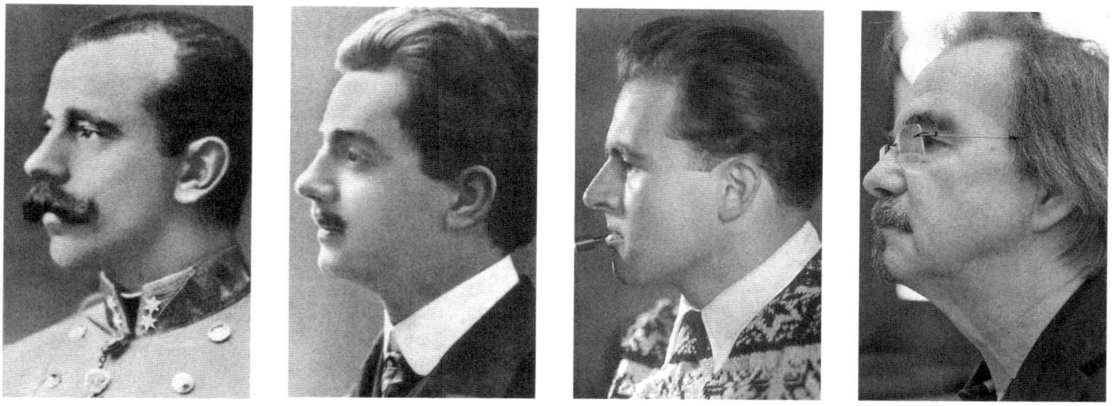

Vier Generationen, die laut mehreren Gerichtsurteilen einer Dynastie angehören (von links): Kronprinz Rudolf, Carl Rudolf, Theodor Rudolf und Rainer Rudolf Pachmann

Theodor Pachmann starb 1993 in der sicheren, weil drei Mal gerichtlich bestätigten Annahme, ein Spross des Hauses Habsburg zu sein.

Als die erwähnten Gerichtsbescheide ergingen, gab es die Möglichkeit der DNA-Analyse noch nicht.

Rainer Pachmann und sein Halbbruder Franz Stephan Salvator Hübsch sind die Söhne des Theodor Rudolf Pachmann. Hübsch wandte sich im Frühjahr 2013 an mich, weil er endlich wissen wollte, was von dem nie bewiesenen, aber durch Gerichtsurteile bestätigten Verwandtschaftsverhältnis zu halten sei. Da Rainer Pachmann ebenso an der Klärung interessiert war, bat ich die beiden Halbbrüder, sich einer DNA-Untersuchung zu stellen, und ließ relevante Merkmale ihrer Y-Chromosomen mit denen eines Mitglieds der Familie Habsburg vergleichen.

Gleichzeitig ersuchte ich Georg Hohenberg, den Enkel des in Sarajevo getöteten Thronfolgers Franz Ferdinand – der natürlich mit Kaiser Franz Joseph und Kronprinz Rudolf blutsverwandt ist –, um das Einverständnis, seine DNA-Daten mit denen der Herren Pachmann und Hübsch vergleichen zu dürfen.

Hohenberg, dessen DNA bei der Sachverständigen für forensische Molekularbiologie Dr. Christa Nussbaumer im Zuge von Familienrecherchen auflag, war einverstanden, worauf diese bei den Halbbrüdern Mundhöhlenabstriche vornahm.

Das Ergebnis ist eindeutig: »Eine Verwandtschaft väterlicherseits zwischen den Herren Pachmann und Hübsch einerseits und Herrn Dr. Georg Hohenberg andererseits kann ausgeschlossen werden.«

Es sieht also ganz danach aus, als hätten die Gerichte, die Theodor Rudolf Pachmann, den Vater der Herren Rainer Pachmann und Franz Hübsch, als Nachfahren des Kronprinzen Rudolf anerkannt hatten, Fehlurteile gesprochen.

Natürlich waren die Brüder enttäuscht, dass ihr DNA-Vergleich mit einem Mitglied der Familie Habsburg negativ ausfiel. Denn es liegen – wie sie meinen – zu viele Indizien vor, die ihre Herkunft nach Kronprinz Rudolf und Kaiser Franz Joseph belegen.

Sowohl Theodor als auch sein Vater Carl Rudolf, der der Sohn Kronprinz Rudolfs mit der Erzherzogin Maria Antonia von Toskana gewesen sein soll, haben ihr ganzes Leben darum gekämpft, sich als Angehörige des Hauses Habsburg bezeichnen zu dürfen. »So weit werde ich nicht gehen«, sagt ihr in Wien lebender Nachfahre Rainer Pachmann. »Mein Vater und mein Großvater haben sich durch diese Prozesse kaputt gemacht. Beide haben ihr Leben in den Dienst der Klärung ihrer Familiengeschichte gestellt. Beide waren ursprünglich wohlhabend – ich vermute, dass ihr Vermögen aus einer Apanage des Kaiserhauses stammte –, haben aber, um die Gerichtsverfahren finanzieren zu können, alles verloren.«

Rainer Pachmann will sich im Gegensatz zu seinen Ahnen nicht in die Causa verrennen und doch – wie auch sein Halbbruder Franz Stephan Salvator Hübsch – seiner wahren Abstammung weiter auf den Grund gehen.

Was sind die Konsequenzen des negativen Vergleichs der DNA-Daten Georg Hohenbergs mit denen Rainer Pachmanns und Franz Hübschs? »Mein Vater und mein Großvater«, meint Rainer Pachmann, »haben sich diese Geschichte nicht ausgedacht, es weisen zu viele Indizien darauf hin, dass es die Liebesbeziehung zwischen Kronprinz Rudolf und Maria Antonia von Toskana tatsächlich gab.«

Es wäre natürlich möglich, dass Carl Rudolf Pachmann aus dieser Beziehung stammt – aber die Vaterschaft in einer der späteren Generationen zweifelhaft ist. Franz Stephan Salvator Hübsch ist aufgrund der Dokumente, der Zeugenaussagen und der Gerichtsurteile »überzeugt, ein Urenkel des Kronprinzen Rudolf zu sein«. Ebenso wie Rainer Pachmann, der ein Ergebnis erst dann anerkennen will, »wenn es einen DNA-Vergleich zwischen Kronprinz Rudolf und mir gibt«.

Den zu erzielen wird allerdings nicht ganz einfach sein, da die Kapuziner, in deren Gruft der Thronfolger begraben ist, solche Untersuchungen bisher nie zuließen.

Aus »*Es war ganz anders, Geheimnisse der österreichischen Geschichte*« (2013)

Ein bisserl wie der »Führer«

Das Phantombild des Herrn Karl

Es war im Frühsommer 2005, den Herrn Karl *gab's da schon seit mehr als 40 Jahren, als man das unvergleichliche Sittenbild des Mitläufers einmal mehr im österreichischen Fernsehen zeigte. Da dachte ich, man weiß so viel von ihm und doch so wenig. Bekannt war, dass neben den beiden Autoren Helmut Qualtinger und Carl Merz auch der Wiener Schauspieler Nikolaus Haenel am Zustandekommen der wohl berühmtesten österreichischen Satire maßgeblich beteiligt war. Und er war der Einzige, den ich zu diesem Zeitpunkt noch befragen konnte.*

Der Herr Karl, erzählte der letzte Zeitzeuge, der dem Inbegriff des österreichischen Opportunisten noch begegnet ist, hat in Wirklichkeit Max geheißen. »Max war damals ungefähr 50 Jahre alt, Brillenträger, 1,70 Meter groß und damit etwas kleiner, aber auch schlanker als Qualtinger. Und doch war er ihm vom Typ her nicht unähnlich. Er hatte schütteres, leicht angegrautes Haar und einen Schnurrbart. An seinen Familiennamen kann ich mich leider nicht mehr erinnern.«

Da ich erfahren hatte, dass Nikolaus Haenel das Vorbild des traurigen Bühnenhelden noch gekannt hatte, rief ich den aus Wien stammenden Schauspieler in Berlin an, wo er seit vielen Jahren lebt, und bat ihn, mir doch ein wenig von der wahren Existenz dieser zutiefst wienerischen Erscheinung zu erzählen.

Zunächst berichtete Haenel, wie er den »Herrn Max« kennengelernt hatte: »Ich war 1960 mit Qualtinger im Theater am Kärntnertor engagiert, wo wir gemeinsam in dem Programm *Dachl überm Kopf* spielten. Als das Programm seinem Ende zuging, hatte ich vorerst keine weiteren Angebote. Um nicht arbeitslos zu sein und die Zeit ohne Engagement überbrücken zu können, nahm ich eine Stelle als Geschäftsdiener im Delikatessengeschäft *Top – Spezialitäten aus aller Welt*, Ecke Führichgasse/Tegetthoffstraße, an.«

Haenel blieb drei Monate im *Top*, ehe er in der Schweiz sein nächstes Engagement als Schauspieler antreten konnte. Vorher musste er in dem Kellerlokal freilich noch seinen Nachfolger einschulen – und das war er auch schon, der Herr Karl recte Max.

»Max war an der Arbeit in dem Geschäft, zu der Boden aufwischen und das Nachfüllen der Regale gehörte, nicht sonderlich interessiert. Stattdessen erzählte er mir ständig und ungefragt aus seinem Leben.« Haenel wusste, dass Qualtinger auf der Suche nach einer Bühnenfigur mit Nazivergangenheit war. »Da Max NSDAP-Mitglied gewesen ist und seine Geschichte in einer sehr anschaulichen und theatralischen Weise wiedergab, verständigte ich Qualtinger. Wir trafen uns im Restaurant *Halali* am Neuen Markt, wo ich ihm an drei oder vier aufeinanderfolgenden Tagen Wort für Wort vorspielte, was Herr Max mir so alles erzählt hatte.«

»Bis vieradreißig war i Sozialist. Das war aa ka Beruf, hat ma aa net davon leben können ... Später bin i demonstrieren gangen für die Schwarzen ... Hab i fünf Schilling kriagt. Dann bin i umme zu die Nazi. Da hab i aa fünf Schilling kriagt. Naja, Österreich war immer unpolitisch, aber a bissl Geld is z'sammkummen, net.«

»Dann bin i umme zu die Nazi. Da hab i aa fünf Schilling kriagt. Naja, Österreich war immer unpolitisch«: Helmut Qualtinger als Herr Karl

Qualtinger war begeistert und verarbeitete den Text zu einem in seiner Art einzigartigen Monolog, den er sich dann – gemeinsam mit seinem Co-Autor Carl Merz – auf den Leib schrieb.

In einigen Punkten unterschied sich das Leben des Herrn Max von dem der legendären Bühnenfigur, »da uns« – wie Qualtinger später erklärte – »den echten Herrn Karl kein Mensch geglaubt hätte.« So gab Max von sich, dass er seine Frau einmal beinahe umgebracht hätte, weil diese »die Angewohnheit hatte, sich ständig mit meiner Rasiersaaf die Händ' zu waschen«.

Aus dem späteren Leben des Herrn Max erfahren wir nur, dass er bald aus dem Feinkostgeschäft *Top* entlassen wurde, weil sich bei einer Überprüfung seines kleinen Koffers mehrere Flaschen Wermut fanden, die er mit nach Hause nehmen wollte.

Als Haenel seine Erzählungen vom Herrn Karl beendet hatte, fragte ich ihn noch, ob er zeichnerisches Talent hätte. »Oh ja«, antwortete der Schauspieler, er sei ein recht begabter Zeichner.

Damit war auch schon klar, worum ich ihn als Nächstes bitten würde: »Könnten Sie ein Porträt des Herrn Karl anfertigen, eine Art Phantombild, um der Nachwelt zu zeigen, wie der unfreiwillig berühmt gewordene Geschäftsdiener ausgesehen hat?«

Haenel sagte sofort »Ja«, nahm Papier und Feder zur Hand und zeichnete. Und hier ist er, der echte Herr Karl.

Der Herr Karl alias Max, gezeichnet von Nikolaus Haenel im Juli 2005

Aus »*Unter uns gesagt, Begegnungen mit Zeitzeugen*« (2008)

Die erste Frau Doktor

Gabriele Possanner setzt sich durch

Die junge Frau hatte sich Unmögliches in den Kopf gesetzt. Sie wollte Ärztin werden, wie viele Mitglieder ihrer Familie – oder besser: wie viele männliche Mitglieder ihrer Familie. Denn Frauen gehörten im Fin de Siècle noch an den Herd, durften Fabriksarbeiterinnen oder Dienstmädchen werden, »höhere Töchter« Gesellschaftsdamen oder Lehrerinnen. Während heutzutage mehr als ein Drittel aller österreichischen Ärzte Frauen sind, gab es damals hierzulande keinen einzigen weiblichen Arzt. Erst im Jahr 1897 durfte die erste Frau an der Universität Wien zum Doktor der Medizin promoviert werden. Gabriele Possanner von Ehrenthal war damit auch die erste Frau überhaupt, die in Österreich einen akademischen Titel führen durfte. Und sie nahm dafür einen unglaublichen Kampf auf sich.

Das »schwache Geschlecht« hatte ab der Mitte des 19. Jahrhunderts an den meisten europäischen Universitäten Einzug gehalten. Österreich und Preußen hingegen waren die letzten Staaten, in denen Frauen keine Studienerlaubnis erhielten.

Gabriele Possanner entstammte einer im 17. Jahrhundert geadelten Kärntner Familie. Sowohl ihr Großvater als auch einer ihrer Onkel arbeiteten als Ärzte, während es ihr Vater als Jurist zum Sektionschef im Finanzministerium gebracht hatte. Als eines von sieben Kindern in großbürgerlicher Atmosphäre, vorerst in Pest, später in der k. u. k. Haupt- und Residenzstadt aufgewachsen, maturierte sie 1887, bereits 27 Jahre alt, als zweite Absolventin in der Geschichte des Akademischen Gymnasiums in Wien. Denn auch die Erlangung der Reifeprüfung war für Mädchen in jenen Tagen mit großen Schwierigkeiten verbunden. Doch in ihrem Abschlusszeugnis fehlte der Passus »Erteilung der Reife zum Besuch einer Universität«, wie er für männliche Maturanten vorgesehen war.

Also musste sie ihr Studium im Ausland absolvieren. Sie inskribierte an der Universität Zürich, wo sie 1893 mit einer Dissertation über eine besondere Form der Netzhautentzündung zum Dr. med. promovierte und einige Semester als Assistentin an der Universitäts-Augenklinik tätig war. Nach Wien zurückgekehrt, suchte sie im Ministerium für Kultus und Unterricht um Nostrifizierung* an. Ihr Antrag wurde aber »mit Rücksicht auf bestehende Vorschriften gar nicht in Verhandlung genommen«. Und das, obwohl in Österreich großer Bedarf an weiblichen Ärzten – vor allem an Schulärzten für Mädchen – geherrscht hätte.

Gabriele Possanner hatte einen eisernen Willen. Und den unbändigen Wunsch, in ihrer Heimat arbeiten zu können. So sandte sie innerhalb von zweieinhalb Jahren eine Unzahl weiterer Gesuche an Universitäten, Kliniken, Ministerien, an den Verwaltungsgerichtshof, das Abgeordnetenhaus. Und obwohl die spätere Nobelpreisträgerin Bertha von Suttner und die Hotelbesitzerin Anna Sacher als prominente Mitglieder des *Vereins zur erweiterten Frauenbildung* ihren Kampf unterstützten, wurden ihre Eingaben entweder

a) abgelehnt oder
b) nicht beantwortet beziehungsweise
c) auf gut Österreichisch »schubladiert«.

---

* Anerkennung der ausländischen Diplome

Denn: Würden Mädchen studieren, hatte Wiens Akademischer Senat schon 1873 gewarnt, »müssten Docenten vieles, was sich für das Ohr der Männer eignet, erst jenem der Frauen, namentlich züchtiger Jungfrauen, anpassen«. Und Unterrichtsminister Paul Gautsch von Frankenthurn hielt »die Concurrenz der Frauen für eine volkswirtschaftliche Gefahr«.

Am 8. Juli 1895 wandte sich Gabriele Possanner Baronin von Ehrenthal in ihrer Not an den Kaiser, den sie um »gnadenweise« Ausübung der ärztlichen Praxis ersuchte, zumal »zahlreiche Mädchen und Frauen sich scheuen, beim Beginne einer Krankheit sich einem männlichen Arzte anzuvertrauen, infolgedessen solche Leiden oft unheilbar werden«. Ihrem Gesuch lag ein »Appell« ihres 73-jährigen Vaters an den Kaiser bei: »Nun soll sie im Alter von 35 Jahren vor die Alternative gestellt sein; entweder Familie und Vaterland zu verlassen oder ihren Beruf aufzugeben. Ihre so schwer errungene Befähigung für ihren Beruf soll brach liegen bleiben, ihr langjähriges, so ausdauerndes und ehrenhaftes Streben nach einem der edelsten Ziele, welches im menschlichen Leben überhaupt erreichbar ist, soll vereitelt werden, die schweren Geldopfer an das Ausland, welche ich, da uns das Inland verschlossen blieb, bringen musste, müssten fruchtlos hinausgeworfen bleiben – kurz das Alles soll knapp vor dem Gelingen scheitern – an Motiven, welche die Wissenschaft sowie die sämtlichen Cultur-Staaten der Welt als werthlosen Ballast schon längst über Bord geworfen haben!«

Die dramatischen Worte des Vaters verfehlten ihre Wirkung nicht, und jetzt endlich kam die Sache in Bewegung. Kaiser Franz Joseph beauftragte den Innenminister, den Fall zu prüfen, worauf dieser eine Verordnung erließ, mit der »die Nostrifizierung ausländischer Doktordiplome auch für weibliche Ärzte geregelt« wurde.

Erst die Intervention Kaiser Franz Josephs verhalf nach jahrelangem Warten zum heiß ersehnten Doktordiplom: Gabriele Possanner von Ehrenthal war Österreichs erste Ärztin.

Possanner trat an der Universität Wien innerhalb von neun Monaten zu 21 Prüfungen an, die sie alle mit gutem Erfolg bestand. Am 2. April 1897 feierte sie im Großen Festsaal der Alma Mater ihre (zweite) Promotion zum Doktor der gesamten Heilkunde, wobei der Rektor der Universität die inzwischen 37-jährige Ärztin in seiner Ansprache als »muthige Vorkämpferin um die Erweiterung der Frauenrechte« würdigte. Ihr Bild fand sich in mehreren Zeitungen, »da an der Wiener Universität zum ersten Male eine Dame zum Doctor promovierte«.

Dr. Gabriele Possanner blieb unverheiratet und ließ sich in Wien 9., Günthergasse 2 als praktische Ärztin nieder, wo sie »täglich von 15 bis 16 Uhr« ordinierte. Einige Jahre auch in Wiener Spitälern tätig, behandelte sie nach dem Ersten Weltkrieg von der Caritas betreute Kinder. 1928 wurde ihr von Bundespräsident Michael Hainisch – wieder als erster Frau in Österreich – der Titel Medizinalrat verliehen. Sie starb im März 1940 im Alter von 80 Jahren.

Aus »*Meine Reisen in die Vergangenheit*« (2002)

»Der Skandal ist noch viel schlimmer«

Ein Tagebuch zum Spionagefall Redl

Auch für mein 1984 erschienenes Buch über den Fall Redl suchte ich nach möglichen Zeitzeugen, die den Spion Alfred Redl noch gekannt haben oder etwas Persönliches über ihn wissen könnten. Was natürlich mehr als 70 Jahre nach Auffliegen der Affäre eine große Herausforderung darstellte. Jedenfalls nahm ich, als ich erfuhr, dass Redls Brüder – allesamt angesehene Offiziere und höhere Ministerialbeamte – nach Bekanntwerden des Spionagefalles ihren Namen amtlich auf »Renolt« hatten ändern lassen, einmal mehr das Wiener Telefonbuch zur Hand. Und fand darin Frau Hedy Renolt, 1010 Wien, Opernring 6.

Ja, bestätigte Frau Renolt am Telefon, ihr verstorbener Mann sei Redls Neffe gewesen, was sie allerdings selbst erst nach 30-jähriger Ehe erfahren hatte: »Auf der Suche nach einem Dokument fiel mir die Geburtsurkunde meines Mannes in die Hände. Und darauf stand ›Redl‹. Mein Mann erklärte mir daraufhin, dass sich die ganze Familie im Jahre 1913 infolge der Schande, mit dem Spion verwandt zu sein, umbenannt hatte. Die Schmach war so groß, dass mir mein Mann seine eigene Herkunft erst nach so langer Zeit gestanden hat. Und auch nur, weil ich durch Zufall auf seinen wahren Namen gestoßen war.«

Ich vereinbarte ein Treffen mit Frau Renolt, da sie mir noch die eine oder andere Episode, die sie über Redl und seine Familie

Seine Verwandten änderten ihren Namen: Meisterspion Alfred Redl (1864–1913)

erfahren hatte, erzählen wollte. Ich stand zur vereinbarten Stunde an ihrer Wohnungstür am Opernring und läutete. Niemand öffnete. Ich fragte die Nachbarin, ob sie wüsste, wo die Frau Renolt …

»Ach, die Frau Renolt«, sagte sie, sichtlich unter Schock stehend, »da haben S' ein Pech, die ist heut früh vor dem Haus von der Tramway niederg'führt worden. Sie war auf der Stelle tot.«

Mehr als sieben Jahrzehnte waren seit Bekanntwerden des Spionagefalls Redl vergangen. Und gerade an jenem Tag, da die letzte Familienangehörige vielleicht ein wenig Licht ins Dunkel hätte bringen können, war diese tragisch verunglückt.

Eine weitere Quelle aber sollte sich als überaus ergiebig erweisen, als ich nämlich mit General Emil Spannocchi, Österreichs langjährigem Armeekommandanten, in Kontakt kam, den eine familiäre Konstellation ganz anderer Art mit dem Spionagefall verband.

Alfred Redl war seit dem Jahr 1902 gegen fürstliches Honorar für den russischen Geheimdienst Ochrana tätig gewesen. Interessanterweise ist in all den Jahren keinem seiner Vorgesetzten in

Wien aufgefallen, dass Redl, der aus kleinen Verhältnissen stammte und über ein eher bescheidenes Salär als Offizier verfügte, ein unglaublich aufwendiges Leben führte. Er besaß eine elegante Stadtwohnung, wertvolle Antiquitäten, ein herrschaftliches Gut mit Reitpferden, er fuhr teure Autos und unterhielt kostspielige homosexuelle Beziehungen.

Dabei wäre Oberst Redl vier Jahre vor seiner Enttarnung um ein Haar aufgeflogen. Die Geschichte, warum das nicht geschehen ist, liest sich wie ein Krimi, dessen Klärung nur mithilfe von Emil Spannocchi zu schaffen war. Ich traf ihn, nachdem ich erfahren hatte, dass im Wiener Kriegsarchiv die Tagebücher seines Onkels, Lelio Graf Spannocchi, lagerten. Und bat den General, mir Einblick in die immer noch zur Veröffentlichung gesperrten Aufzeichnungen zu gewähren. Emil Spannocchi war sofort einverstanden, zumal es, wie er meinte, ohnehin höchst an der Zeit wäre, diesen Fall restlos aufzuarbeiten: »Denn der Skandal ist in meinen Augen noch viel schlimmer, als allgemein bekannt ist.«

Sein Onkel, Major Lelio Spannocchi, war zu Redls Zeiten österreichisch-ungarischer Militärattaché in Russland und hielt alles, was er dort erlebte, mit minutiöser Genauigkeit in Tagebüchern und Berichten fest. Spannocchis Aufzeichnungen ist zu entnehmen, dass er im Winter 1909 drauf und dran war, die Spionagetätigkeit Alfred Redls zu entlarven. Doch eine sehr österreichisch anmutende Mischung aus Schlamperei und Intrigantentum verhinderte diesen Plan, der den weiteren Verrat militärischer Geheimnisse unmittelbar vor Ausbruch des Ersten Weltkrieges verhindern hätte können.

Der Militärattaché Spannocchi stand kurz vor Antritt eines 14-tägigen Heimaturlaubs, als er zum ersten Mal mit dem Fall Redl konfrontiert wurde, wie einer Eintragung im Tagebuch zu entnehmen ist. »Vor meiner Reise nach Wien«, notiert er am 3. Februar 1909, »sollte ich noch ein Erlebnis haben, das mich in große Unruhe versetzte. Am Nachmittag traf ich den englischen Militärattaché Colonel Guy Wyndham, dem ich mich in St. Petersburg freundschaftlich angeschlossen hatte.« Bei dieser Gelegenheit erfuhr Spannocchi, »dass in Wien ein hochrangiger Generalstabsoffizier sitzt, der den Russen alles gibt, was sie wünschen«.

In Wien angekommen, wollte Spannocchi diesen Vorfall sofort Oberst Eugen Hordlicka, dem Chef des für Spionagefragen zuständigen Evidenzbüros, melden. Tagebucheintragung vom 11. Februar 1909: »Wider Erwarten bereitete mir Oberst Hordlicka einen sehr üblen Empfang. Er sagte mir: ›Ich bitte, durch solche Tatarenmeldungen bei uns nicht Unruhe zu erzeugen. Bitte zu bedenken, wie unser Generalstab dastünde, wenn der Kaiser von dieser Meldung und allenfallsigen Recherchen in dieser Sache Kenntnis erhalten sollte. Das ist nicht auszudenken. Solche Meldungen darf man nur bringen, wenn man positive Beweise in Händen hat.‹«

Spannocchi ließ nicht locker und betonte, dass er notfalls bis zum Kriegsminister gehen würde, um eine Überwachung des Generalstabs zu veranlassen. Nun lenkte Hordlicka ein und »forderte mich auf, zu seinem Stellvertreter zu gehen, dem er den Auftrag geben würde, meiner Meldung nachzugehen. Dieser würde die nötigen Erhebungen betreiben.«

Und damit kommen wir zur dramatischen Pointe der Geschichte: Hordlickas Stellvertreter war – Alfred Redl.

Man stelle sich vor: Major Spannocchi war dem größten Spionagefall in der Geschichte der Monarchie auf der Spur. Hätte Hordlicka die Empfehlungen Spannocchis befolgt und die »Überwachung des Generalstabs« – korrekterweise durch die Staatspolizei – eingeleitet, wäre Redl mehr als vier Jahre vor seinem tatsächlichen Ende entlarvt worden. Das wiederum hätte bedeutet: Vier Jahre, unmittelbar vor dem Ersten Weltkrieg, wären aus dem Generalstabsbüro in Wien via Redl keine militärischen Geheimnisse mehr nach St. Petersburg, Paris und Rom gedrungen.

»Nun ging ich zum Oberstleutnant Redl«, setzt Spannocchi fort. »Dieser bekam einen hochroten Kopf und versicherte, dass alles geschehen werde, um Licht in diese Angelegenheit hineinzutragen, ich möge beruhigt sein. Dann bat er mich, alles streng reservat für mich zu behalten.«

In den folgenden, für Redl überaus bedrohlichen Wochen und Monaten wird eine für ihn typische Strategie erkennbar. Der Verräter wusste, dass ihm Spannocchi, so er in dieser Sache weiterzuforschen Gelegenheit hatte, mehr als gefährlich werden konnte. Also begann Redl systematisch Spannocchis Abberufung vorzubereiten!

Zurück in St. Petersburg, erkannte Spannocchi, dass im Wiener Generalstab an seinem Sessel gesägt wurde: »So brachte mir in der Folge ein Kurier nach dem anderen unliebsame Bemerkungen und Eröffnungen zu meinen Berichten, aufgelegte Schikanen zum Unterschied von Belobigungen, die ich vorher erhalten hatte.«

Und Redl gelang es tatsächlich, der diplomatischen Karriere seines Widersachers ein Ende zu setzen. Dabei kam ihm eine Begebenheit zustatten, die er in geradezu generalstabsmäßiger Verfolgung seines teuflischen Plans selbst einzufädeln wusste. Als in diesen Tagen nämlich in Wien ein hochrangiger russischer Diplomat als Spion aufgeflogen war und des Landes verwiesen wurde, gelang es Redl, Spannocchi in diesen Fall zu verwickeln. Daraufhin

War drauf und dran, den Spionagefall Redl vorzeitig zu lösen: Österreichs Militärattaché Lelio Graf Spannocchi

wurde Spannocchi vom russischen Außenministerium schriftlich mitgeteilt, dass er »hierorts nicht mehr genehm« sei.

Enttäuscht und verständnislos verließ Spannocchi das Zarenreich und erfuhr dann im Wiener Außenministerium, dass für ihn »keinerlei Verwendung« mehr bestünde. Redl hatte ihn kaltgestellt!

Dreieinhalb Jahre später, im Juli 1913, schlug Spannocchi sein Tagebuch noch einmal auf und fügte hinzu: »Unlängst hat sich Oberst Redl erschossen. Ursache: Hochverrat und Preisgabe aller Geheimnisse an Russland. Es stellte sich jetzt heraus, dass ihm meine Position und Tätigkeit in St. Petersburg unbequem war und [er] durch meine Verbindungen Aufdeckung seiner verräterischen Handlungen fürchtete. Er hat dem russischen Generalstab mitgeteilt, dass ich mit einem Agenten in Kontakt stünde, und so meine Entfernung aus St. Petersburg bezweckt und vermocht. Bei aller Tragik bedeutet für mich die Überführung Redls als Hochverräter eine große Genugtuung. Meine Meldung im Jahre 1909 war somit zutreffend, und nur eine dünne Wand trennte uns von der Aufdeckung des verbrecherischen Treibens Redls. Bei einiger erhöhter Aufmerksamkeit und Beobachtungsgabe seitens der militärischen Behörden wäre Redl viel früher entlarvt worden. Pflicht des Obersten Hordlicka wäre es gewesen, aufgrund meiner Meldung die Sache selbst in die Hand zu nehmen und die entsprechenden Maßnahmen mit großer Vorsicht durchzuführen. Sie wären von Erfolg begleitet gewesen.«

Spannocchi wurde nach Auffliegen der Affäre Redl vom Generalstabschef Franz Conrad von Hötzendorf rehabilitiert und zum Regimentskommandanten ernannt. Sein Neffe General Emil Spannocchi kommentierte diese Vorgangsweise mir gegenüber mit den Worten: »Die schnelle Beförderung zeigt doch, dass dem Generalstab die ganze Sache damals sehr peinlich gewesen sein muss.«

Hätte man nicht österreichisch, sondern korrekt gehandelt, wäre man Redl schon vier Jahre vor seinem Ende auf die Schliche gekommen. Vier entscheidende Jahre vor Kriegsausbruch!

Aus »*Der Fall Redl*« (1984)

Is' alles hin?

Zur Frage, ob es den »lieben Augustin« gegeben hat

Wer war der »liebe Augustin«? Hat's ihn überhaupt gegeben? Einen Hinweis darauf, dass er tatsächlich gelebt hat, gibt der Geschichtsschreiber und Ordenspater Matthias Fuhrmann: Ein Bänkelsänger namens Augustin sei im Jahre 1645 zu Wien geboren und hier als Dudelsackpfeifer von Lokal zu Lokal gezogen.

Gerade im September 1679, als die größte Pestepidemie aller Zeiten ihren Höhepunkt erreichte, besuchte der Sackpfeifer Augustin die auf dem Wiener Fleischmarkt gelegene Schenke *Zum Roten Dachel*. Sei es aus Übermut oder weil er ohnehin der Meinung war, »Geld is hin, Gut is hin, 's Mensch is hin ...«, schaute der liebe Augustin an diesem Abend besonders tief ins Glasl. Hätte er statt in den Dudelsack in ein Alkoholröhrchen unserer Tage geblasen, wären wohl ein paar Promille mehr als die erlaubten 0,5 herausgekommen. Aber Führerschein, den man ihm hätte wegnehmen können, gab's ohnehin keinen, und so geschah's, dass er auf dem Fußmarsch nach Hause zwischen Kohlmarkt und Burgtor stolperte und in berauschtem Zustand am Straßenrand liegen blieb. So jedenfalls ist die Geschichte überliefert.

Da lag er, als einer von Hunderten, denn der »Schwarze Tod«, eine Infektionskrankheit, die letztlich auf mangelnde Hygiene zurückzuführen war, kannte kein Erbarmen. »Man sah das ganze

Monat nichts als Tote tragen, Tote führen, Tote schleifen, Tote begraben«, beschreibt Abraham a Sancta Clara die Situation. Jeder, der nur irgendwie konnte, verließ Wien und die Vorstädte, Kaiser Leopold I. war mit seinem Hofstaat nach Mariazell, Graz und schließlich nach Linz geflüchtet. Insgesamt fielen der Seuche in wenigen Monaten mindestens 60 000 Menschen zum Opfer.

Kurz nachdem der 34-jährige Augustin in jener Nacht beim Burgtor gestürzt war, kamen zwei der vielen »Siechknechte«, die damals von der Stadt Wien zum Abtransport der Leichen beschäftigt wurden, des Wegs und kippten den wie tot daliegenden Bänkelsänger auf ihren pferdebespannten Leichenwagen, um ihn in die Pestgrube der Vorstadt St. Ulrich zu werfen. Wer nämlich in diesen schrecklichen Tagen regungslos herumlag, galt automatisch als tot, von der »Pestilenz« zerfressen, da wurde nicht viel untersucht, sondern nur schnell, schnell in eines der 77 Massengräber am Rande der Stadt verfrachtet.

Als Herr Augustin, dessen Familienname der Geschichtsschreibung verborgen bleibt, am nächsten Morgen aufwachte, fand er sich neben Hunderten Leichen in der Pestgrube wieder. Sein Glück war, dass das Massengrab erst halbvoll gewesen und daher noch nicht mit Kalk zugeschüttet worden war.

»Wo bin ich, zum Teufel?«, soll er geschrien haben, »holt's mich sofort raus!« Und die Siechknechte befreiten ihn.

Trotz stundenlangem Körperkontakt mit den Pesttoten hatte sich der liebe Augustin nicht infiziert, und so wanderte er zurück zum *Roten Dachel*, um seinen Dudelsack zu holen und darauf weiter zu pfeifen, als wäre nichts geschehen.

Ob es den lieben Augustin wirklich gegeben hat oder nicht, ist eigentlich »powidl«, wie er selbst wohl gesagt hätte, denn das Wichtigste an ihm ist das Symbolhafte: der raunzende, jammernde, nörgelnde Wiener, der »Alles is hin!« singt, aber nicht im Entferntesten ans Untergehen denkt. Ein Optimist, selbst im Angesicht des Todes noch.

Der liebe Augustin ist am 10. Oktober 1705 im Alter von 60 Jahren verstorben, wie uns die Chronik überliefert.

Wenn er überhaupt gelebt hat.

Aus »*Geschichten der Geschichte, Unvergeßliches von Kaisern, Käuzen, großen Künstlern und kleinen Leuten*« (1992)

Die Rache der Kronprinzessin

Stephanies Testament taucht auf

Im Frühjahr 2015 rief mich ein Leser an, der für die Geschichte Österreich-Ungarns besonderes Interesse zeigte. Herr Peter Tilg vertraute mir an, dass er während eines Kuraufenthalts eine Dame kennengelernt hätte, die viele Jahre als Kanzleileiterin eines Wiener Anwaltsbüros tätig war und dort einen aufsehenerregenden Fund gemacht hatte. »Ich glaube, das wäre etwas für Sie«, sagte Herr Tilg. Und er hatte recht mit seiner Vermutung.

Ich traf die ehemalige Kanzleileiterin Edith Müller in einem Innenstadt-Café, und was sie mir mitbrachte, war eine kleine Sensation. Es war das bisher verschollen geglaubte, noch nie veröffentlichte Testament der Kronprinzessin Stephanie – der Witwe des Kronprinzen Rudolf. Das Dokument gab mir Gelegenheit, fast 100 Jahre nach dem Ende der k. u. k. Monarchie zu klären, was mit wesentlichen Teilen des privaten Nachlasses sowohl aus dem Haus Habsburg als auch aus dem belgischen Königshaus passiert ist.

»Habsburgisch« ist die Geschichte durch Stephanies Ehe mit dem Kronprinzen Rudolf, »belgisch« ist sie, weil Stephanies Vater, Leopold II., König von Belgien war.

Frau Müller reichte mir die acht dicht mit Schreibmaschine beschriebenen Seiten des Testaments der Kronprinzessin Stephanie. Ich las die letztwillige Verfügung genau durch und hielt bei ihrem bemerkenswertesten Punkt inne: Es war der Hass, mit dem

Ihre Ehe endete in einer Katastrophe: Kronprinzessin Stephanie

Rudolfs Witwe ihre Tochter Elisabeth, bekannt als »die rote Erzherzogin«, beschrieben und schließlich vollkommen enterbt hat.

Es war bekannt, dass Stephanie etwa ein Jahr vor ihrem Tod ihr Testament aufgesetzt hatte. Allerdings war das Schriftstück bisher unauffindbar. Die Kronprinzessin hatte ihren Letzten Willen am 4. Juli 1944 auf dem damals ungarischen Schloss Oroszvár bei Bratislava verfasst, wo sie mit ihrem zweiten Mann, einem ungarischen Aristokraten, lebte.

Stephanie und ihre Tochter Elisabeth waren ursprünglich durch eine liebevolle Beziehung verbunden, die jedoch immer frostiger wurde, bis sie in pure Feindschaft umschlug. Mutter und Tochter begannen sich im Jahr 1900 auseinanderzuleben, als Kaiser Franz Joseph der Witwe seines Sohnes die Erziehungsgewalt über die 17-jährige Elisabeth entzog. Der Grund: Stephanie hatte in zweiter Ehe den »nicht ebenbürtigen« ungarischen Grafen Elemér Lónyay geheiratet. Und da die Tochter des Kronprinzen nicht in einem »gewöhnlichen« gräflichen Haushalt leben durfte, übernahm der Kaiser die Aufsicht über seine Enkelin höchstpersönlich.

Zum nächsten Schritt der Entfremdung kam es, als sich Elisabeth 1924 von ihrem ersten Mann, dem Fürsten Otto Windischgraetz, scheiden ließ und eine Lebensgemeinschaft mit dem sozialistischen Politiker Leopold Petznek einging. War die Beziehung zwischen der streng konservativen Mutter und ihrer liberal denkenden Tochter nun schon auf einem Tiefpunkt angelangt, so sollte das Verhältnis noch kälter werden: als Stephanie 1935 unter dem Titel *Ich sollte Kaiserin werden* ihre Memoiren herausbrachte, in denen sie ganz offen beschrieb, was Kronprinz Rudolf ihr in ihrer Ehe und durch seinen schrecklichen Tod mit seiner Geliebten Mary Vetsera in Mayerling angetan hatte.

»Die rote Erzherzogin« Elisabeth, die ihren Vater über alles liebte und ihrer Mutter – wohl zu Unrecht – eine Mitschuld an dessen Selbstmord gab, sah in den Lebenserinnerungen sein Andenken verletzt und beantragte eine Beschlagnahme des Buches. Tatsächlich wurden Stephanies Memoiren in Österreich durch Gerichtsbeschluss aus den Buchhandlungen entfernt.

Die Kronprinzessin empfand von da an nur noch blanken Hass gegen Elisabeth, deren Name in ihrer Anwesenheit nicht mehr genannt werden durfte. Und sie beschloss, Elisabeth zu enterben. Das geht aus dem mir im Jahr 2015 überreichten Testament hervor, in dem Stephanie ihre Tochter aus ihrem »Nachlass gänzlich ausschließt« und dies mit ihrem »andauernden unmoralischen

Lebenswandel« erklärt. Als weiteren Grund gab die Kronprinzessin-Witwe an, dass Elisabeth ihren Kindern keinen »standesgemäßen Lebensunterhalt« bieten würde und aufgrund ihrer Scheidung von der katholischen Kirche »exkommuniziert worden« sei (was nicht den Tatsachen entsprach).

Stephanie Lónyay starb am 23. August 1945 im Alter von 81 Jahren in der Benediktinerabtei Pannonhalma bei Györ, wohin sie sich in den letzten Kriegstagen auf der Flucht vor sowjetischen Soldaten, die ihr Schloss Oroszvár besetzt hatten, begeben hatte. Dort befindet sich auch die ungarische Originalversion ihres Testaments, das die Patres jedoch bis zum heutigen Tag unter strengem Verschluss halten.

Wie aber kam es, dass die deutsche Übersetzung von Stephanies Letztem Willen 70 Jahre nach ihrem Tod in Wien auftauchte?

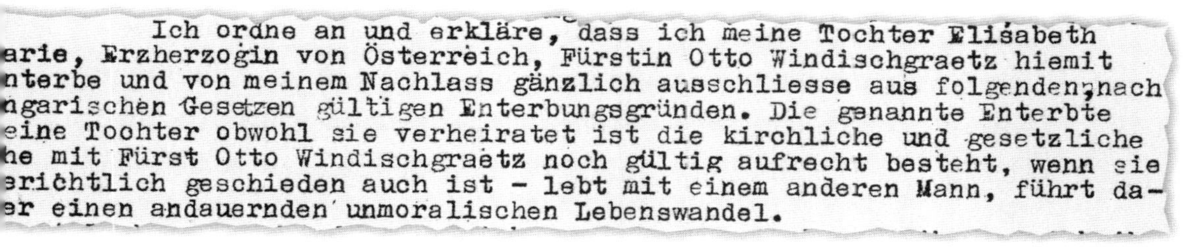
Ich ordne an und erkläre, dass ich meine Tochter Elisabeth
arie, Erzherzogin von Österreich, Fürstin Otto Windischgraetz hiemit
nterbe und von meinem Nachlass gänzlich ausschliesse aus folgenden, nach
ngarischen Gesetzen gültigen Enterbungsgründen. Die genannte Enterbte
eine Tochter obwohl sie verheiratet ist die kirchliche und gesetzliche
he mit Fürst Otto Windischgraetz noch gültig aufrecht besteht, wenn sie
erichtlich geschieden auch ist - lebt mit einem anderen Mann, führt da-
er einen andauernden unmoralischen Lebenswandel.

»Ich ordne an ..., dass ich meine Tochter Elisabeth Marie ... hiemit enterbe«: Aus dem erst 2015 aufgefundenen Testament der Kronprinzessin Stephanie

Die erwähnte Frau Edith Müller war viele Jahre Kanzleileiterin des Wiener Rechtsanwaltsbüros Dr. Kurt Kunodi*. Als die nach dem Krieg gegründete Kanzlei im Februar 1988 von der Leopoldsgasse in die Taborstraße übersiedelte, durchforstete Frau Müller

* Seit 1991 Dr. Heinz Vana

alle im Archiv lagernden Akten, um zu überprüfen, welche mit übersiedelt und welche entsorgt werden sollten.

»Plötzlich hielt ich das Testament der Kronprinzessin Stephanie in Händen«, erzählte Frau Müller bei unserem Treffen im Kaffeehaus. Und so muss die letztwillige Verfügung nach Österreich gelangt sein: Stephanies ungarischer Notar hat sie in beglaubigter Übersetzung an die Wiener Anwaltskanzlei Kunodi geschickt, die die »enterbte« Elisabeth als eine der Hauptbetroffenen des Testaments vertrat.

Frau Müller kopierte das Testament nach seiner Auffindung, »weil ich es für ein wertvolles Zeitzeugnis hielt«, und überreichte mir den Fund, über den sie bisher mit niemandem gesprochen hatte, weitere 27 Jahre später durch die Vermittlung des Herrn Tilg im Frühjahr 2015.

Mir war und ist es immer wichtig, historische Entdeckungen durch Experten absichern zu lassen. Und im Fall der Kronprinzessin Stephanie hatte niemand sonst ein so profundes Wissen wie die Wiener Historikerin und Stephanie-Biografin Irmgard Schiel. Ich bat sie um ein Treffen und zeigte ihr den Letzten Willen der Kronprinzessin. Ihr Urteil fiel nach genauer Prüfung eindeutig aus: »Das jetzt entdeckte Testament stimmt in so vielen Details, die ich über Stephanie herausgefunden habe, überein, dass an seiner Echtheit kein Zweifel besteht.« Als Frau Dr. Schiel 1976 an ihrer Stephanie-Biografie arbeitete, »habe ich mich natürlich auch um ihr Testament bemüht, es wurde jedoch von den Benediktiner-Patres in Pannonhalma nicht herausgegeben. So gesehen ist es historisch hochinteressant, dass es jetzt verfügbar ist.«

Die Kronprinzessin hinterließ Liegenschaften und Schlösser in Ungarn, die zunächst dem Benediktiner-Orden in Pannonhalma zufielen, durch die Verstaatlichung des kommunistischen Regimes jedoch bald wieder verloren gingen. Was laut Testament von Stephanies Erbe blieb, waren Pelze und kostbare Schmuckstücke, die zum Teil noch aus dem Haus Habsburg stammten, sowie »drei Millionen belgische Francs«, die auf einem Bankkonto in Brüssel hinterlegt waren. Dem Testament zufolge müssten die gigantischen Werte ihren drei (von ursprünglich vier) damals noch lebenden Enkeln zugeflossen sein.

Ihre enterbte Tochter, die »rote Erzherzogin« Elisabeth, besaß zwar ein Palais in Wien-Hütteldorf, das jedoch 1945 von russischen und später von französischen Besatzern beschlagnahmt wurde. So verbrachte die Tochter des Kronprinzen und Enkelin des Kaisers ihr Leben nach dem Krieg in ärmlichen Verhältnissen.

Aus »*Apropos Gestern, Meine Geschichten hinter der Geschichte*« (2015)

Gott sei Dank ein schlechter Schüler

Ungewöhnliches von Richard Strauss

Es war ein Skandal im Opernhaus. Richard Strauss befand sich auf einer Probe, als ihm die Sängerin Pauline de Ahna plötzlich die Noten vor die Füße warf und davonlief. Strauss unterbrach die Probe, lief Pauline de Ahna nach und folgte ihr ins Künstlerzimmer.
»Diejenigen, die draußen warteten, hörten durch die geschlossene Tür wütendes Schreien«, erinnerte sich die große Sängerin Lotte Lehmann an den Eklat. »Dann war alles still. Blass schauten die Wartenden einander an: Wer hat wen umgebracht?«
Minuten später öffnete Richard Strauss die Tür. Der Orchestervorstand stammelte: »Herr Dr. Strauss, das Orchester ist so entsetzt über das Benehmen von Fräulein de Ahna, dass wir es als unsere Pflicht ansehen, in Zukunft nie wieder zu spielen, sofern Fräulein de Ahna mitwirkt.«
Strauss sah von einem Musiker zum anderen. Und erklärte mit steinerner Miene: »Das schmerzt mich sehr. Denn ich habe mich soeben mit Fräulein de Ahna verlobt.«

Pauline und Richard Strauss waren dann 55 Jahre verheiratet, hatten einen Sohn und zwei Enkel. Dem Umstand, dass eines der beiden Enkelkinder durch mangelnde Schulleistungen glänzte, verdanken wir das Entstehen einer ganzen Oper. Und das wiederum kam so:

Christian Strauss hätte um ein Haar die dritte Klasse des humanistischen Gymnasiums im bayerischen Kloster Ettal nicht geschafft, wobei sein besonderer Schwachpunkt in den toten Sprachen lag. »Zwar erreichte er im Sommer 1946 den Aufstieg zur vierten Klasse«, lautete die wenig erfreuliche Beurteilung durch den Schuldirektor Pater Stephan Schaller, »aber dann kam noch Griechisch hinzu. Der schulische Horizont bewölkte sich.«

Nun sah sein bereits über 80-jähriger, weltberühmter und in der Schweiz lebender Opa Richard Strauss den Zeitpunkt gekommen, ins Geschehen einzugreifen. Er wandte sich persönlich an den Schulleiter: »Sehr geehrter Herr Pater Direktor«, beginnt das Schreiben, in dem er seiner Enttäuschung über den Buben Ausdruck verleiht: »Wir haben das so nicht von ihm erwartet, haben die Hoffnung nie aufgegeben, dass sich die schulischen Leistungen durch zunehmende Reife verbessern würden.« Dieser Brief ist, wie die gesamte Korrespondenz zum »Fall Strauss«, erhalten geblieben.

Der Direktor wusste in seiner Antwort an den Komponisten »nicht viel Erfreuliches zu melden«, erkannte aber seine Chance, um geschickt ein anderes Thema anzuschneiden: »Darf ich, sehr verehrter Meister, noch eine persönliche Bitte anfügen ... Wäre es nicht zu begrüßen, wenn unsere lebenden Komponisten etwas für die Schulbühne schreiben würden?«

Richard Strauss verstand den Wink mit dem Zaunpfahl und erklärte sich zur Schaffung eines »kleinen Werks« bereit. Nicht ohne – sicher ist sicher – schriftlich hinzuzufügen: »Ich bitte Euer Hochwürden inständig: Haben Sie etwas Nachsicht und Geduld mit dem Buben ...«

»Wäre es nicht zu begrüßen, wenn unsere lebenden Komponisten etwas für die Schulbühne schreiben würden?« Richard Strauss und sein Enkel Christian

Und dann machte er sich gleich an die Arbeit. Richard Strauss nannte das Singspiel *Des Esels Schatten* und beauftragte den Wiener Textdichter Hans Adler, ein Libretto zu schaffen, das die Spießbürger von Abdera, dem »altgriechischen Schilda«, auf ironische Weise charakterisiert.

Als Richard Strauss im September 1949 starb, gelangte das unvollendete Werk auf verschlungenen Wegen in die Benediktinerabtei Ettal. Wo die Noten sogleich in den Keller befördert wurden, da den strengen Ordensleuten die Handlung als »zu frivol« erschien.

Jahre später wurde das Fragment von Studenten entdeckt, musikalisch und textlich komplettiert und 1964, zum 100. Geburtstag des Meisters, in Salzburg uraufgeführt. Da war der an dem Werk

»schuldige« Enkel längst als hoch angesehener Arzt tätig. Christian Strauss hatte in ein Schweizer Internat gewechselt und dort bravourös maturiert. Mehr noch, das einstige Sorgenkind wurde nach absolviertem Studium ein anerkannter Gynäkologe und Chefarzt des Krankenhauses von Garmisch-Partenkirchen. Und das alles ganz ohne Opas Hilfe.

Nicht auszudenken, was der Musikgeschichte entgangen wäre, wenn Richard Strauss' Enkel immer schon ein guter Schüler gewesen wäre.

Aus »*Neues von Gestern, Geschichten mit Geschichte*« (2004)

Die nackte Kaiserin

oder Franz Joseph wird erpresst

Einmal mehr müssen wir erfahren, dass ihm nichts erspart geblieben ist, dem alten Kaiser. Weil aber Österreichs Mühlen manchmal ein bisserl langsam mahlen, hat es sage und schreibe 130 Jahre gedauert, bis der »Kriminalfall Sisi« bekannt werden konnte. Wurde doch lange Zeit geheim gehalten, dass Kaiser Franz Joseph 1872 mit einem gefälschten Nacktfoto seiner Gemahlin erpresst wurde. Erst im Jahr 2002 wurde die Existenz des Polizeiaktes aufgedeckt.

Als der Kaiser am 22. Dezember 1872 in der Wiener Hofburg seine Post öffnete, traute er wohl seinen Augen nicht. Denn in einem der Kuverts befand sich ein Bildnis seiner Frau.

Das Pikante daran: Sisi war splitternackt!

Neben dem Foto lag ein Brief, mit dem ein Unbekannter den Monarchen schlicht und einfach zu erpressen versuchte. »An Seine Majestät, den Kaiser von Österreich, Wien«, stand auf dem Kuvert. Dem das folgende Schreiben* beigegeben war: »Sire! Ich habe die Ehre, Ihnen eine Photographie Ihrer Frau zu schicken, die zu einer Kollektion gehört, die überall verkauft werden soll. Ich glaube, dass es für Eure Majestät außerordentlich unerfreulich wäre, wenn diese Porträts verkauft würden, und ich habe vom Photographen

---

* Originalbrief in französischer Sprache, hier in deutscher Übersetzung

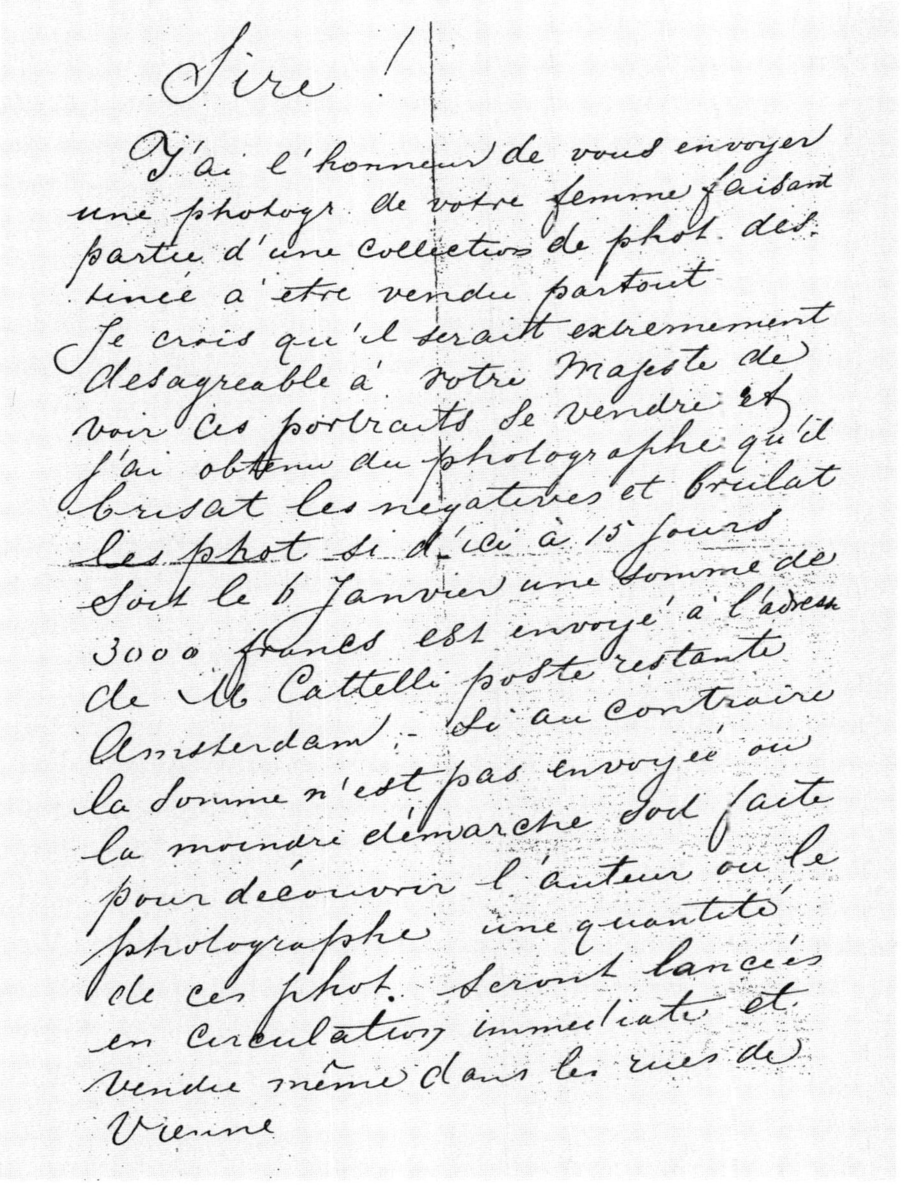

Sire!

J'ai l'honneur de vous envoyer
une photogr. de votre femme faisant
partie d'une collection de phot. des-
tinée à être vendue partout
Je crois qu'il seraitt extrêmement
desagreable à votre Majesté de
voir ces portraits se vendre et
j'ai obtenu du photographe qu'il
brisat les negatives et brulat
les phot si d'ici à 15 jours
soit le 6 Janvier une somme de
3000 francs est envoyé à l'adress
de M Cattelli poste restante
Amsterdam; - Si au contraire
la somme n'est pas envoyée ou
la moindre démarche soit faite
pour découvrir l'auteur ou le
photographe une quantité
de ces phot. seront lancées
en circulation immediate et
vendue même dans les rues de
Vienne

»Sire! Ich habe die Ehre, Ihnen eine Photographie Ihrer Frau zu schicken …«: Erpresserbrief an Kaiser Franz Joseph, Wien, Dezember 1872

die Zusage erlangt, dass er die Negative zerbrechen und die Photographien verbrennen würde, wenn binnen 14 Tagen, das heißt bis zum 6. Jänner, zu Handen von Herrn Cattelli, postlagernd Amsterdam, 3000 Francs übersandt werden. Widrigenfalls und wenn versucht würde, die Identität des Photographen herauszufinden, käme eine Anzahl der Aufnahmen sofort in Umlauf, sogar in den Straßen von Wien.«

Das dem Brief beigelegte Foto zeigt eine nackte Frau, die auf einer Lyra spielt. Die Gesichtszüge waren eindeutig als die der Kaiserin Elisabeth erkennbar. Doch der üppige Körper konnte keinesfalls mit »Sisis« zierlicher Figur übereinstimmen.

Kaiser Franz Joseph war zweifellos geschockt, hatte es doch einen Erpressungsversuch dieser Art noch nie zuvor gegeben. Also leitete seine Hofkanzlei das Bild samt Drohbrief an die k. k. Polizeidirektion Wien weiter, in der man den Oberinspektor Albert Stehling »mit der diskreten Klärung des Falles« betraute.

Die Diskretion ging immerhin so weit, dass bis zum Bekanntwerden der Affäre weit mehr als ein Jahrhundert vergehen sollte.

Denn als der auf dem Wiener Minoritenplatz abgelegte Akt mit der Nummer 32/1872 am Beginn der 90er-Jahre des 20. Jahrhunderts durch Zufall entdeckt wurde, ließ ihn die damalige Staatsarchiv-Chefin in einen Panzerschrank sperren und mit den Worten »Nicht zur Veröffentlichung geeignet« beschriften. Erst als die Frau Hofrat in Pension ging, wurde das Protokoll einer Erpressung durch die Generaldirektion des Staatsarchivs zur Einsicht freigegeben.

Die Autorinnen einer zum 100. Todestag der Kaiserin Elisabeth erschienenen Biografie erwähnten zwar die heikle Causa, vermieden es jedoch in nobler Zurückhaltung, den Originalbrief und das inkriminierte »Sisi«-Foto zu veröffentlichen. Worauf ich mich in das Wiener Haus-, Hof- und Staatsarchiv begab, um die Hintergründe zu erfahren und die Dokumente des seltsamen Kriminalfalles abdrucken zu können.

Dem Polizeiakt ist zu entnehmen, dass der Erpresserbrief am 19. Dezember 1872 in Amsterdam aufgegeben wurde. Weshalb der mit der Klärung beauftragte Oberinspektor Stehling sofort nach Holland reiste, wo ihm innerhalb weniger Tage eine kriminalistische Meisterleistung gelang. Fand er doch mithilfe seiner niederländischen Kollegen heraus, dass das Originalfoto der Lyra spielenden Dame »aus einem Karton nackter Frauenzimmer« des Amsterdamer Fotoateliers van Rooswinkel & Co. stammte. Als Käufer der Bilder konnte der hoch verschuldete holländische Spielzeughändler Josef J. Kievits eruiert werden.

Ein Vergleich des an den Kaiser gerichteten Drohbriefes mit einer Rechnung, die Herr Kievits in seiner Firma handschriftlich ausgestellt hatte, ergab den eindeutigen Beweis seiner Täterschaft, konnte Oberinspektor Stehling Anfang Jänner 1873 nach Wien telegrafieren.

Es gelang ihm sogar, die Identität der entblößten Dame, auf deren Körper der Kopf der Kaiserin gesetzt worden war, zu lüften. Wie der Kriminalbeamte Stehling am 7. Jänner dem Wiener Polizeidirektor Hofrat von Le Monnier mitteilte, handelte es sich bei der vollschlanken Frau um eine ehemalige Amsterdamer Prostituierte namens van der Ley.

Drohbrief und Rechnung befinden sich heute ebenso in dem Polizeiakt im Haus-, Hof- und Staatsarchiv wie die beiden Fotografien: Sowohl das Originalbild der Frau van der Ley als auch die Fotomontage mit dem Kopf der Kaiserin sind erhalten geblieben.

Mit dieser plumpen Bildfälschung wollte ein holländischer Geschäftsmann Kaiser Franz Joseph erpressen. Er montierte auf eine Fotografie der Amsterdamer Prostituierten van der Ley (oben) den Kopf der Kaiserin Elisabeth.

Der Erpresser hatte ein acht Jahre altes Porträt Elisabeths auf den Körper der Prostituierten gesetzt und offensichtlich angenommen, mit dieser plumpen Fälschung den Kaiser von Österreich zu einer Zahlung nötigen zu können.

Wobei sich seine so höflich formulierten Forderungen – verglichen mit den Erpresserbriefen späterer Generationen – in relativ bescheidenen Grenzen hielten. Die verlangten 3000 französischen Francs hatten einen Gegenwert von 1200 österreichischen Gulden*.

Dem Kriminal-Oberinspektor Albert Stehling wurde nach seiner Rückkehr aus Amsterdam von der Wiener k.k. Polizeidirektion »für umsichtiges Verhalten und seine mit Anstrengung verbundene Mühewaltung die schriftliche Anerkennung ausgesprochen«.

---

* Entspricht laut Statistik Austria im August 2019 rund 10000 Euro.

Und der Erpresser ist mit einem blauen Auge davongekommen. Um in der Monarchie jegliches Aufsehen zu vermeiden – und da gegen Josef J. Kievits in den Niederlanden ohnehin ein Verfahren wegen fahrlässiger Krida lief –, ließen ihn die österreichischen Behörden zwar wissen, dass er als Täter überführt sei. Doch auf eine gerichtliche Verfolgung wurde verzichtet.

Aus »*Meine Reisen in die Vergangenheit*« (2002)

Der zweite Attentäter

Neues zum Dollfuß-Mord

Seit vielen Jahren pflege ich gute Kontakte zu Historikern, Archivaren und Bibliothekaren, die sich immer wieder als wichtige Informationsquellen für meine Reisen in die Vergangenheit erweisen. Sie »sitzen« auf Tausenden Dokumenten, Archivalien und Zeitzeugenaussagen, die über Jahrzehnte keine Beachtung finden, irgendwann aber – sei es geplant oder durch Zufall – von ihnen aufgespürt werden. Die Geschichte erweist sich dann als besonders spannend, wenn sie »lebt«, wenn sie also neue Erkenntnisse zutage fördert.

Als einer dieser Informanten war Peter Broucek, langjähriger und führender Militärhistoriker im Wiener Kriegsarchiv, unerreicht. Er hatte mich schon bei meinem Buch zum Spionagefall Redl freundschaftlich unterstützt und sprach mich im Herbst 2014 einmal mehr auf ein bisher unbekanntes, zentrales Detail an der gerade 80 Jahre zurückliegenden Ermordung des österreichischen Bundeskanzlers Engelbert Dollfuß an.

Dass auf Dollfuß zwei Mal geschossen wurde, weiß man seit der Obduktion seines Leichnams unmittelbar nach der Tat. Auch dass die Schüsse aus zwei Waffen abgefeuert wurden, war von Anfang an klar. Doch man kannte immer nur den Namen eines Täters. Der Historiker Peter Broucek war es, der mir nun verriet, wer den zweiten Schuss auf den autoritär regierenden Bundeskanzler abgegeben hatte.

Wir schreiben den 25. Juli 1934, an dem rund 150 illegale Nationalsozialisten, als Offiziere und Soldaten des österreichischen Bundesheeres verkleidet, mit Lastautos »zur Wachablöse« in den Hof des Bundeskanzleramtes am Wiener Ballhausplatz fuhren. Ein von Hitler geplanter Putsch, der die Regierung stürzen sollte, war im Gange. SS- und SA-Männer stürmten ins Kanzleramt und brachten den aus seinen Amtsräumen flüchtenden Regierungschef in ihre Gewalt. Der 34-jährige Otto Planetta gab einen Schuss ab. Es folgte ein weiterer. Doch bis zur Veröffentlichung meiner durch Hofrat Broucek ermöglichten Tatbeschreibung blieb unbekannt, aus wessen Pistole dieser zweite Schuss kam.

»Der Name des zweiten Attentäters«, erklärte Broucek, »ist Rudolf Prochaska.« Dieser war zum Zeitpunkt des Attentats 39 Jahre alt, Luftwaffenmajor im Bundesheer der Ersten Republik und illegales Mitglied der SA, einer Schlägertruppe der in Österreich verbotenen NSDAP.

Woher bezog Dr. Broucek die schwerwiegende Information, dass der bisher kaum bekannte Offizier Prochaska der zweite Attentäter war? »Ich arbeitete seit 1963 im Wiener Kriegsarchiv«, sagte Broucek. »Dort war General Rudolf Kiszling als Generalstaatsarchivar damals bereits in Pension, doch er kam zu Forschungszwecken fast jeden Tag ins Büro, und ich war als junger Mitarbeiter sein Ansprechpartner.«

Kiszling war eine zwielichtige Figur. Er hatte das Kriegsarchiv nach dem Ende der Monarchie mit aufgebaut und war von 1936 bis 1945 dessen Leiter. Er stand den Nationalsozialisten nahe und war an der Planung des Dollfuß-Attentats beteiligt. »Der bei dem Gespräch 90-jährige, aber noch sehr vitale Kiszling«, erzählte Broucek weiter, »redete mit mir ganz offen über seine Rolle beim Doll-

Rudolf Prochaska gab den zweiten Schuss auf Bundeskanzler Dollfuß ab.

fuß-Attentat: Kiszling selbst befand sich am 25. Juli 1934 im Kriegsarchiv, einem dem Bundeskanzleramt angrenzenden Gebäude, und er war es auch, der Planetta und Prochaska als Anführer des Putschversuchs angeworben hatte.«

Eines Tages, Mitte der 1970er-Jahre, sagte Kiszling sehr deutlich zu Broucek, »dass es Prochaska war, der den zweiten Schuss auf Dollfuß abgab«. Für Peter Broucek besteht kein Zweifel, »dass Kiszlings Aussage der Wahrheit entspricht. Ich kannte ihn über viele Jahre, und er hatte keinen Grund, eine Geschichte zu erfinden, die seinem eigenen Ansehen nur Schaden und keinen Nutzen brachte.« Darüber hinaus bestätigte der 1977 verstorbene bekannte Historiker Ludwig Jedlicka auf Brouceks Anfrage, »dass er dieselbe Information von Kiszling erhalten hat. Und auch für Jedlicka bestand kein Zweifel an der Richtigkeit dieser Aussage.«

Warum aber hat Broucek fast 40 Jahre gewartet, um Rudolf Prochaska als einen der beiden Dollfuß-Attentäter zu entlarven?

»Kiszling hatte mir, als er Prochaskas Namen nannte, das Versprechen abverlangt, dessen Rolle am Dollfuß-Mord in absehbarer Zeit nicht publik zu machen, wohl auch, weil Prochaskas Witwe damals noch am Leben war. Als ich mich 2014 anlässlich des 80. Jahrestages wieder mit dem ›Juli-Putsch‹ beschäftigte, dachte ich, dass inzwischen genügend Zeit vergangen war.«

Über den Tathergang gibt es divergierende Zeugenaussagen, doch aus der gerichtsmedizinischen Untersuchung des Leichnams von Dollfuß geht eindeutig hervor, »dass die beiden Schusskanäle auf zwei verschiedene Kaliber hinweisen, und zwar auf 9 Millimeter und auf 7,62 Millimeter«. Demnach steht fest, dass die Schüsse aus zwei Waffen und von zwei Personen abgegeben wurden.

Planetta, der bereits Stunden nach der Tat von der Wiener Polizei als Attentäter identifiziert werden konnte, legte ein Geständnis ab, ohne den Namen des zweiten Schützen preiszugeben. Otto Planetta und sieben weitere Hauptbeteiligte des Attentats wurden von einem Militärgericht wegen Mordes und Hochverrats zum Tod verurteilt und am 31. Juli 1934 hingerichtet. Planettas letzte Worte waren »Heil Hitler«.

Rudolf Prochaska machte hingegen später Karriere. Er selbst erklärte am 1. Juni 1938 im »Personal-Fragebogen der NSDAP«, am »Putschversuch gegen das Bundeskanzleramt« teilgenommen zu haben, ohne zu erwähnen, dass er einer der Attentäter war. Der 1894 in Budweis geborene Prochaska brachte es nach dem »Anschluss« an Hitler-Deutschland noch zum »SA-Sturmbannführer« und zum Oberst der Deutschen Wehrmacht. Er starb 1973 im Alter von 79 Jahren.

Wer den tödlichen Schuss abgab – ob Planetta oder Prochaska oder ob beide Schüsse tödlich waren –, wird wohl nicht mehr zu eruieren sein. Dollfuß wurde am Hals und in der rechten Achselhöhle verletzt, ehe er im Kanzleramt verblutete. Die Putschisten waren weder bereit, einen Arzt noch einen Priester zu rufen, um deren Beistand Dollfuß gebeten hatte.

Das eigentliche Ziel des Putschversuchs der Nazis am 25. Juli 1934 war es, die österreichische Regierung gefangen zu nehmen und selbst die Macht an sich zu reißen. Doch die Regierungsmitglieder waren vorgewarnt worden und hatten den Ballhausplatz rechtzeitig verlassen. Nur Dollfuß war geblieben und bezahlte dies mit seinem Leben.

Bundespräsident Wilhelm Miklas, auf den ebenfalls ein Attentat geplant war, befand sich auf Urlaub in Velden und ernannte nach Dollfuß' Tod Unterrichtsminister Kurt Schuschnigg zum neuen Bundeskanzler. Noch war die Machtübernahme der Nationalsozialisten gescheitert.

Aus »*Apropos Gestern, Meine Geschichten hinter der Geschichte*« (2015)

»ALLES GERETTET, KAISERLICHE HOHEIT«

Franz von Jauner und der Ringtheaterbrand

Dieser Mann schien das Glück gepachtet zu haben. Franz Jauner war ein beliebter Schauspieler und einer der erfolgreichsten Theaterdirektoren Wiens. Nichts schien den rasanten Aufstieg des Charmeurs, der im Wiener Fin de Siècle im Mittelpunkt des kulturellen und gesellschaftlichen Lebens stand, stoppen zu können. Bis das Schicksal eine furchtbare Wendung nahm.

Der elegante, gut aussehende Sohn eines k. k. Hofgraveurs war am Burg- und am Kärntnertortheater aufgetreten und darüber hinaus ein künstlerisch wie organisatorisch so begabter Kopf, dass man ihm nach und nach die Direktionen des Carltheaters und der Hofoper übertrug. Da er all seine Aufgaben bravourös meisterte, wurde er vom Kaiser in den erblichen Adelsstand erhoben und 1880 als Retter des in einer Krise steckenden Ringtheaters geholt. Jauner war am Zenit seiner Laufbahn angelangt. Er ordnete einen umfassenden Umbau des Hauses an, um die Sicherheit zu erhöhen, und war auch hier vom ersten Tag an erfolgreich. Schon die Neueröffnung des Ringtheaters und ein Gastspiel des Weltstars Sarah Bernhardt brachten riesige Erfolge, und auch die erste Vorstellung von *Hoffmanns Erzählungen* wurde 1881 zu einer viel bejubelten Sensation.

Doch in der zweiten Vorstellung der Offenbach-Oper kam es zu einer der größten Katastrophen der Theatergeschichte.

Das Ringtheater geriet in Brand, 384 Menschen verloren ihr Leben.

Niemand hat je damit gerechnet, dass es zu einem solchen Unglück kommen könnte, da man erst vor Kurzem in der k. u. k. Monarchie neue Feuerschutzbestimmungen eingeführt hatte. Wenige Monate vor dem Ringtheaterbrand hatte sich in Nizza ein Theaterbrand mit zahlreichen Todesopfern ereignet, worauf die österreichische Theaterverwaltung vor allem an den Wiener Bühnen neue, rigorose Brandvorschriften einforderte. Dazu gehörten beleuchtete Notstiegen, Ausgangstore, die nach außen zu öffnen waren, um dem Andrang panischer Massen nachgeben zu können. Weiters wurden lange Sitzreihen durch Gänge unterbrochen, und der eiserne Vorhang sollte im Notfall sofort geschlossen werden. Die Einrichtung der neuen Vorschriften wurde wenige Tage vor der Katastrophe von einer Kommission überprüft – aber niemand achtete während der Vorstellungen auf deren Einhaltung.

Direktor Franz Ritter von Jauner ist, als das Feuer am 8. Dezember 1881 ausbricht, nicht im Theater, er kommt erst, als das Gebäude bereits lichterloh in Flammen steht. Als für die Sicherheit des Hauses verantwortlicher Pächter sowie künstlerischer und technischer Leiter wird er in einem Gerichtsverfahren wegen schwerer organisatorischer Mängel zur Verantwortung gezogen. Es war wohl sein größter Fehler, sich selbst zum technischen Leiter ernannt zu haben, obwohl er auf diesem Gebiet weder Ausbildung noch Erfahrung hatte. Und so kam es, dass er – wie es seine Aufgabe gewesen wäre – die Sicherheitsbestimmungen nicht kontrollierte. Und auch seine Mitarbeiter haben nach Ausbruch des Feuers weder den eisernen Vorhang heruntergelassen noch den Brandmelder betätigt, durch den die Feuerwehr verständigt worden wäre. Die dafür zuständigen Männer saßen statt im Theater in einem benachbarten Gasthaus. Dadurch verstrichen wertvolle Minuten, ehe zwei zufällig vorbeikommende Kutscher zur Feuerwehrzentrale fuhren und einen »Dachbrand« meldeten, worauf sich endlich Hilfe in Bewegung setzte.

Das Feuer war kurz vor Beginn der Vorstellung, um 18.45 Uhr ausgebrochen, als sich im Zuschauerraum bereits 1760 Menschen befanden. Auslösendes Moment war eine defekte Gas-Soffitte der Bühnenbeleuchtung, die zunächst den Bühnenvorhang in Brand setzte. Da der eiserne Vorhang nicht heruntergelassen wurde, verbreitete sich das Feuer innerhalb kürzester Zeit im ganzen Haus. Fatalerweise schaltete ein Bühnenarbeiter in dieser Situation die

Das Feuer verbreitete sich innerhalb kürzester Zeit im ganzen Haus: der folgenschwere Ringtheaterbrand am 8. Dezember 1881

Beleuchtung des gesamten Theatergebäudes durch Schließen des Gas-Haupthahnes aus, wodurch im Publikum eine Panik ausbrach. Sämtliche Theaterbesucher eilten praktisch gleichzeitig zu den Türen des Zuschauerraums, die sich – im Gegensatz zu den neuen gesetzlichen Bestimmungen – nur nach innen öffnen ließen. So versperrten sich die ins Freie drängenden Menschen selbst den Weg auf die Straße.

Der erste Löschzug der Wiener Feuerwehr erschien gegen 19 Uhr und war – wie von den beiden Kutschern angezeigt – für ein »Dachfeuer« ausgerüstet, nicht jedoch für eine Massenkatastrophe. Etwas später traf der Militärkommandant Erzherzog Albrecht an der Unglücksstelle ein und erhielt von einem Polizeioffizier die Meldung: »Alles gerettet, kaiserliche Hoheit!«

Das Zitat wurde zum geflügelten Wort, da man damit eine der größten Katastrophen der Wiener Stadtgeschichte auf dramatische Weise bagatellisiert hatte. Denn zu diesem Zeitpunkt lagen bereits Hunderte verkohlte Leichen im Inneren des Ringtheaters.

Franz von Jauner hat es laut Anklage »unterlassen, dem technischen Personale ausreichende und ordentliche Instruktionen zu geben«, und wird wegen »Vergehens gegen die Sicherheit des Lebens durch Unterlassung von Vorsichtsregeln im Inneren des Theaters« zu einer unbedingten viermonatigen Arreststrafe und zur Aberkennung seines Adelstitels verurteilt. Ebenfalls schuldig gesprochen werden zwei Beleuchter und der Kommandant der Theaterfeuerwehr.

Der Kaiser weist die zahlreichen Gesuche mit der Bitte um Gnade für Jauner zurück, weil »die Größe und Schrecklichkeit der Katastrophe wie der Leichtsinn Jauners eine Sühne verlangen, welche die allgemeine Meinung und auch Mein Gefühl in einer Geldstrafe nicht finden«.

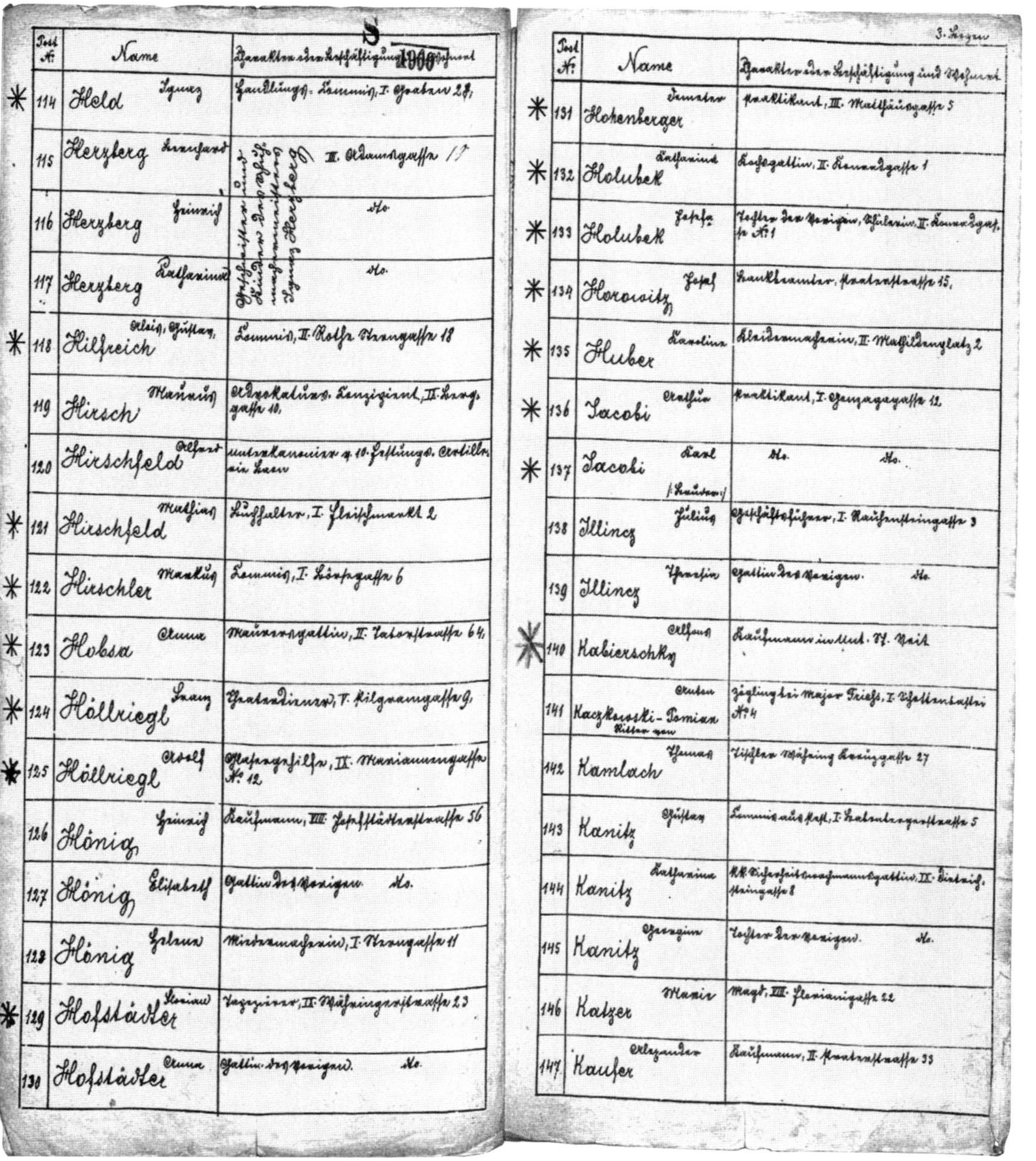

Post Nr.	Name	Charakter der Beschäftigung und Wohnort
114	Held Ignaz	Handlungs-Commis, I. [illegible] 28
115	Herzberg Leonhard	Geschäftsinhaber und Kinder des Geschäftsinhabers Ignaz Herzberg, II. Adamsgasse 10
116	Herzberg Heinrich	do.
117	Herzberg Katharina	do.
118	Hilfreich Alois, Gustav	Commis, II. Rothe Sterngasse 18
119	Hirsch Mauritz	Advokaturs-Concipient, II. [illegible]gasse 10
120	Hirschfeld Albert	Unterkanonier d. 10. Festungs-Artillerie-[illegible]
121	Hirschfeld Mathias	Buchhalter, I. Fleischmarkt 2
122	Hirschler Markus	Commis, I. [illegible]gasse 6
123	Hobsa Anna	Maurersgattin, II. Taborstraße 64
124	Höllriegl Franz	[illegible], V. [illegible]gasse 9
125	Höllriegl Adolf	[illegible], II. Mariannengasse Nr. 12
126	Hönig Heinrich	Kaufmann, III. [illegible]straße 56
127	Hönig Elisabeth	Gattin des Vorigen. do.
128	Hönig Helene	[illegible], I. Sterngasse 11
129	Hofstädter [illegible]	Tapezierer, II. [illegible]straße 23
130	Hofstädter Anna	Gattin des Vorigen. do.

3. Bogen

Post Nr.	Name	Charakter der Beschäftigung und Wohnort
131	Hohenberger Demeter	Praktikant, III. [illegible]gasse 5
132	Holubek Katharina	[illegible]gattin, II. [illegible]gasse 1
133	Holubek Josefa	Tochter der Vorigen, Schülerin, II. [illegible]gasse Nr. 1
134	Horowitz Josef	Bankbeamter, Praterstraße 15
135	Huber Karoline	Kleidermacherin, II. [illegible]platz 2
136	Jacobi Arthur	Praktikant, I. [illegible]gasse 12
137	Jacobi Karl (Bruder)	do. do.
138	Illincz Julius	Geschäftsführer, I. Rauhensteingasse 3
139	Illincz Theresia	Gattin des Vorigen. do.
140	Kabierschky Alfons	Kaufmann in [illegible]
141	Kaczkowski-Tomian Anton Ritter von	Zögling bei Major [illegible], I. [illegible]gasse Nr. 4
142	Kamlach Thomas	Tischler, Währing, Kreuzgasse 27
143	Kanitz Gustav	Commis aus Pest, I. [illegible]straße 5
144	Kanitz Katharina	k.k. Sicherheitswachmannsgattin, IX. Dietrichsteingasse 8
145	Kanitz Georgine	Tochter der Vorigen. do.
146	Katzer Marie	Magd, III. Florianigasse 22
147	Kaufer Alexander	Kaufmann, II. Praterstraße 33

Auszug aus der Totenliste nach dem Brand des Wiener Ringtheaters

Jauner, der ein Jahr vor der Katastrophe auch das Theater an der Wien erworben hat, wohnt zum Zeitpunkt des Unglücks mit seiner Familie im letzten Stock des Theatergebäudes auf der Linken Wienzeile, von wo aus er sich jetzt im Fiaker ins Landesgericht fahren lässt, um seine Strafe anzutreten. Die Wiener munkeln, dass er dort wie Herr von Eisenstein im »Häf'n« in der *Fledermaus* empfangen wird, da ihn das Personal, vom Direktor bis zum Gefängniswärter, anhimmelt.

Doch nach Verbüßung der Haft ist Jauner ein gebrochener Mann, und er zieht sich für mehrere Jahre vom Theater zurück. Bei der Rückkehr ins Berufsleben scheint er wieder Fuß zu fassen. Da ihm mit seiner Verurteilung die Bühnenkonzession entzogen wurde, verkauft er das Theater an der Wien jetzt an Alexandrine von Schönerer. Aber hinter den Kulissen bleibt er der Operettenbühne erhalten, der er einmal mehr zu einem künstlerischen wie wirtschaftlichen Höhenflug verhilft, als er 1885 den *Zigeunerbaron* in seiner Inszenierung uraufführt. Mit Alexander Girardi als Zsupan wird die Strauß-Operette einer der größten Erfolge, die Wien je erlebt hat.

1894 verlässt Jauner das Theater an der Wien, um – mittlerweile voll rehabilitiert – zum zweiten Mal in seinem Leben die Direktion des Carltheaters zu übernehmen. Doch

Er muss nach dem Brand des Ringtheaters in den Arrest: Theaterdirektor und Publikumsliebling Franz von Jauner

Jauners große Zeit ist vorbei. Er setzt alles auf eine Karte und überweist sein Privatvermögen zur Rettung des Hauses an die Theaterkasse, schlittert jedoch in den Konkurs. Quälende Sorgen und das Fehlschlagen aller finanziellen Aktionen beginnen an Jauners Lebenskraft zu zehren und seine Gesundheit zu erschüttern. Der eben noch so vitale Mann erleidet im Winter 1899 einen Schlaganfall, von dem er sich nicht mehr erholt. Franz Jauner wird über Nacht zum Greis.

Am Vormittag des 23. Februar 1900 hat er in seinem Büro – das schon Jauners Vorgänger Johann Nestroy als Arbeitsstätte diente – Besprechungen mit Ensemblemitgliedern und wirkt dabei ruhig und unbefangen. Gegen elf Uhr macht Buchhalter Gerstl dem Direktor die Mitteilung, dass für die Auszahlung der Wochenlöhne kein Geld mehr in der Kassa sei und sich der Schuldenstand auf 45 000 Gulden* belaufe.

Als der Buchhalter die Direktionskanzlei verlässt, greift der 67-jährige Jauner in seine Schreibtischlade, entnimmt ihr jenen Revolver, mit dem sich 16 Jahre davor sein Bruder Lukas erschossen hat, und jagt sich eine Kugel in den Kopf. »Ich verließ Herrn Direktor von Jauner in aufgeräumter Stimmung«, gab Buchhalter Gerstl später zu Protokoll, »und wollte mich eben aus dem Theatergebäude entfernen. Kaum hatte ich aber das Stiegenhaus erreicht, als ich einen Schuss fallen hörte.«

Die Nachwelt, so scheint es, hat Jauner verziehen. 1955 wurde in Wien-Hietzing die Jaunerstraße ihm zu Ehren benannt.

---

* Entspricht laut Statistik Austria im August 2019 rund 270 000 Euro.

Aus »*Alles nur Zufall?, Schicksalsstunden großer Österreicher*« (2014)

Der falsche Franz Olah

Eine merkwürdige Verwechslung

Mit dem Kritiker Hans Weigel verband mich ein freundschaftliches Verhältnis, das bis zu seinem Tod im Sommer 1991 anhielt. Es war daher naheliegend, dass ich, einige Jahre nachdem er verstorben war, von einem Grazer Verlag eingeladen wurde, einen Beitrag über den Doyen der Wiener Theaterkritik zu schreiben. Ich war einer von mehreren Autoren, unter denen sich auch der ehemalige Innenminister Franz Olah befand. Doch der wusste gar nichts davon.

Zu den Autoren, die sich in dem geplanten Buch an Weigel erinnern sollten, zählten neben seiner Lebenspartnerin Elfriede Ott auch die Schauspieler Otto Schenk und Helmuth Lohner, die Kabarettisten Gerhard Bronner, Georg Kreisler und Werner Schneyder, die Journalisten und Autoren Trude Marzik und Marcel Reich-Ranicki, aber auch die Politiker Rudolf Kirchschläger, Franz Vranitzky, Peter Marboe, Helmut Zilk. Und Franz Olah.

Ich blätterte während der Buchpräsentation, die im Wiener Rabenhof Theater stattfand, in dem druckfrischen Werk mit dem Titel *Im Dialog mit Hans Weigel* und blieb verdutzt bei dem etwas eigentümlich anmutenden Beitrag »Irritationen des Lebens« hängen. Verfasst von Franz Olah. Im Gegensatz zu den meisten anderen Autoren war der ehemalige Innenminister und Gewerkschaftspräsident im Rabenhof jedoch nicht persönlich anwesend.

Hatte Olah überhaupt einen Beitrag für dieses Buch geschrieben?

Und wenn nicht: Wer war dann der geheimnisvolle Verfasser des Kapitels, über dem »Franz Olah« stand?

Nun, im burgenländischen Markt Deutschkreutz lebte ein ÖBB-Beamter gleichen Namens, der auf äußerst kuriose Weise zum Weigel-Chronisten wurde: Franz Olah, bei Erscheinen des Buches 35 Jahre alt und am Kartenschalter des Bahnhofs Wiener Neustadt tätig, hatte ein Jahr davor – wie wir alle, die sich an Weigel erinnern sollten – einen Brief erhalten, mit der Bitte des steirischen Verlagshauses, einen Beitrag zum 90. Geburtstag des verstorbenen Literaturpapstes zu schreiben.

»Ich hab mich eh sehr g'wundert«, sagte Olah, der Bahnbeamte, als ich ihn am Tag nach der Buchpräsentation ausfindig machte. »Ich hab mich g'wundert, weil ich den Weigel weder gekannt noch je etwas von ihm gelesen habe.«

»Ja, aber warum«, fragte ich ihn, »haben Sie dann ein ganzes Buchkapitel über ihn geschrieben?«

»Ich hab den Brief zunächst nicht weiter ernst genommen und zur Seite gelegt«, antwortete der freundliche Beamte. Doch nach einigen Monaten kam ein weiterer Brief, diesmal mit der dringlichen Anfrage, wann mit dem Manuskript zu rechnen sei.

Worauf er an der Sache Geschmack zu finden begann. Wer hat schon Gelegenheit, seinen Namen nebst so illustren Persönlichkeiten in einem Buch wiederzufinden? Also las Herr Olah – der mit dem Politiker weder verwandt noch verschwägert ist – in Weigels Werken nach. Und verfasste ein Kapitel, das er dem Verlag schickte und das dann auch tatsächlich Wort für Wort genau so erschienen ist.

Verwechslung: Franz Olah, der Innenminister a. D., und Franz Olah, der Bahnbeamte

Im Verlag suchte man, nachdem ich die Verwechslung in einem Zeitungsartikel »aufgedeckt« hatte, eine Erklärung für die ein wenig peinliche Angelegenheit.

Die da lautete: Eine Mitarbeiterin war beauftragt worden, Franz Olahs Adresse herauszufinden. Sie rief im Sekretariat der SPÖ in Wien an, wo man ihr die im Computer gespeicherte Adresse des Parteimitglieds Franz Olah gab. Nun war aber der Ex-Minister längst kein Parteimitglied mehr, man hatte ihn ja im Zuge seiner totalen Entmachtung in den 1960er-Jahren aus seiner Gesinnungsgemeinschaft ausgeschlossen. Sehr wohl SPÖ-Mitglied war hingegen der Bahnbeamte. So gelangte der Verlag an Herrn Olah in Deutschkreutz – und die Posse nahm ihren Lauf.

Der »echte« Franz Olah, der Minister a. D., hatte Weigel gut gekannt und hätte, wie er mir später versicherte, gerne einen Beitrag über ihn geschrieben. Die Tücken des Computers haben es verhindert.

Aber auch der »falsche« Olah, der Bahnbeamte, hat sich so seine Gedanken gemacht und kommt auf zwei Druckseiten zu dem Schluss: »Nehmen wir den 90. Geburtstag Hans Weigels zum Anlass, darauf hinzuweisen, welche Werte in den Werken der österreichischen Dichtung und vor allem in den Werken Hans Weigels liegen.«

Tatsächlich. Welche Werte liegen dort! Der Nestroy, der Qualtinger und der Weigel sind wohl am Tag der Buchpräsentation auf einer Wolke gesessen und haben sich gefreut, dass in Österreich alles so geblieben ist, wie sie's immer so trefflich beschrieben hatten.

Aus »*Unter uns gesagt, Begegnungen mit Zeitzeugen*« (2008)

»Ich schau dir in die Augen, Kleines!«

Casablanca *allzu wörtlich genommen*

»Mein Name ist Ilona Ryder«, sagte die Dame, die sich in etwas gebrochenem Deutsch am Telefon meldete. »Ich bin eine Enkelin von Michael Curtiz.«
Michael Curtiz, das ist ein Stück Hollywood, welches aus einem einzigen Wort besteht: Casablanca. *Denn mit dem vielleicht populärsten Film aller Zeiten hat Michael Curtiz einen Meilenstein der Kinogeschichte gesetzt.*
»Ich bin gerade in Wien«, erklärte Mrs. Ryder, »und auf der Suche nach den Kindern und Enkelkindern meines Großvaters.«

Millionen Menschen schluchzen, wenn Humphrey Bogart in *Casablanca* Ingrid Bergman die Worte »Ich schau dir in die Augen, Kleines!« zuflüstert. Ich aber sehe den Film, seit ich Mrs. Ryder getroffen habe, mit anderen Augen. Denn dass Michael Curtiz in dem Klassiker eine der schönsten Lovestorys aller Zeiten erzählt, ist eine Sache. Dass der österreichisch-ungarische Regisseur aber auch in seinem Privatleben ein Experte in Sachen Liebe war, sollte ich erst durch Mrs. Ryder erfahren. Als sie die weltweite Spurensuche ihres Großvaters aufnahm, fand sie nämlich eine ganze Reihe von (meist unehelichen) Nachkommen. Auch – und vor allem – in Wien.

Ilona Ryder, geb. Vondrak, kam 1947 in Wien zur Welt und lebt als Lehrerin in Kanada. In ihrer Kindheit wurde ihr oft erzählt,

Der Satz »Ich schau dir in die Augen, Kleines« war für Humphrey Bogart bestimmt, als er Ingrid Bergman in Casablanca *in die Arme nahm. Regisseur Michael Curtiz dürfte die Worte allzu wörtlich genommen haben.*

dass sie einen berühmten Großvater hätte, viel mehr wusste sie nicht von ihm.

Irgendwann entschloss sie sich, rund um den Erdball zu fliegen, um das Leben von Michael Curtiz und seiner Nachkommen zu verfolgen. Und das sollte sich als eine Art Fulltime-Job erweisen, wie sie mir auf ihrer Wien-Station berichtete. Hatte sie doch bislang die Spur folgender Kinder von »Opa Curtiz« aufgenommen:

- 1916 kam seine Tochter Katherine zur Welt. Sie ist das einzige ehelich geborene Kind von Michael Curtiz und entstammt seiner Ehe mit der ungarischen Schauspielerin Lucy Doraine.

- 1920 wurde Sohn Michael geboren, dessen Mutter als Bankangestellte in Wien tätig war. Ein Gerichtsbeschluss, der die Vaterschaft von Michael Curtiz bestätigt, liegt unter der Nummer 2845 im Archiv von *Warner Brothers* in Hollywood, da die Alimente für dieses Kind jahrelang von der Filmproduktionsfirma überwiesen wurden.
- In Wien kam 1923 auch Tochter Sonja Dalla-Bona zur Welt. Ihre Mutter war Schauspielerin und spielte in dem Michael-Curtiz-Film *Sodom und Gomorrha* eine kleine Rolle.
- 1925 brachte eine Statistin, ebenfalls aus dem Film *Sodom und Gomorrha* – ihr Name war Franzi Vondrak –, einen Buben zur Welt, der (wie schon der erste Sohn) auf den Namen Michael getauft wurde. Michael II. ist der Vater von Ilona Ryder und lebte als Kunstmaler in Seattle/USA.

Michael Curtiz mit seiner Wiener Freundin Franzi Vondrak und dem gemeinsamen Sohn Michael

- 1956 wurde Tochter Candace in den USA geboren. Ihre Mutter ist die Schauspielerin Jill Gerard. Papa Curtiz war, als sie zur Welt kam, 70 Jahre alt. Seine Vaterschaft wurde von einem Pflegschaftsgericht erst nach seinem Tod bestätigt.

Curtiz' Ruf, sich bei jeder möglichen und unmöglichen Gelegenheit sexuell zu betätigen, verfolgte den Regisseur auch zu den *Casablanca*-Dreharbeiten. Ingrid Bergman erinnerte sich, dass der Regisseur täglich in Begleitung irgendwelcher Starlets auftauchte, deren »Vorstellungen« in Curtiz' Garderobe stattfanden. Der Wiener Peter Lorre, der in dem Kultfilm einen verfolgten Emigranten spielte, hatte im Liebesnest des Regisseurs ein Mikrofon installiert, dessen auf Band gestöhnte Aufnahmen er seinen Kollegen nach Drehschluss vorspielte.

Enkelin Ilona Ryder, seit Jahren in Sachen Familienforschung unterwegs, will ihren Großvater kennenlernen. »Es gibt mehrere Bücher über seine Arbeit, ich aber habe mir vorgenommen, etwas über den Menschen Michael Curtiz zu erfahren.«

Sie traf zu diesem Behufe bereits mehrere seiner Kinder und Kindeskinder, wobei sich ein in Kanada lebender Sohn von Sonja Dalla-Bona via Internet gemeldet hatte: »Hallo, ich bin ein Enkel von Michael Curtiz.« Wie alle anderen bisher erfassten Nachkommen kann auch er seine Herkunft nachweisen. Zur vielleicht wertvollsten Auskunftsperson über das Leben des Regisseurs wurde dessen Tochter Katherine »Kitty« Curtiz, die Ilona Ryder nach langer Suche in Krems an der Donau fand und mit der sie bis zu deren Tod mit 91 Jahren im Jahr 2007 in ständiger Korrespondenz stand.

Ilona Ryder sieht ihren Großpapa so: »Er war einer der besten Regisseure in Hollywood und das, obwohl er kaum Englisch konnte. Er hat ein ziemliches Lotterleben geführt, aber den Kontakt mit allen Müttern seiner Kinder aufrechterhalten. Er hat alle seine Töchter und Söhne geliebt und gut für sie gesorgt. Ich sehe ihn ebenso liebevoll wie kritisch, auf jeden Fall aber ehrlich.«

Warum die Frauen so auf ihn geflogen sind? »Er sah gut aus, war charmant, aber natürlich hat auch der Nimbus des Filmregisseurs mitgespielt. Meine Großmama war 19, als mein Vater zur Welt kam, und Michael Curtiz ging kurze Zeit später nach Amerika. Aber sie hat ihn bis zu ihrem Lebensende mit 85 Jahren geliebt, immer von ihm geschwärmt, nie mehr einen anderen Mann gehabt. 1959 hat er sie noch einmal in Wien besucht, als er hier *Olympia* mit Sophia Loren drehte. Da sagte er zu meiner Großmama – nachdem er sie fast 40 Jahre (!) nicht gesehen hatte –, sie sei die beste Frau seines Lebens gewesen. Darauf war sie sehr stolz, davon hat sie uns immer erzählt.«

Freilich: Was damals noch als »fesch« und »charmant« durchging, würde den Regisseur in der heutigen Zeit wohl in den Mittelpunkt einer heftigen MeToo-Debatte rücken.

Michael Curtiz hatte 1886 als Manó Kertész in Budapest das Licht der Welt erblickt. Er war Offizier der k.u.k. Armee und schon in Ungarn ein bekannter Regisseur, ehe er ab 1919 für die *Sascha*-Film des Grafen Alexander Kolowrat in Wien drehte, unter anderen den bereits erwähnten Monumentalfilm *Sodom und Gomorrha*.

Weitere Forschungen stellte die Enkelin in jenen Gerichtsgebäuden an, in denen Michael Curtiz' Vaterschaftsverfahren liefen, sowie in den Pfarren, in denen seine Kinder getauft wurden. Im Mai 2019 brachte Ilona Ryder unter dem Titel *Here's Looking at*

You, Kids: Michael Curtiz and His Hidden Families im Eigenverlag ein Buch heraus, in dessen Mittelpunkt die Korrespondenz ihrer Großmama mit dem Regisseur steht.

Curtiz war ein Jahr nach Michael Vondraks Geburt nach Hollywood gegangen, wo er für *Warner Brothers* mit Stars wie Errol Flynn, Olivia de Havilland, Doris Day, Peter Ustinov, John Wayne und Elvis Presley drehte. Den absoluten Höhepunkt seiner Karriere bildete der Film *Casablanca*, für den er 1943 den Oscar als bester Regisseur erhielt.

Was nichts daran änderte, dass man sich am Set über seine Englischkenntnisse lustig machte. Curtiz verwechselte »geography« mit »choreography« und fragte seinen Assistenten »How much watch?«, wenn er wissen wollte, wie spät es ist. Das alles kann nicht darüber hinwegtäuschen, dass er zu den Meistern seines Fachs zählte. Wenn Humphrey Bogart in der Figur des Nachtklubbesitzers Rick Blaine sein Gewissen entdeckt, als Ingrid Bergman auftaucht, dann ist das weit mehr als ein Liebesfilm. *Casablanca* zeigt die Leiden der vor den Nazis geflüchteten Emigranten, die im französisch besetzten Casablanca ihre Zelte aufschlugen und sich im Widerstand gegen das hitlertreue Vichy-Regime organisierten, dessen Offiziere gerade dabei sind, sich für de Gaulles Résistance zu entscheiden. *Casablanca* ist das einzigartige Beispiel einer Lovestory, die Zeitgeschichte dokumentiert.

Dass man zu einem solchen Welterfolg auch ein wenig Glück braucht, ist ebenso klar. Es war wohl kaum zu erwarten, dass der Film in der ursprünglich vorgesehenen Besetzung – mit Ronald Reagan in der Bogart-Rolle und mit der Wienerin Hedy Lamarr statt Ingrid Bergman – dermaßen eingeschlagen hätte. Ein anderer Österreicher trug freilich maßgeblich zum perfekten Ergebnis bei:

Paul Henreid als Ingrid Bergmans betrogener Ehemann Victor Laszlo.

»Nach dem Krieg lud Curtiz meinen Vater nach Hollywood ein«, erzählte mir Ilona Ryder. »Er hat ihm einen Job als Laufbursche bei *Warner* verschafft, doch mein Vater hat sich dort nicht wohlgefühlt und Kalifornien bald wieder verlassen.« Obwohl der Regisseur ab 1957 an Krebs litt, drehte er mit zähem Willen weiter. Er starb am 11. April 1962, kurz nach der Premiere seines letzten, mit John Wayne gedrehten Films *Die Comancheros*.

»Ich schau dir in die Augen, Kleines!« Michael Curtiz dürfte diesen Satz ziemlich ernst genommen haben. Obwohl er doch eigentlich nur für einen Film bestimmt war.

Aus »*Meine Reisen in die Vergangenheit*« (2002)

Kleiner Mann mit grosser Stimme

Die Tragödie des Joseph Schmidt

Man nannte ihn den zweiten Caruso. Denn seine Stimme zählte zu den schönsten des 20. Jahrhunderts und war durchaus mit der des berühmtesten Tenors aller Zeiten vergleichbar. Aber das kurze Leben des Joseph Schmidt war voller Tragödien.

Die Stadt Czernowitz in der Bukowina gehörte, als er dort am 4. März 1904 geboren wurde, zu Österreich-Ungarn. Joseph Schmidt wollte Sänger werden, doch die Bühnenkarriere blieb ihm aufgrund seiner Körpergröße von nur 154 Zentimetern versagt. Dabei bekam er, als er beim Berliner Rundfunk vorsang, sofort einen Vertrag, und sein erster Radioauftritt am 29. März 1929 war in Berlin Tagesgespräch.

Noch hatte ihn sein Publikum nur gehört, nicht jedoch gesehen. Während ihm im Rundfunk und bei den Plattenfirmen alle Türen offenstanden, fand sich kein Operndirektor, der Joseph Schmidt auf einer Bühne auftreten ließ. Ein Dirigent, der von seiner Stimme hingerissen war, sagte einmal zu ihm: »Schade, dass Sie nicht klein sind!«

»Aber ich bin doch klein«, erwiderte Schmidt.

»Nein«, meinte der Dirigent, »Sie sind nicht klein, Sie sind zu klein.«

Schmidt war glücklich, solange man nur seine Stimme kannte, sodass er – selbst als Star noch – anonym durch die Straßen gehen

»Ich liebe Ohren, die mir zuhören, aber ich hasse Augen, die mich anstarren«: der Sänger Joseph Schmidt

konnte. »Ich liebe Ohren, die mir zuhören«, erklärte er, »aber ich hasse Augen, die mich anstarren.«

Mit zunehmender Popularität war eine Flucht vor dem Publikum nicht mehr möglich. Vor allem nach seinem ersten Film *Ein Lied geht um die Welt*, der sein eigenes Schicksal erzählte: Schmidt spielt einen Sänger, in dessen Stimme sich die Mädchen verlieben. Den sie aber, sobald sie ihn gesehen haben, nur bemitleiden.

Beim Publikum so beliebt wie Richard Tauber, wurden Schlager wie *Heut ist der schönste Tag in meinem Leben* oder *Ein Lied geht um die Welt* durch Joseph Schmidts Platten zu Gassenhauern. Und seine Konzerttourneen, die ihn durch Europa und Amerika führten, waren Sensationserfolge.

Die wahre Tragödie des Joseph Schmidt war sein Abgesang. Als Hitler 1933 in Berlin an die Macht kam, flüchtete der jüdische Künstler nach Wien, von wo aus er seine Karriere vorerst fortsetzen konnte. Ab 1938 irrte er rastlos durch Europa, doch seine für

1942 geplante Emigration in die USA scheiterte, da ein Unbekannter Schmidts Bordkarte von Marseille nach New York gestohlen hatte und am Tag danach der Schiffsverkehr über den Atlantik eingestellt wurde. Verzweifelt trat der weltberühmte Sänger die Flucht in die Schweiz an, wo man ihn wie viele seiner Schicksalsgenossen in ein Internierungslager steckte.

Der »Fall Joseph Schmidt« kann nicht gerade als Ruhmesblatt für die neutrale Schweiz angeführt werden. Als der 38-jährige Sänger im Lager über Herzbeschwerden klagte, verweigerte man ihm die ärztliche Versorgung. Der Mann, dem eben noch so viele Menschen zugejubelt hatten, erlag am 15. November 1942 in einer Gastwirtschaft in unmittelbarer Nähe des Internierungslagers den Folgen eines Herzinfarkts. In einem kleinen Zimmer, in dem er sich unter Aufsicht eines Wachsoldaten hätte waschen dürfen.

Aus »*Neues von Gestern, Geschichten mit Geschichte*« (2004)

Kennedy & Kaiserhaus

Eine ungewöhnliche Familiengeschichte

Das war eine der spannendsten Geschichten, die mir untergekommen sind. Eine alte Dame rief mich an und teilte mir mit, dass in den nächsten Tagen eine Freundin von ihr nach Wien käme, die ich unbedingt treffen müsse, weil sie eine hochinteressante Familiengeschichte zu erzählen hätte. Nun treffe ich immer wieder alte Damen, die mir hochinteressante Familiengeschichten erzählen, wobei sie einmal mehr und einmal weniger hochinteressant sind. Diese Familiengeschichte sollte sich allerdings in der Tat als außergewöhnlich erweisen. Bringt sie doch eine Verbindung zwischen den Häusern Habsburg und Kennedy zustande. Aber davon hatte ich vorerst noch keine Ahnung.

Die Anruferin erklärte, dass die Freundin mit der hochinteressanten Familiengeschichte Lisa Lanett hieße und als gebürtige Österreicherin seit vielen Jahren in den USA lebte. Ich gab mich zurückhaltend, auch als die Dame am Telefon sagte, dass Lisas Großvater ein echter Erzherzog gewesen sei – schließlich gibt es immer wieder solche Fälle, weil eine nicht unerhebliche Anzahl von Angehörigen des ehemaligen Kaiserhauses illegitime Kinder in die Welt gesetzt hat, deren Enkel und Urenkel nach und nach ihre Geschichten erzählen wollen.

Ich kann beim besten Willen nicht alle Leute treffen, die über hochinteressante Familiengeschichten verfügen. Vielleicht war's

Zufall, vielleicht Intuition – Glück war's auf jeden Fall. Denn ich sagte zu und traf die Anruferin ein paar Tage später in Begleitung ihrer mittlerweile in Wien eingelangten Freundin Lisa Lanett im Café Diglas in der Wollzeile.

Mrs. Lanett war damals, im Jahr 2008, 87 Jahre alt, in sehr guter Verfassung und immer noch berufstätig. Sie lebte in San Antonio im US-Bundesstaat Texas, wo sie trotz ihres hohen Alters ein kleines Immobilienbüro betrieb. Sie hatte ein aufregendes Leben hinter sich, war Fotomodell, Tänzerin, Schauspielerin, eine wunderschöne Frau – und sechs Mal verheiratet. Aber das große Geheimnis ihres Lebens hatte sie bisher für sich behalten. Es betrifft ihren Sohn Tony, heute 74 Jahre alt.

»Also, Mrs. Lanett«, sagte ich, nicht ahnend, was da auf mich zukommen würde, »erzählen Sie mir Ihre Geschichte.«

Und sie erzählte: Dass sie am 7. August 1921 als Elisabeth Hortenau in der Hinterbrühl bei Wien zur Welt gekommen, dass ihr Vater Alfred von Hortenau ein unehelicher Sohn der Hofoperntänzerin Marie Schleinzer und des berühmt-berüchtigten Lebemannes Erzherzog Otto gewesen sei.

Nun ist in der Geschichtsschreibung der Familie Habsburg hinlänglich bekannt, dass »der schöne Otto«, wie man ihn in der Monarchie nannte, als Schürzenjäger verschrien war. Man weiß auch von seiner Liaison mit der Tänzerin Marie Schleinzer, der zwei Kinder entsprangen. Lisa Lanetts Herkunft als Enkelin der Marie Schleinzer ist nachweisbar, die Beziehung des Erzherzogs mit der Solotänzerin vielfach dokumentiert und unbestritten. Das also war die Geschichte, die Lisa Lanett mir erzählen wollte. Der Name John F. Kennedy war bis dahin nicht gefallen.

Ob sie selbst auch Kinder hätte, fragte ich Frau Lanett.

»Ja, einen Sohn«, antwortete sie.

»Und welcher Ihrer sechs Männer ist der Vater?«, wollte ich noch – eher aus Höflichkeit denn aus ehrlicher Neugierde – wissen.

»Keiner von ihnen.«

»Wer sonst?«, staunte ich.

Frau Lanett wandte sich nun ihrer Freundin Verena Fischer zu, der seinerzeitigen Anruferin, und fragte sie: »Soll ich's ihm sagen?«

»Ja«, nickte Frau Fischer, »sag's ihm.«

»Der Vater meines Sohnes ist John F. Kennedy.«

In diesem Moment drohte mir die Gabel mitsamt einem Stück Kuchen aus der Hand zu fallen, den ich an dem kleinen Kaffeehaustisch zu mir nahm. »Wie bitte? Wer ist der Vater Ihres Sohnes?«

»Präsident Kennedy.«

Ich sah sie ungläubig an und ließ Lisa Lanett weitererzählen. Sie ist in Wien, Abbazia, Mailand, Paris, London und Salzburg aufgewachsen. Als Hitler 1938 in Österreich einmarschierte, war sie 17 und besuchte gerade eine Schauspielschule in Rom. Gemeinsam mit ihrer Mutter beschloss sie, nicht nach Wien zurückzukehren, sondern in die USA zu reisen. Nach ihrer ersten kurzen Ehe ging Lisa mit ihrer Mutter nach Phoenix, der Hauptstadt von Arizona, wo sie mit dem bisschen Geld, das sie aus Europa mitnehmen konnten, ein kleines Motel, die Monterey Lodge, eröffneten.

Dort wurden während des Krieges amerikanische Offiziere und Soldaten einquartiert. »Einer von ihnen hieß John F. Kennedy«, erzählte Lisa. »Er war auf dem Weg nach Florida und blieb für ein paar Tage bei uns in der Monterey Lodge.«

Wir schreiben das Jahr 1942. Der gut aussehende Millionärssohn ist 25 Jahre alt, die bildschöne Lisa vier Jahre jünger. »Wir

Die bildschöne Lisa Lanett, geb. Hortenau, etwa in der Zeit, als sie John F. Kennedy kennenlernte

verliebten uns, und ehe er weiterzog, lud er mich ein, ihn in Miami zu besuchen. Danach verbrachten wir ein Wochenende in Kuba und waren dann einige Zeit in New York. Das ging drei Jahre so, bis ich im Frühjahr 1945 feststellte, dass ich schwanger war. Ich fuhr zu Jack und teilte es ihm mit. Er bot mir daraufhin an, mich zu heiraten.«

»Jack«, wie Kennedy von Freunden gerufen wurde, gehörte einer damals schon sehr prominenten Familie an, war aber natürlich noch lange nicht *der* Kennedy. »Ich hatte bis dahin ein wunderbares, freies Leben geführt«, fuhr Lisa Lanett an jenem Nachmittag im Café Diglas fort, »und dieses freie Leben wollte ich nach meiner ersten Scheidung, die ich bereits hinter mir hatte, auch nicht aufgeben. Deshalb kam eine Ehe für mich zu dieser Zeit nicht infrage. Ich muss auch sagen, dass ›Jack‹ nicht unbedingt die große Liebe meines Lebens war. Wir waren jung, und er hat mir gefallen, weil er fesch war. Und umgekehrt war's wohl ebenso. Dass mehr daraus wurde als ein Gspusi, wie man in Wien sagt, liegt nur daran, dass ich 1945 unseren Sohn Tony zur Welt brachte. Kennedy ist damals aus allen Wolken gefallen und hat wohl auch nur im ersten Schock gemeint, dass wir heiraten sollten.«

Und doch blieben Lisa und »Jack« auch nach dem 29. September 1945, dem Tag, an dem Tony zur Welt kam, in Kontakt. Auch noch nach 1953, als »JFK« Jacqueline Bouvier, Amerikas spätere First Lady, heiratete. »Wir trafen uns immer wieder, auch als seine politische Karriere begann und er Senator in Massachusetts wurde. Jack kam für die Kosten der Peekskill Militärakademie bei New York auf, die unser Sohn Tony besuchte.«

Das war Lisa Lanetts Erzählung während unseres ersten Treffens in einem Kaffeehaus in der Wiener Innenstadt. Ich verabschiedete mich, beglückt, eine so aufregende Geschichte erfahren zu haben, und beschloss, ihr auf den Grund zu gehen.

Als Erstes nahm ich Kontakt mit ihrem Sohn Tony auf. Antonio Bohler lebt in der kalifornischen Stadt Fairfield, er ist mittelgroß, hat graue Haare, einen dichten Bart und ist als kaufmännischer Angestellter bereits in Pension. Seine Ehe mit einer gebürtigen Sizilianerin, der die Söhne Richard und Michael entsprangen, ist geschieden.

Tony Bohler sprach gleich ganz offen mit mir. »Als ich jung war, sagte mir meine Mutter, dass ihr erster Mann, Juan del Puerto, mein Vater sei. Eine Zeit lang habe ich das geglaubt, aber irgendwann begann ich daran zu zweifeln. Denn Juan war Mexikaner und sah auch sehr mexikanisch aus. Ich aber gar nicht. Als ich

*Ist Tony Bohler (*1945) der Sohn von John F. Kennedy (1917–1963)?*

etwa 30 war und sie meine Zweifel bemerkte, gestand sie mir, dass mein tatsächlicher Vater ein anderer sei. Ich fragte sie nach seinem Namen. Und sie sagte: John F. Kennedy.«

Und dann erzählte sie ihrem Sohn, wie sie den späteren US-Präsidenten kennengelernt und sich in ihn verliebt hatte.

Tony Bohler war, wie er mir berichtete, zunächst fassungslos. »Ich bin mit Mutters Geschichten von österreichischen Erzherzögen aufgewachsen, die ich in meiner Kindheit alle nicht recht glauben konnte, aber heute weiß ich, dass sie stimmen. Also vielleicht stimmt auch die Geschichte mit Kennedy. Bitte, sie war eine wunderschöne Frau, es würde mich nicht wundern.«

Tony heißt übrigens Bohler, weil er als Kind von Lisa Lanetts Mutter Charlotte adoptiert wurde, die in zweiter Ehe mit dem österreichischen Industriellen Richard Böhler verheiratet war. In den USA wurde der Name Böhler dann auf Bohler geändert.

Einen Beweis für Kennedys Vaterschaft konnte Lisa ihrem Sohn nicht liefern. Als der Präsident der Vereinigten Staaten 1963 in Dallas ermordet wurde, war Tony 18 Jahre alt. Es gab damals noch keine DNA-Analysen, mit deren Hilfe verwandtschaftliche Beziehungen festgestellt werden können. Lisa hat auch zu Kennedys Lebzeiten nie einen Vaterschaftstest beansprucht. Es gibt also keine Beweise.

Jedoch eine nicht unerhebliche Kette von Indizien, die belegen, dass Lisas Geschichte stimmen kann:

- Erstens haben sich alle nachweisbaren Details der von ihr geschilderten Familienchronik in meinen Recherchen als korrekt erwiesen.
- Zweitens handelt es sich bei ihren Erinnerungen zweifelsfrei nicht um die Fantasien einer alten Frau, die mit weit über 80 Jahren ihre Lebensgeschichte neu erfunden hat. Das ist schon deshalb nicht möglich, weil sie ihrem Sohn bereits 30 Jahre zuvor erzählt hatte, dass John F. Kennedy sein Vater sei.

Weitere Hinweise finden sich in Wien:

- Die Arztwitwe Verena Fischer, die mir Lisa Lanett vorgestellt hat, kannte sie seit mehr als 20 Jahren: »Etwa im Jahre 2005 sahen wir uns gemeinsam Bilder aus ihrer Familie an, und bei dieser Gelegenheit hat sie mir zum ersten Mal erzählt, dass Kennedy der Vater ihres Sohnes ist. Ich kenne sie sehr gut und habe keinen Zweifel an dem, was sie sagt. Ich glaube zu 100 Prozent, dass es stimmt.«
- Der Wiener Rechtsanwalt Nikolaus Lehner vertrat Lisa Lanett in den 1990er-Jahren in einer Erbschaftsangelegenheit. »Sie erzählte mir schon damals plausibel und glaubwürdig davon,

dass Präsident John F. Kennedy der Vater ihres Sohnes sei«, erinnert sich Lehner. »Ich habe, da ich als Anwalt an die Verschwiegenheitspflicht gebunden bin, natürlich nie darüber gesprochen.«

Um Lisa Lanetts Geschichte weiter zu verfolgen, versuchte ich herauszufinden, ob John F. Kennedy in der fraglichen Zeit überhaupt in Phoenix in der Nähe des damaligen Wohnsitzes der gebürtigen Österreicherin gewesen sein konnte. Die Stationen seines Lebens sind angesichts seiner historischen Bedeutung als 35. Präsident der Vereinigten Staaten penibel dokumentiert: in der *John F. Kennedy Library* in Boston ebenso wie im Berliner *Kennedy Museum*, in seiner umfangreichen Korrespondenz wie in Dutzenden Biografien.

John F. Kennedy war seit 1941 Mitglied der US-Armee und wechselte nach dem Angriff auf Pearl Harbor zur Marine über. Tatsächlich befand er sich zur Jahreswende 1942/43, wie von Lisa behauptet, auf dem Weg nach Florida, genau genommen nach Jacksonville, einer am Atlantischen Ozean gelegenen Stadt, in der er auf weitere Befehle warten sollte. In Joan und Clay Blairs Biografie *The Search for J. F. K.*, die sich im Besonderen mit den Kriegsjahren des späteren Präsidenten beschäftigt, ist sein Leben in dieser Zeit minutiös dokumentiert. Interessanterweise fehlen – so schreiben die Autoren – in sämtlichen Aufzeichnungen am Beginn des Jahres 1943 13 Tage. 13 Tage, von denen niemand weiß, wo Kennedy sich aufhielt und über denen ein geheimnisvoller Schleier des Schweigens liegt. Verbrachte »Jack« diese Zeit im Monterey-Lodge-Motel?

John F. Kennedy hatte mittlerweile erfolgreich die Marineoffiziersschule absolviert und wurde als Kommandant des Schnellbootes *PT 109* in den Pazifik entsandt. Als das Kriegsschiff am 2. August 1943 von einem japanischen Zerstörer gerammt wurde, erlitt er schwere Verletzungen, die seine ihn seit Jugendtagen plagenden Rückenschmerzen erheblich verschlimmerten. Ende November 1944 wurde Lieutenant Kennedy deshalb nach zwei Operationen, die sein Leiden nicht lindern konnten, für »dauerhaft dienstuntauglich« erklärt.

Und damit gelangen wir in die Zeit, in der Lisa Lanett den späteren US-Präsidenten – so ihre Geschichte stimmen sollte – wieder getroffen haben muss, da sie nun schwanger wurde. Es gibt mehrere Hinweise darauf, dass Kennedy und Lisa einander in der »fraglichen Zeit« gesehen haben. So schreibt JFK im Herbst 1944 an seinen Freund Paul B. Fay aus dem Marinespital in Chelsea: »Von hier werde ich zu Weihnachten nach Hause fahren und dann ungefähr ein Jahr in Arizona bleiben, um wieder eine gute Kondition zu bekommen.«

Kennedy ist kein ganzes Jahr geblieben, wie er es vorhatte, hielt sich aber mehrere Monate in Arizona auf, wo auch Lisa Lanett lebte. Laut Robert Dalleks Kennedy-Biografie *Ein unvollendetes Leben* verbrachte er den Winter 1944/45 zur Rekonvaleszenz in einem Vorort von Phoenix/Arizona – und zwar in der für ihre heilenden Quellen berühmten Kuranstalt *Castle Hot Springs*. Dort wurde er mehrmals von seinem behandelnden Arzt Frank Lahey besucht, der Joseph Kennedy schriftlich über den jeweiligen Zustand seines Sohnes informierte.

Mit anderen Worten: John F. Kennedy war nachweislich zu dem Zeitpunkt in der Stadt, in der er Lisa Lanett rund drei Jahre zuvor kennengelernt hatte, in der sie nach wie vor lebte und in der sie neun Monate später ihren Sohn Tony zur Welt brachte.

Das ist natürlich noch immer kein Beweis für John F. Kennedys Vaterschaft, aber ein weiteres Indiz dafür, dass Lisa Lanett jedenfalls keine Märchenerzählerin ist.

Bei unserer zweiten Begegnung, diesmal in der Wohnung ihrer Freundin Verena Fischer, ging Mrs. Lanett auf ihre Verbindung zum österreichischen Kaiserhaus ein. »Meine Großmutter Marie Schleinzer war eine berühmte Tänzerin«, setzte Lisa die Erzählung aus ihrem Leben fort. »Eines Abends bemerkte sie nach der Vorstellung, dass ihr ein eleganter Herr von der Oper bis zur Straßenbahnstation gefolgt war. Er stieg in denselben Tramwaywagen ein und sprach sie an. Der Mann hatte sie während der Aufführung im Opernhaus beobachtet und an ihr Gefallen gefunden.«

Der elegante Herr war Erzherzog Otto, eine der schillerndsten Figuren des österreichischen Kaiserhauses: Er war der Neffe Kaiser Franz Josephs, der jüngere Bruder des 1914 in Sarajevo ermordeten Thronfolgers Franz Ferdinand, der Vater des späteren Kaisers Karl und der Großvater Otto von Habsburgs.

Die Beziehung zwischen Marie Schleinzer und Erzherzog Otto dauerte von 1891 bis zu seinem Tod im Jahre 1906. Damit erlebte die Tänzerin die wohl aufregendsten Jahre im Leben des Habsburgers, da dieser 1896 – sieben Jahre nach dem Tod Kronprinz Rudolfs und unmittelbar nach dem Tod seines Vaters Karl Ludwig – an die zweite Stelle der Thronfolge rückte. Besonders dramatisch wurde die Situation, als sein älterer Bruder Franz Ferdinand an einer lebensbedrohlichen Tuberkulose erkrankte und man Otto schon als künftigen Kaiser sah, was in der Monarchie angesichts seines ausschweifenden Lebenswandels für gehörige Unruhe sorgte.

Der Liebe Erzherzog Ottos (1865–1906) und Marie Schleinzers (1874–1949) entsprangen zwei Kinder.

»Aus der Beziehung meiner Großmutter mit dem Erzherzog gingen mein Vater und dessen Schwester Hildegard hervor, die vom Erzherzog beide offiziell als seine Kinder anerkannt wurden.«

Marie Schleinzer war eine von vielen Affären des Erzherzogs. Und verheiratet war er natürlich auch – und zwar mit der sächsischen Königstochter Maria Josepha, die er ständig mit seinen außerehelichen Skandalen brüskierte. Zur berühmtesten Eskapade kam es in einem Séparée des Hotels Sacher, das er fluchtartig verließ, als ihn ein eifersüchtiger Ehemann in den Armen seiner Frau ertappte. Das Pikante an der Szene war, dass Otto beim Verlassen des Hotels nur mit einem Säbel »bekleidet«, ansonsten aber splitternackt gewesen ist. Der »Auftritt« des Erzherzogs machte noch am selben Abend in Wien die Runde.

Offiziell wohnte Otto mit seiner Frau und seinen beiden ehelichen Söhnen – unter ihnen der spätere Kaiser Karl – im Augartenpalais, tatsächlich aber mit Marie Schleinzer und den unehelichen Kindern Alfred und Hildegard in einer Villa in der Anton-Frank-Gasse in Wien-Währing.

Dabei hatte die Tänzerin noch zu Ottos Lebzeiten den angesehenen, in Abbazia ordinierenden Kurarzt Julius Hortenau geheiratet, der später von Kaiser Franz Joseph in den erblichen Adelsstand erhoben wurde. Derartige »Vorgänge« waren durchaus üblich, um den Konkubinen des Kaiserhauses und ihren Nachkommen eine gutbürgerliche Existenz zu ermöglichen. Den Namen »von Hortenau« nahmen dann auch Ottos und Marie Schleinzers Kinder an.

Kaum hatte ich Lisa Lanetts Aussage, dass John F. Kennedy der Vater ihres Sohnes war, in meiner Kolumne im *Kurier* am 22. März 2009 veröffentlicht, berichteten Medien aus aller Herren Länder darüber: amerikanische Blätter und Fernsehstationen ebenso wie die *Süddeutsche Zeitung*, der *Daily Telegraph*, *The Sun*, *Le Soir*, *La Repubblica* und *Le Figaro*, ja sogar eine chinesische Zeitung vermeldete das Auftauchen von »John F. Kennedy's Austrian Son«. Während der Name Lisa Lanett vor Erscheinen meines Artikels in der Internet-Suchmaschine Google kein einziges Mal aufschien, findet er sich heute in mehreren 100 000 Einträgen.

Abgesehen von ihren Verbindungen zu den Häusern Kennedy und Habsburg, hatte Lisa Lanett auch sonst ein dramatisches

Leben hinter sich. Der erste ihrer sechs Ehemänner war Mexikaner, der letzte hieß Joe Lanett und fand ein tragisches Ende: »Er wurde am 4. März 1974 in einer Bar in der kalifornischen Stadt Sacramento erschossen. Er saß dort zufällig als Gast, als eine Schießerei losging, mit der er absolut nichts zu tun hatte.«

In Mexiko hat Lisa Lanett als Schauspielerin unter dem Namen Isabel del Puerto zwölf Spielfilme gedreht, ohne eine große Karriere zu schaffen. Und doch: Ihre betörende Schönheit und ihr Sexappeal waren wohl der Grund, dass der Frauenheld Kennedy bei ihr Feuer fing. Er hatte ein Faible für Schauspielerinnen und solche, die es werden wollten – wobei die anderen wesentlich berühmter waren als Lisa. Sie hießen Sophia Loren, Zsa Zsa Gabor, Lee Remick, Marilyn Monroe …

Dass Kennedy keine Schauspielerin, sondern Jacqueline Bouvier heiratete, lag wohl auch daran, dass sich in den 1950er-Jahren sein politischer Höhenflug abzuzeichnen begann und »Jackie« aus einer erstklassigen Familie stammte. »Sie war die ideale Frau für ihn«, sagte Lisa Lanett, »ich wäre als seine Frau ungeeignet gewesen, ich war ein bunter Vogel und hätte ein Leben am Rande der Politik nicht ertragen. Abgesehen davon hätte er nie Präsident werden können, wenn bekannt geworden wäre, dass wir ein uneheliches Kind haben. Daher haben wir unsere Affäre immer geheim gehalten. Dass ich mit Ihnen darüber spreche, ergab sich nur, weil ich über meine Beziehungen zur Familie Habsburg reden wollte.«

Einen Nachweis für John F. Kennedys Vaterschaft gibt es bis zum heutigen Tag nicht, zumal kein Mitglied der First Family in den USA bereit ist, sich einem DNA-Test zu stellen.

Eigentlich schade. Käme es bei einer solchen Analyse zu einem positiven Ergebnis, wäre dieses wohl auch mit einer kleinen genea-

Ereignisreiche Familiengeschichte:
Tony Bohler und seine Mutter Lisa Lanett (1921–2014)

logischen Sensation verbunden. Dann wären nämlich die Habsburger mit den Kennedys verwandt.

Lisa Lanett starb am 13. März 2014 in San Antonio im Alter von 92 Jahren an den Folgen einer Embolie.

Aus der *Kurier*-Kolumne »*Geschichten mit Geschichte*« (22. März 2009)

Dem Sohn in den Tod gefolgt

Hofmannsthals letzte Stunde

»Der Tod steht dicht hinter Jedermann, er hält ihm seine weiße, knochige Hand aufs Herz – und nimmt ihn mit sich.« Kaum ein Dichter hat das Erscheinen des Todes so drastisch beschrieben wie Hugo von Hofmannsthal. Er konnte nicht ahnen, auf welch dramatische Weise »Freund Hein« ihn selbst einmal zu sich rufen würde. Der Dichter starb in der Stunde, da sein Sohn begraben wurde. Am 15. Juli 1929.

Hofmannsthal lebte in seinem in Rodaun, am Stadtrand von Wien, gelegenen Schlösschen, das Kaiserin Maria Theresia einst ihrer Hofdame Maria Gräfin Fuchs geschenkt hatte. Dieses Fuchsschlösschen war zum Treffpunkt vieler Künstler geworden; in Hofmannsthals Gästebuch finden sich Namen wie Hermann Bahr, Gerhart Hauptmann, Max Reinhardt, Felix Salten, Arthur Schnitzler, Franz Werfel und Stefan Zweig.

An jenem Sommertag des Jahres 1929 aber war in dem Barockschlösschen, in dem so viele Große ein- und ausgegangen waren, Stille eingekehrt. Hugo von Hofmannsthal hatte seinen schwarzen Anzug angelegt, um seinen Sohn zu begraben, der wenige Tage davor aus dem Leben geschieden war. Franz Hofmannsthal, Mitte 20, konnte mit seinen Problemen nicht fertigwerden – auch, weil er dem Vorbild des unerreichbaren Vaters nicht entsprochen hatte.

Starb am Tag, an dem sein Sohn begraben wurde: Hugo von Hofmannsthal

Der 55-jährige Dichter war krank, als ihn die Nachricht vom Ableben des Sohnes erreichte. In einem Brief an seinen Freund Carl Burckhardt zeigt der verzweifelte Vater den Hintergrund der Tragödie auf: »Gestern Nachmittag ist ein großes Unglück über unser Haus gekommen. Während eines schweren Gewitters hat unser armer Franz sich durch einen Schuss in die Schläfe das Leben genommen. Die Ursache dieser Tat liegt unendlich tief: in den Tiefen des Charakters und des Schicksals. Eine äußere Ursache war nicht. Wir hatten noch zusammen gegessen – lieb und gemütlich. Es liegt etwas unendlich Trauriges und unendlich Nobles in der Art, wie das arme Kind aus dem Leben gegangen ist. Er konnte sich nie mitteilen. Auch sein Weggehen war schweigend!«

Hofmannsthal wollte eben das Haus verlassen, um seinen Sohn zu begraben. Da erlag er einem Schlaganfall. Der Dichter wurde seinem letzten Wunsch entsprechend im Habit des Franziskanerordens auf dem Friedhof in Kalksburg beigesetzt. Ganz nahe seinem Sohn, der ihm in den Tod vorausgegangen war.

Aus »*Neues von Gestern, Geschichten mit Geschichte*« (2004)

Johann Strauss entschuldigt sich

oder Wie ich den Donauwalzer rettete

Im Jahr 2006 bestand die Gefahr, dass die Originalnoten des Walzers An der schönen blauen Donau *verkauft werden und somit Österreich verlassen. Die Besitzer der Partitur wandten sich an mich – in der Hoffnung, dass ich die Öffentlichkeit auf die Gefahr, die Noten könnten für immer verloren gehen, aufmerksam mache. Tatsächlich hatte die Aktion Erfolg. Und ich nützte sie, um der Geschichte des Walzers aller Walzer nachzugehen.*

Man führt mich durch lange, dunkle Gänge, ehe wir vor einem kahlen Raum haltmachen. Eine schwere Eisentür wird aufgesperrt, wir treten ein. Und stehen vor einem grauen Panzerschrank. In diesem liegen sie: die Originalnoten des Donauwalzers, eigenhändig niedergeschrieben von Johann Strauß.

Der Ausflug durch die geheimnisvollen Gänge und Schächte des Wiener Musikvereinsgebäudes fand kurz vor Weihnachten 2006 statt. Und der Mann, der die Noten von Österreichs heimlicher Nationalhymne aus dem Safe holte und mir für ein paar Minuten anvertraute, heißt Josef Laister und war damals Präsident des Wiener Männergesang-Vereins, in dessen Eigentum sich der Walzer *An der schönen blauen Donau* befindet.

Herr Laister hatte mich wenige Tage davor auf die dramatische Situation der Besitzverhältnisse des Donauwalzers hingewiesen: Der Wiener Männergesang-Verein steckte seit Längerem schon in einer schweren Finanzkrise. Man hätte alles versucht, die Probleme zu lösen, sowohl die Republik Österreich als auch die Stadt Wien darauf aufmerksam gemacht, dass sich der Chor nicht mehr selbst erhalten könne. Doch man sei auf taube Ohren gestoßen.

Wenn nicht bald etwas geschieht, müsse der Gesang-Verein seinen bei Weitem wertvollsten Besitz verkaufen: den Donauwalzer.

»Was kann ich für Sie tun, Herr Laister?«

»Machen Sie die Öffentlichkeit auf die Situation aufmerksam! Es gibt genügend Interessenten für diese Noten, aber wenn sie einmal verkauft sind, haben wir jede Kontrolle über sie verloren. Dann haben wir keinen Einfluss mehr darauf, in wessen Besitz sie vielleicht einmal gelangen. Bleibt die Partitur in Österreich oder würde sie auf dunklen Wegen ins Ausland geraten? Wir wissen es nicht.«

Und dann erzählte mir Herr Laister die Geschichte des von ihm verwalteten Heiligtums. Und damit die Geschichte jener Melodie, mit der Johann Strauß wie mit keiner anderen die Tiefen der österreichischen Seele erfasst hat.

Der 42-jährige »Walzerkönig« hatte sie in seiner Wohnung in der Praterstraße komponiert und dann dem Wiener Männergesang-Verein gewidmet, dessen Chormitglieder das Musikstück am 15. Februar 1867 im Zuge einer »Faschings-Liedtafel« im Ballsaal des Wiener Dianabades zur Uraufführung brachten. Damals freilich noch mit einem ziemlich holprigen Text, den der Wiener Polizeibeamte Josef Weyl verfasst hatte: »Wiener seid froh! Oho, wieso? No-so blickt nur um, I bitt warum? Ein Schimmer des Lichts, Wir seh'n noch nichts ...«

»Noch nichts zu seh'n« war damals auch vom weltweiten Erfolg, den der Walzer dereinst feiern sollte – allerdings erst ab dem Jahre 1890, als ihn ein Oberlandesgerichtsrat namens Franz von

Schöpfer der heimlichen Nationalhymne Österreichs: Johann Strauß

Gernerth mit den neuen Worten »Donau, so blau« versah. Damit wurde das Werk zum großen musikalischen Wurf des »Walzerkönigs« und zur Jahrhundert-Melodie.

Den Erfolg konnte auch Johann Strauß nicht erahnen, als er die Noten, unmittelbar nach der Uraufführung, dem Männergesang-Verein als Geschenk überließ. Seither befanden sie sich im Besitz des Chors – wie übrigens auch Originalnoten von Richard Wagner, Franz Liszt, Johannes Brahms, Anton Bruckner und Richard Strauss, die alle im Auftrag des Männergesang-Vereins komponiert hatten. Doch während der Wert dieser Noten nur wenige 1000 Euro betrug, würde eine Versteigerung des Donauwalzers bis zu einer Million bringen und somit die Finanzkrise lösen.

Der Wiener Männergesang-Verein zählt zu den ältesten und traditionsreichsten Chören der Welt. 1843 gegründet, spielten seine bis zu 500 Sänger im Kulturleben der Monarchie eine bedeutende Rolle. Es gehörte zu Lebzeiten von Johann Strauß zur Tradition des Vereins, alljährlich im Fasching einen Liederabend zu veranstalten. Der Donauwalzer wurde unter der Leitung des Chormeisters Rudolf Weinwurm uraufgeführt, dessen Name übrigens in riesigen Lettern auf dem Plakat stand. Und winzig klein darunter: »Johann Strauß, k. k. Hofballmusik-Director«.

Ich glaubte meinen Augen nicht trauen zu können, als ich die Noten im Musikvereinsgebäude für ein paar Minuten in Händen hielt. Findet sich doch auf Seite eins des Klavierauszugs die an Chor, Musiker und Kopisten gerichtete handschriftliche Bemerkung: »Bitte ob der schlechten und unsauberen Schrift um Verzeihung – ich mußte binnen weniger Minuten damit fertig werden. Johann Strauß.«

Bescheidener geht's nicht. Johann Strauß entschuldigt sich für den Donauwalzer!

Am 24. Dezember 2006 veröffentlichte ich unter dem Titel »Rettet den Donauwalzer!« einen Artikel im *Kurier*, der die verantwortlichen Kulturpolitiker aufforderte, es nicht zuzulassen, dass ein Stück nationaler Identität für immer verloren gehen könnte.

Das Echo war immerhin so groß, dass mir im Jahr darauf vom Wiener Männergesang-Verein die Schubert-Medaille in Gold verliehen wurde – die höchste Auszeichnung, die der Chor zu vergeben hat. Wie Präsident Laister erklärte, hätte der Artikel »eine

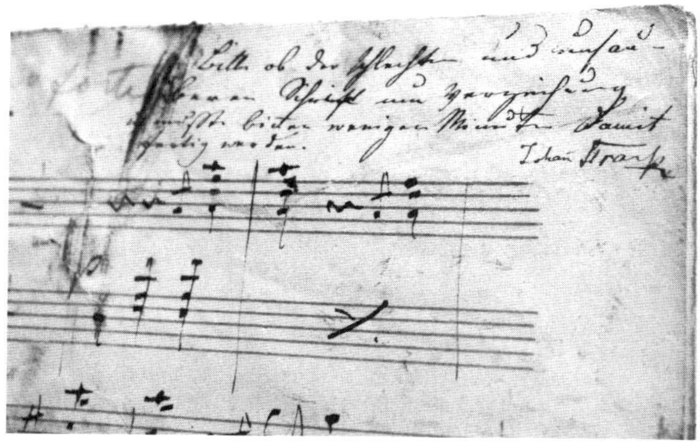

»Bitte ob der schlechten und unsauberen Schrift um Verzeihung – ich mußte binnen weniger Minuten damit fertig werden«: Johann Strauß entschuldigt sich für den Donauwalzer.

Lawine von Nachfragen losgelöst. Es gab kaum eine Zeitung in Europa, die den Bericht vom drohenden Verkauf nicht zitiert hätte, und im Internet wurden 14 200 Einträge zum ›Verkauf des Donauwalzers‹ registriert.« Herr Laister erhielt Interviewanfragen aus aller Welt. Ein Interessent aus Japan ließ ihn sogar wissen, dass er den Donauwalzer unter allen Umständen kaufen würde, »und wenn Sie die Noten allein nicht hergeben, dann kaufen wir den ganzen Männergesang-Verein«.

Vor allem konnten die Republik und die Stadt Wien nun nicht mehr tatenlos zusehen, wie die Partitur eines Tages vielleicht in falsche Hände gelangen würde. Am 15. Februar 2007, dem 140. Geburtstag des Donauwalzers, wurde eine Privatstiftung gegründet, mit dem Ziel, die Originalnoten des Donauwalzers im Besitz des Männergesang-Vereins belassen zu können.

In diesem befinden sie sich heute noch. Sie lagern im Safe des Raumes, in dem ich sie für wenige Minuten in Händen halten durfte. Und dort werden sie hoffentlich für alle Zeiten bleiben.

Aus der *Kurier*-Kolumne *»Geschichten mit Geschichte«* (24. Dezember 2006)

Sarajevo bleibt ohne Folgen

Kaiser Franz Ferdinand I., eine Fiktion

Die Tragödie von Sarajevo hat die Geschichte des 20. Jahrhunderts maßgeblich bestimmt. Da muss es erlaubt sein, sich vorzustellen, wie das Jahrhundert verlaufen wäre, hätte der Attentäter sein Ziel verfehlt. Franz Ferdinand und Sophie hätten überlebt, es hätte weder den Ersten noch den Zweiten Weltkrieg gegeben. Hitler und sein verbrecherisches Regime wären uns erspart geblieben. Ein Kapitel aus dem Satirebuch Tausend Jahre Kaiserschmarrn.

Sarajevo, den 28. Juni 1914. Eigener Bericht unseres Korrespondenten. – Die Welt ging heute Vormittag knapp an einer Katastrophe vorbei, deren Tragweite nicht abzuschätzen gewesen wäre. Als Erzherzog-Thronfolger Franz Ferdinand und seine Gemahlin, Herzogin Sophie von Hohenberg, um 10.45 Uhr – nach einem Besuch beim Bürgermeister der bosnischen Hauptstadt – vor dem Rathaus ihren Wagen bestiegen hatten, zog der 19-jährige Gymnasiast Gavrilo Princip seinen Browning-Revolver, um aus 2,5 Meter Entfernung zwei gezielte Schüsse abzugeben. Der Geistesgegenwart eines Begleiters ist es zu danken, dass der Thronfolger und seine Gemahlin unverletzt blieben: Franz Graf Harrach, der den hohen Besuchern während ihres Aufenthalts in Sarajevo sein Auto zur Verfügung stellte und auf der vorderen Sitzbank neben dem Chauffeur saß, stürzte sich, als er den bewaffneten Mann neben dem offenen Wagen entdeckte, in Sekundenschnelle auf den Erzherzog und die Herzogin und zerrte das Ehepaar zu Boden, worauf die beiden Projektile ihr Ziel verfehlten. Die hinteren Sitze des Wagens wurden durchbohrt, die Schüsse wären also mit Sicherheit tödlich gewesen. Der Attentäter konnte verhaftet werden.«

So weit die Meldung, die im Sommer 1914 weltweit für Schlagzeilen sorgte, aber bald wieder in Vergessenheit geriet – es war ja weiter nichts geschehen. Franz Ferdinand und Sophie traten am Tag nach dem missglückten Mordanschlag, noch unter Schock stehend, die Heimreise an, und bald konnten sie in ihrer Wiener Residenz, dem Belvedere, wieder zur Tagesordnung übergehen.

Zweieinhalb Jahre später starb Kaiser Franz Joseph im Alter von 86 Jahren in Schloss Schönbrunn. Franz Ferdinand wurde zum Kaiser von Österreich und kurz danach auch zum König von Ungarn gekrönt. Man schrieb das Jahr 1916, und die Menschen lebten in tiefstem Frieden. Denn in Sarajevo war kein Blut geflossen.

In seiner ersten Amtshandlung nach dem Staatsbegräbnis für den alten Kaiser entließ der neue Monarch dessen Regierung. Endlich konnte Franz Ferdinand seinen alten Traum einer Großen Koalition wahr machen. Sein enger Weggefährte Dr. Friedrich Funder, bisher Chefredakteur und Herausgeber der christlichsozialen *Reichspost*, wurde k. u. k. Ministerpräsident, Johannes Schober Innenminister, der Priester Dr. Ignaz Seipel Sozial- und Generalstabschef Franz Conrad von Hötzendorf Verteidigungsminister (nachdem sich die Regierungsparteien auf die Abschaffung des Kriegsministeriums geeinigt hatten). Dr. Viktor Adler, der Führer der Sozialdemokraten, erhielt die Leitung des Außenamtes, Karl Seitz das Unterrichtsressort, der Nationalökonom Professor Josef Schumpeter wurde Finanz- und Michael Hainisch Handelsminister. Der Bauer Jodok Fink war für die Landwirtschaft, der christlichsoziale Arbeiterführer Leopold Kunschak für Verkehr zuständig.

Die »linke« Fraktion war unter der Bedingung, dass die Tagesarbeitszeit von zehn auf acht Stunden verkürzt würde, in die Regierung eingetreten, und auch Reformen in der Kranken- und Pensionsfürsorge wurden vereinbart. Weiters sollten die Privilegien des Adels eingeschränkt und – in einer zweiten Stufe innerhalb von zehn Jahren – abgeschafft werden. Kaiser Franz Ferdinand I. erklärte sich nach mehrtägigen Verhandlungen mit den wesentlichen Punkten des Koalitionspaktes einverstanden. Nicht, weil er die Schwächung des Adels und die Aufwertung neuer sozialer Schichten begrüßt hätte, sondern weil er davon überzeugt war, dass ein Schwimmen gegen den Strom den baldigen Untergang des Kaiserreichs zur Folge haben würde.

Die großen Probleme aber sollten erst auf ihn zukommen. In fast allen Teilen der Monarchie gab es Unruhen und Demonstrationen, Hunderttausende Menschen sammelten sich zu Protestkundgebungen, die aus Respekt vor dem alten Kaiser bis dahin weitestgehend unterblieben waren. Gerade das moderne und demokratische Auftreten des 53-jährigen Monarchen ermutigte viele, ihre Forderungen nach Gleichberechtigung aller Nationalitäten zu äußern: Die Deutschnationalen tagten in Eger, die Liberalen in Teplitz, die Klerikalen in Innsbruck, die Sozialdemokraten in Linz, die Polen in Krakau, die Italiener in Triest, die Kroaten in Agram, die Serben in Karlowitz …

Als weit gefährlicher sollten sich die aufgeheizten Versammlungen radikaler Gruppen in den einzelnen Landesteilen erweisen. In Lemberg, Ostrau, Görz, Split und vielen anderen Städten sahen selbst ernannte Volkstribune mit dem Tod des alten Kaisers die

Zeit gekommen, die Abschaffung der Monarchie zu fordern. Bei zum Teil blutigen Straßenschlachten kam es immer wieder zu Zusammenstößen zwischen Militär und Zivilbevölkerung. Doch da der Kaiser ausdrücklich Befehl erteilt hatte, die Ausschreitungen unter keinen Umständen eskalieren zu lassen, konnte ein Bürgerkrieg vermieden werden.

Ein Manifest, das Franz Ferdinand am Heiligen Abend des Jahres 1916 verlas, trug zur Beruhigung der Gemüter bei: Der Kaiser stimmte darin einer Erweiterung des Wahlrechts und einer künftigen Mitbestimmung aller in der Monarchie vereinigten Nationen zu. Für Aufsehen sorgte die Ankündigung, seine seit Langem gehegte Idee des »Trialismus« durch Schaffung eines dritten Teilstaates in die Tat umzusetzen.

Am 15. März 1917, auf den Tag genau 50 Jahre nach dem Ausgleich mit Ungarn, unterzeichnete der Kaiser den tschechisch-deutschen Ausgleich, bald darauf ließ er sich auf dem Prager Hradschin zum König von Böhmen krönen. Der Jubel der Menschen kannte kein Ende, als die Tschechoslowakei zu einem mit Österreich und Ungarn gleichberechtigten Teilstaat erklärt wurde.

Im zweiten Jahr seiner Regentschaft unternahm der Kaiser eine mehrtägige Balkanreise, die er dazu nutzte, um unermüdlich für die Erhaltung des Friedens einzutreten. Die Entscheidung, die großen demokratischen Kräfte in der Regierung zu vereinen, sollte sich als richtig erweisen. Die Zusammenarbeit der einander bisher bekämpfenden Parteien half mit, den Fortbestand der Monarchie zu sichern, da die Gegner von gestern nun an einem Strang zogen.

Am 21. November 1918, wenige Tage nach dem Tod Viktor Adlers, wurde dessen Nachfolger Dr. Karl Renner vom Kaiser in Audienz empfangen. Der Sozialdemokrat konnte die Veränderungen in der Hofburg kaum fassen, wusste er doch, wie das steife Protokoll die Besucher Kaiser Franz Josephs hatte spüren lassen, dass sie dessen Untertanen waren. Innerhalb weniger Jahre war vieles anders geworden: Kaiserin Sophie hatte die völlige Neugestaltung der kaiserlichen Gemächer veranlasst, die schweren Samtvorhänge, die die Wohn- und Amtsräume düster erscheinen ließen, wurden entfernt, neue Möbel und helle Tapeten sorgten für eine offene, freundliche Atmosphäre. Als Renner das Audienzzimmer betrat, reichte ihm der Kaiser – wie jedem Besucher, egal welchem Stand er angehörte – die Hand; danach nahm der Politiker in einem Fauteuil neben Franz Ferdinand Platz. Erstmals sprach ein Monarch mit seinem Besucher, als wäre er seinesgleichen. Ganz im Gegensatz zu Franz Joseph zeigte sich Franz Ferdinand bei fast allen Anlässen in Zivilkleidung. Renner, der einst für die Umwandlung der Monarchie in eine Republik eingetreten war, konnte sich davon überzeugen, dass das neue Jahrhundert auch im Kaiserhaus eingekehrt war.

In der zweistündigen Audienz des neuen Parteichefs sprach sich Franz Ferdinand für eine Stärkung des Parlaments aus. In mühsamen und langwierigen Verhandlungen sollte es in den kommenden Jahren gelingen, einen Schlüssel zu finden, mit dem die Sitze im Reichstag unter den Nationen und Parteien, den Ständen und Minderheiten einigermaßen gerecht verteilt würden.

Auch in der Bevölkerung erfreute sich der Kaiser wachsender Popularität. Kaum jemand hatte damit gerechnet, dass er die Gabe besitzen würde, sich Sympathien zu schaffen, war er doch als Thronfolger wenig beliebt gewesen und immer im Schatten des übermächtigen Kaisers gestanden. Auch Kaiserin Sophie gewann die Herzen der Völker, wobei es der geborenen Gräfin Chotek als

»nicht ebenbürtiger Frau« leichter fiel, auf die Menschen zuzugehen, als irgendeiner Angehörigen des Kaiserhauses zuvor. Die Kinder aus der morganatischen Verbindung blieben, wie von Franz Ferdinand bei seiner Heirat akzeptiert, von der Thronfolge ausgeschlossen – die Herzogin Sofie sowie die Herzöge Max und Ernst von Hohenberg erlernten bürgerliche Berufe.

Zunehmend zog Franz Ferdinand seinen Neffen, Erzherzog Karl, in wichtigen Belangen zurate, wobei der Thronfolger gemeinsam mit seiner Gattin Zita auch repräsentative Aufgaben übernahm. Im Gegensatz zum alten Kaiser, der Entscheidungen stets ohne Einbeziehung des Kronprinzen getroffen hatte, ließ Franz Ferdinand seinen Nachfolger am politischen und militärischen Geschehen teilhaben. Nach Erzherzog Karls Tod nahm dessen erstgeborener Sohn Otto die Aufgaben eines Thronfolgers wahr.

Viel trug zum positiven Erscheinungsbild des Kaisers bei, dass er als weltweit erster Monarch bereit war, Zeitungsinterviews und Pressekonferenzen zu geben, bei denen die Journalisten auch heikle Fragen stellen durften.

Als Franz Ferdinand 1933 seinen 70. Geburtstag feierte, wurde im Deutschen Kaiserreich Heinrich Brüning von der Zentrumspartei als Reichskanzler bestätigt und von Kaiser Wilhelm II. angelobt. Ein Kunstmaler aus Braunau am Inn, der seit geraumer Zeit durch hetzerische Reden in Erscheinung getreten war, hatte mit seinen politischen Ideen bei den vorangegangenen Reichstagswahlen keine nennenswerten Erfolge verbucht. Warum auch – in Versailles waren den Deutschen keine als schmählich empfundenen Verträge diktiert worden, die sie zu Gebietsabtretungen und hohen Reparationszahlungen verpflichtet hätten. Ebenso wenig musste auch Österreich nach Saint-Germain pilgern. In beiden Staaten herrschten Wohlstand und ein hohes Beschäftigungsniveau, wie Mitteleuropa dies nie zuvor erlebt hatte.

Der März 1938 zog ins Land, und Österreich-Ungarn-Böhmen blieb eine selbstständige Monarchie, deren demokratisches System nach britischem Vorbild reifte.

Die Geschichte des 20. Jahrhunderts sollte einen anderen Verlauf nehmen. Der Tod zweier Menschen in Sarajevo hat maßgeblich dazu beigetragen.

Aus »*Tausend Jahre Kaiserschmarrn, Eine satirische Geschichte Österreichs*« (1995)

Bildnachweis

Austrian Archives (S)/Imagno/picturedesk.com (16, 213), Ferdinand Georg Waldmüller/Imagno/picturedesk.com (19), Anonym/Imagno/picturedesk.com (27, 126), Székely, Josef/ÖNB-Bildarchiv/picturedesk.com (48), Archiv Amalthea Verlag (52, 55, 84, 241, 263, 273, 301), ÖNB-Bildarchiv/picturedesk.com (58, 63, 112, 121, 133, 219 links, 266), Carl-Ludwig Kutschera privat (61), Barbara Krafft/Imagno/picturedesk.com (67), Familie Sacher privat (73, 76, 77), Archiv Georg Markus (97, 159, 208, 217, 225, 229, 243), Daimler Benz Archiv (103, 105), Kronen Zeitung/Klemens Groh (108), KURIER/Franz Gruber (119, 295 rechts), Lucian Meysels (124), Familie Hörbiger privat (129, 136, 138, 143), © Archiv des Wiener Kriminalmuseums (147), Kronen Zeitung/Martin Menzel (155), Foto Basch (165), Michael Horowitz (167), Hermann Klee/Imagno/picturedesk.com (171), Rudolf Angerer (178), Peter Kurz/First Look/picturedesk.com (180), By permission of The Marsh Agency Ltd on behalf of Sigmund Freud Copyrights (191, 196, 203), Rainer Pachmann privat (215, 219 Mitte beide), KURIER/Jürg Christandl (219 rechts, 303), Archiv Theater in der Josefstadt/Ernst Hausknost (224), akg-images/picturedesk.com (231), Archiv Dr. Christian Strauss, Garmisch-Partenkirchen (248), Haus-, Hof- und Staatsarchiv (251, 254), Kriegsarchiv Wien (235, 258), Votava/Imagno/picturedesk.com (270 links), Franz Olah privat (270 rechts), Ilona Ryder privat (274), Wilhelm Willinger/Imagno/picturedesk.com (280), Lisa Lanett privat (285), Tony Bohler privat (287 links, 295 links), Bettmann/Getty Images (287 rechts), Hoffoto Carl Pietzner (292 links), Hoffoto Graf Grillich (292 rechts), k. A./Imagno/picturedesk.com (297)
Bild Seite 265: Wiener Stadt- und Landesarchiv, Kleine Bestände: Zeiträume und Ereignisse: A74 – VI/74 – Ringtheaterbrand: Kopie des Prozessakts, Listen, Wasserleitungsanlagen: Liste der Verunglückten

Der Verlag hat alle Rechte abgeklärt. Konnten in einzelnen Fällen die Rechteinhaber der reproduzierten Bilder nicht ausfindig gemacht werden, bitten wir, dem Verlag bestehende Ansprüche zu melden.

Namenregister

Wenn Wände sprechen könnten

Schicksalhafte Begegnungen, Schauplätze für Liebe, Leidenschaft, Mord und politische Intrige – an kaum einem anderen Ort kommt es zu so vielen und so unterschiedlichen historischen Momenten wie hinter den verschlossenen Türen großer Hotels.

Aus dem Inhalt:

Robert Kennedys Ermordung im Ambassador Hotel, Los Angeles
Marlene Dietrich wird im Berliner Hotel Adlon entdeckt
Kronprinz Rudolfs verbotene Treffen im Grand Hotel
Caruso überlebt das große Erdbeben im Palace Hotel, San Francisco
Das Ende des Spions Oberst Redl im Wiener Hotel Klomser
Whitney Houstons Drogentod im Beverly Hilton, Los Angeles
Hitler residiert im Wiener Imperial
Frank Sinatra, die Mafia und das Sands Hotel, Las Vegas
Die Frau Sacher und ihr Hotel
Das Attentat auf Ronald Reagan im Hilton, Washington
Oscar Wildes Verhaftung im Cadogan Hotel, London
Die letzten Stunden der Prinzessin Diana im Pariser Ritz
Thomas Mann am Zauberberg
Der Nixon-Krimi im Watergate Hotel
Oskar Werners einsamer Tod im Hotelzimmer
Billy Wilder als Eintänzer im Berliner Eden-Hotel
Das Hotel, in dem Kaiserin Elisabeth starb
Die Geheimtreffen der Monroe mit John F. Kennedy in New York
Arthur Schnitzlers große Liebe im Kurhotel
u. v. a.

Georg Markus

Hinter verschlossenen Türen

Menschen im Hotel

304 Seiten, mit zahlreichen Abbildungen
ISBN 978-3-99050-050-7
eISBN 978-3-903083-33-2

Amalthea amalthea.at